U0498288

贵州省民族乡村社会治理共同体2011协同创新中心、贵州省高校乡村振兴研究中心系列成果
贵州省教育厅2024年高校人文社会科学研究项目"RCEP对贵州高质量发展的机遇、挑战
及贵州对策研究"（项目编号：2024RWGB55）成果
2023年度黔南民族师范学院支持引进高层次人才研究专项项目"贵州旅游服务贸易出口
影响因素以及潜力研究"（项目编号：qnsyrc202303）成果

中国对RCEP国家ICT产品出口

影响因素以及出口潜力的研究

丁凌云 ／ 著

西南财经大学出版社

中国·成都

图书在版编目（CIP）数据

中国对 RCEP 国家 ICT 产品出口影响因素以及出口
潜力的研究/丁凌云著.--成都:西南财经大学出版社,
2024.7. --ISBN 978-7-5504-6290-8

Ⅰ. F752. 654. 66

中国国家版本馆 CIP 数据核字第 2024V30T94 号

中国对 RCEP 国家 ICT 产品出口影响因素以及出口潜力的研究

ZHONGGUO DUI RCEP GUOJIA ICT CHANPIN CHUKOU YINGXIANG YINSU YIJI CHUKOU QIANLI DE YANJIU

丁凌云　著

责任编辑:王　利
责任校对:植　苗
封面设计:墨创文化
责任印制:朱曼丽

出版发行	西南财经大学出版社(四川省成都市光华村街 55 号)
网　　址	http://cbs. swufe. edu. cn
电子邮件	bookcj@ swufe. edu. cn
邮政编码	610074
电　　话	028-87353785
照　　排	四川胜翔数码印务设计有限公司
印　　刷	郫县犀浦印刷厂
成品尺寸	170 mm×240 mm
印　　张	16
字　　数	266 千字
版　　次	2024 年 7 月第 1 版
印　　次	2024 年 7 月第 1 次印刷
书　　号	ISBN 978-7-5504-6290-8
定　　价	88. 00 元

1. 版权所有,翻印必究。

2. 如有印刷、装订等差错,可向本社营销部调换。

前言

ICT（信息和通信技术）产业作为中国重要的战略性新兴产业，承载着推动经济发展、提升国际竞争力的重要使命，是主导中国经济发展的核心产业之一。ICT 产品的出口在中国对全球贸易中也扮演了重要的角色。国际上 ICT 产品的制造能力和在国际市场上所占份额业已成为衡量一个国家科技实力的重要指标。ICT 产业的发展驱动着轨道卫星、人工智能、自动驾驶等数字经济的快速发展，在信息时代的浪潮中构成数字经济的基础核心，为中国经济的高质量发展注入了强劲动力，是推动产业升级和企业发展的关键基石。

然而近年来，单边主义和保护主义盛行，多边经贸合作和经济全球化停滞不前，尤其是美国频频利用其在关键技术上的优势对中国高科技产业进行打压，这对中国的 ICT 产业的发展带来了不小的冲击。而RCEP（《区域全面经济伙伴关系协定》）的签署标志着世界上人口最多、经济规模最大、发展潜力最大的自由贸易区正式成立。随着区域内投资和贸易规模的不断扩大，各国的比较优势得到了充分发挥，生产的分工合作程度进一步加深，逐步形成了新型的区域生产网络。全球 ICT 产品贸易最为活跃的地区，也是全球制造业的重要基地之一，在全球产业链和供应链中扮演着十分重要的角色，其也是中国最重要的出口市场之一。RCEP 的签署能有效提升中国 ICT 产品出口应对外部市场波动和不确定性的能力。

中国的ICT产业经过20多年的发展，已经从落后状态走到了如今的世界前列。截至2020年底，中国对世界ICT产品贸易额占世界ICT产品出口额的30%，成为名副其实的ICT产业大国。中国对RCEP成员国出口的ICT产品总额已达到1 643亿美元，占据了中国ICT产品出口总额的23.4%，RCEP成员国已经成为中国ICT产品重要的出口贸易伙伴。然而，需要注意的是，尽管中国与RCEP国家之间的ICT产品进出口总额正在迅速增长，但出口额远不及进口额，导致了严重的贸易逆差现象。这反映出中国在RCEP市场上的ICT产品竞争优势尚不明显，出口动力相对不足。

因此，本书立足中国对RCEP国家ICT产品出口现状，主要采用统计分析法、实证分析法以及比较分析法，对中国对RCEP国家ICT产品出口影响因素进行了深入研究，并测定其出口潜力。本书将选定的2000—2020年贸易数据分为三个阶段，并借助修订后的CMS（恒定市场份额）模型，从不同层次阶段性地分析了导致中国ICT产品对RCEP市场出口变动的影响因素，掌握了结构效应、竞争力效应、交叉效应、产品结构以及市场结构等因素对中国ICT产品出口的影响及影响程度和影响变化轨迹。随后通过建立扩展贸易引力模型，具体深入探究影响中国ICT产品出口到RCEP国家的其他重要影响因素，并对其中各影响因素的作用机理和作用程度进行量化分析。在以上分析的基础上，本书具体测定了中国ICT产品出口到RCEP国家的市场潜力。

首先，根据本书CMS模型分析结果，可以看出结构效应和竞争力效应都是中国ICT产品出口增加的重要因素。不同的是，结构效应的贡献率呈稳步增长趋势，表明RCEP国家ICT产品需求增加是促进中国

ICT 产品出口增长的重要影响因素。相反，尽管竞争力效应对出口的增长起到了重要的正向拉动作用，但其对出口的贡献率却呈持续快速下跌趋势，表明虽然中国对 RCEP 国家的 ICT 产品出口具有一定的竞争优势，但这种竞争优势却未能持续保持，间接说明中国 ICT 产业发展的核心竞争力不足。与结构效应和竞争力效应不同的是，交叉效应在三个阶段的出口贡献率均为负值，成为阻碍中国 ICT 产品出口的主要因素，反映出中国 ICT 产品出口结构与 RCEP 市场的进口结构并不契合，调整产品出口结构迫在眉睫。

其次，本书利用扩展贸易引力模型，对中国对 RCEP 国家 ICT 产品总出口及各分类产品出口贸易的影响因素进行具体分析，结果显示各影响因素对 ICT 分类产品出口的影响存在差异。从整体上看，出口对象国和中国的 GDP（国内生产总值）、贸易依存度、产权保护对中国大部分品类的 ICT 产品的出口产生了正向的影响，成为中国 ICT 产品出口增长的重要影响因素，其中出口国 GDP 和贸易依存度估计系数较高，是中国 ICT 产品出口增长的主要决定性因素。而移动宽带虽然对中国通信设备和消费性电子产品出口有正向的影响，但其他分类产品在统计上并不显著。两国之间的地理距离成为除消费性电子产品外其他 ICT 产品出口的最大障碍，海（境）外直接投资、人民币—美元汇率、固定宽带对各品种 ICT 产品出口的影响不尽相同。

出口潜力测定结果表明，中国对不同 RCEP 国家不同产品的出口潜力也存在差异。对韩国、日本、文莱和老挝，中国所有 ICT 产品的出口潜力大部分属于"潜力开拓型"或"潜力巨大型"，说明中国对相关国家的出口潜力仍然很大，因此有必要将其视作重点目标市场进行开发。相比之下，对澳大利亚、菲律宾、泰国、印度尼西亚、柬埔寨等国，中国所有 ICT 产品的出口潜力仅有部分品种属于"出口潜力再造型"，在保持现有贸易成果的基础上，可探索新的贸易增长点，加大对 ICT 产品创新研发投入，提升 ICT 产品的迭代更新速度，力求对其市场空间予以再造。

最后，本书基于 RCEP 协定，结合影响中国 ICT 产品出口的影响因素和面向各个 RCEP 国家不同的出口潜力值，针对中国 ICT 产业的稳定和可持续发展，提出了立足 RCEP 协定，制定相应的出口政策，优化出口市场结构等战略对策。

丁凌云

2024 年 7 月

说明：中国也属于 RCEP 国家，在本书中，中国对 RCEP 国家出口不含中国自身，这是不言而喻的。书中统计金额多为"百万美元"，这是根据国际惯例，一概不予改动，方便理解和与国际口径保持一致。

目录

1 绪论

1.1 研究背景、目的以及意义

1.1.1 研究背景

从 20 世纪 50 年代半导体集成电路的诞生到 70 年代首台微处理器个人计算机的问世，再到 90 年代末的互联网浪潮，以及 21 世纪初移动互联网、大数据、云计算等新一代信息技术的广泛应用，ICT（信息和通信技术）产业持续保持高速发展态势，构成了一个庞大的产业生态体系。ICT 产业覆盖范围广泛，涵盖了通信设备（如手机、计算机和电视等）硬件到应用软件，再到与之相关的各种服务（如远程教学）。近年来，ICT 产品更是在汽车、医疗设备、喷气式飞机、发动机以及工业和消费品的制造中扮演着不可或缺的角色。众多经济学家甚至将 ICT 产业的创新发展与推动爆发产业革命的蒸汽机相提并论。

改革开放以来，中国电子信息与通信产业实现了持续快速发展，特别是国内云计算产业在"十二五"规划时期实现了高速增长，产业规模从 2012 年的 1 000 亿元增长为 2015 年的 3 500 亿元，年平均增速超过 50%，还涌现出一批围绕数据加工、数据交易、数据分析及服务等的新业态新模式①。进入 21 世纪以来，中国 ICT 产业规模、产业结构、技术水平得到大幅提升，现已成为全球最大的电子信息产品制造基地，在通信、高性能计算机、数字产品等领域也取得了一系列重大技术突破②。互联网企业综合

---

① 中国电子信息行业联合会. 2022 年电子信息行业经济运行报告 [EB/OL]. http://lwzb. stats.gov.cn/pub/lwzb/fbjd/202306/W020230605420997368817.pdf.

② 鲁春丛，屠晓杰，铠瑞，等. ICT 发展新态势 [J]. 信息通信技术与政策，2018 (2)：58-60.

实力和国际市场竞争能力显著增强，涌现出一批龙头骨干企业和科技型独角兽企业。

2001—2007 年，中国 ICT 产业销售收入年均增长 28%，2008 年实现销售收入约 6.3 万亿元，工业增加值约 1.5 万亿元，占 GDP 比重约 5%，对当年 GDP 增长的贡献超过 0.8 个百分点，出口额达 5 218 亿美元，占全国外贸出口总额的 36.5%。信息通信行业收入规模稳定增长，2020 年达 2.64 万亿元，年均增长 9.1%。固定资产投资规模稳中有升，五年累计超 2 万亿元。截至 2022 年底，我国规模以上电子信息制造业实现营业收入 154 487 亿元，比 2021 年增长 5.5%。

新型冠状病毒感染疫情的全球大流行严重冲击了世界各国的经贸往来，世界经济发展出现百年来最严重的倒退，加速了国际政治经济格局的调整，有数据表明世界贸易增长急剧下降（约 8%）①，而 ICT 产业作为当前信息革命和产业革命的核心力量却逆势而上，迸发出了强大的生命力。据统计，2022 年全球互联网流量超过截至 2016 年底的互联网流量之和②。与此同时，ICT 产业作为数字经济的重要组成部分和数字化转型的基础，其数智化赋能向深、向广、向新发展，并持续与传统产业融合，将持续赋能实体经济，引导现代化产业体系加快构建，助推千行百业数字化转型升级。以数字经济为核心的全球新一轮科技革命和产业变革加速演进，包括中国在内的世界主要大国争相出台各种规划加快数字化转型，为经济发展寻找新的动力源泉。信息通信技术作为数字经济的物质技术基础，通过其渗透性、替代性、协同性等特征，在推动传统产业数字化转型、打造新产业新业态等方面发挥着核心支撑作用。信息通信技术和互联网在帮助维持商业活动、就业、教育、提供基本公民服务、娱乐和社交的连续性方面至关重要 ③。

大量研究表明，技术与经济增长之间存在关联，而 ICT 全球化指数同样证实 ICT 行业的全球化程度与人均国内生产总值（GDP）之间存在关联，相关系数达到 0.78。这表明国家越富裕，其 ICT 行业的全球化程度越高，或者说开放的 ICT 行业政策有助于推动 GDP 增长④。学者 Stephen

---

① https://unctad.org/system/files/official-document/ditctab2020d4_en.pdf.

② https://www.itu.int/en/ITU-D/Statistics/Documents/facts/FactsFigures2021.pdf.

③ https://www.itu.int/en/ITU-D/Statistics/Documents/facts/FactsFigures2021.pdf.

④ http://www.globalinnovationrace.com.

Ezell 认为，一个国家提高生产率的途径有两种，一种是用更先进的行业取代基础行业，另一种是利用 ICT 提高各行各业的生产率。他将后者称为新兴市场的"金光大道"①。因此，无论是发达国家还是发展中国家，都在积极推动相关政策并投入国家资源，以促进 ICT 产业技术的专业化，并将尖端技术产品出口到全球市场。

随着世界经济的进一步发展，以数字信息技术为核心的数字经济在商业、贸易方面表现出更加强劲的发展势头，ICT 产品贸易无疑已成为各国竞争的焦点。中国是世界主要 ICT 产品贸易国，ICT 产品持续稳定出口更是中国对外贸易实现高质量发展的关键一环。一个国家的制造业通过 ICT 产品的进口，可以与拥有尖端技术的经济体形成联系而产生国际技术溢出效应。知识密集型和创新吸收型产业被认为是经济增长和经济竞争力的主要驱动力（Aiginger，1998；Cortright、Meyer，2001；Lu、Yu，2010；Simonen et al.，2013；Skórska，2016）②。特别是对于中国这样的全球主要 ICT 产品贸易国而言，持续稳定地出口 ICT 产品成为实现其贸易高质量发展的关键。

ICT 产品以其高科技、高竞争和高收益的特点，在世界贸易活动中的作用非常重要，被认为是全世界最具活力的产品之一。据联合国贸易和发展会议统计数据，2005—2020 年，世界 ICT 产品出口从 1.31 万亿美元增加到 35 万亿美元，占世界商品出口总额的 14.97%③。在此期间，中国的 ICT 产品出口也表现出强劲的增长势头，年均增长率达到了 9.63%。仅在 2020 年，中国 ICT 产品出口规模就达到了 7 018 亿美元，占据了全球 ICT 产品贸易总额的 29.80%，占据了中国出口贸易总额的 27%，稳居全球 ICT 产品出口首位，这也是中国出口贸易中增长速度最快的产品之一（详见图 1-1）。

---

① https://impact.economist.com/perspectives/sites/default/files/EIU_ICT_Globalisation_Index_Mandarin.pdf.

② AIGINGER K. A framework for evaluating the dynamic competitiveness of countries [J]. Structural Change and Economic Dynamics, 1998, 9 (2)：159-188.

CORTRIGHT J, MAYER H. High-tech specialization：a comparison of high technology centers [M]. Washington DC：Brookings Institution, Center on Urban and Metropolitan Policy, 2001.

LU Y, YU F. The evaluation of the innovation capability of China's high-tech industries [J]. International Business Research, 2010, 3 (2)：87-91.

SIMONEN J, SVENTO R, JUTTINEN A. Specialization and diversity as drivers of economic growth：Evidence from high-tech industries [J]. Papers in Regional Science, 2013, 94 (2)：229-247.

SKÓRSKA A. High-tech industry and knowledge intensive services as carriers of knowledge-based economy in Poland and in other European Union Member States [J]. Oeconomica, 2016 (85)：137-146.

③ https://unctadstat.unctad.org/wds/ReportFolders/reportFolders.aspx? sCS_ChosenLang=en.

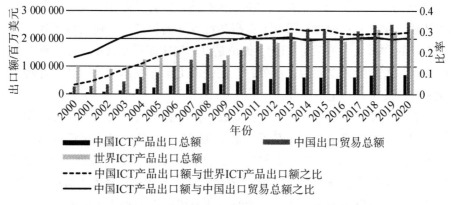

图 1-1　中国 ICT 产品和世界 ICT 产品出口额及出口额比率

资料来源：根据 UNCTADSTAT 数据整理。

中国在 ICT 领域的投入较大，产业发展迅猛。从 1990 年至今，随着通信技术的迭代更新发展，中国 ICT 产业收入规模增长超过 340 倍，且年均保持两位数的增长①。根据中国信息通信研究院的数据，在 1993 年，中国 ICT 产品进出口规模还明显低于美国和新加坡，仅为美国的 1/6、新加坡的 1/2。然而，随着时间的推移，中国在 ICT 产品贸易方面取得了巨大的进步。根据经济合作与发展组织的研究数据，中国不仅是最大的 ICT 进口国之一，而且在 2004 年的 ICT 产品出口额达到了 1 800 亿美元，超过了日本、欧盟和美国，位居全球 ICT 产品出口第一位②。到了 2017 年，中国 ICT 产品的出口规模已增长到美国的 3 倍和新加坡的 5 倍。

面对如火如荼的信息通信技术革命，中国自 2018 年起开始着手实施"数字中国"战略，积极发展大数据、人工智能等 ICT 产业。中国的数字经济规模甚至达到了国内生产总值的 1/3，成为推动经济发展的支柱产业③。在最新的"十四五"规划中，中国对 ICT 产业的关键领域和关键技术进行了更为详细的规划以及部署。在国家的大力支持下，自步入 4G 时

① 罗兰贝格管理咨询公司，里昂商学院. 中国 ICT 产业营商环境白皮书［EB/OL］. https://www.rolandberger.com/zh/Insights/Publications/%E4%B8%AD%E5%9B%BDICT%E4%BA%A7%E4%B8%9A%E8%90%A5%E5%95%86%E7%8E%AF%E5%A2%83%E7%99%BD%E7%9A%AE%E4%B9%A6.html.

② XING Y. China's Exports in ICT and its Impact on Asian Countries［J］. WIDER Research Paper，2008（39）：4.

③ 中国信息通信研究院信息化与工业化融合研究所. ICT 制造业贸易和投资总体态势分析报告（2019）［EB/OL］. http://www.meb.com.cn/news/2019_04/08/6897.shtml.

代以来，中国 ICT 产业的收益规模以年均 10% 的复合增长率高速扩张，进入了繁荣向上的产业发展阶段。截至 2021 年底，中国规模以上电子信息制造业营业收入 141 285.3 亿元，同比增长 14.7%；软件和信息技术服务业软件业务收入 94 994 亿元，同比增长 17.7%；全行业整体收入规模达到 236 279.3 亿元，同比增长 16.6%①。中国 ICT 产业规模增速显著高于同期 GDP 增速，已成为中国社会经济发展的重要驱动力之一。

然而，为遏制"中国制造 2025"战略的实施，将中国长期锁定在全球价值链的低端，从而阻止中国崛起，美国频频利用其在 ICT 关键技术上的优势对中国进行打压。中国与美国两个主要经济体之间的贸易紧张局势始于 2018 年，导致美国和中国之间的贸易额在 2019 年缩减了约 15%②。而中美贸易战的核心是科技贸易战，中美贸易战使得中国高科技产业的"引进来，走出去"变得极为被动。2018 年 4 月 16 日，中兴通讯因违反美国所谓的禁令而被"封杀"，其海（境）外业务受到严重影响。2019 年 5 月 16 日，华为及其附属公司被列入美国的"封杀实体名单"。2020 年，美国对中国 ICT 产业的打击范围进一步扩大，打击力度进一步加大，华为、中芯国际、海康威视等一大批国内顶尖 ICT 企业均进入其制裁名单，中国科技企业的发展在西方社会受到严重阻碍，出口下滑。美国和中国的贸易纷争给中国的 ICT 产业带来了不小的冲击。

区域全面经济伙伴协定（regional comprehensive economic partnership，RCEP）是顺应经济全球化和区域经济一体化的发展而提出的，目的是在经济全球化和区域经济一体化的背景下深化发展，其涉及建立和完善自由的投资环境、扩大服务贸易、知识产权保护、竞争政策等多领域。RECP 由东盟十国发起，邀请中国、日本、韩国、澳大利亚、新西兰共同参加（10+5），总人口约 35 亿人，GDP 总和达到 23 万亿美元，是全球最大的区域贸易协定。协定在 2020 年 11 月 15 日正式签署，于 2022 年 1 月正式生效。从经济角度来看，RCEP 的影响是巨大的，特别是成员国双边贸易关系在 WTO 最惠国待遇基础上，不受任何自由贸易协定约束。在 RCEP 国家中，既涵盖了中国、韩国、日本、新加坡等 ICT 产业基础和技术相对成熟的国家，还包括了越南、菲律宾、马来西亚、泰国等 ICT 产业发展迅速的国家。

---

① http://www.citif.org.cn/LEAP/MIIT/html/newsDetail.html？newsid＝d5cb9c787fe24 34ca40cd b52b9d17957&newstype＝citif_xxdt.

② https://unctad.org/system/files/official-document/ditctab2020d4_en.pdf.

早在 2009 年，全球信息和通信技术货物出口占世界商品贸易额的 12%，并日益由亚洲主导。信息和通信技术产业已经成为亚太地区新兴工业经济体系（NIES）中规模最大、增长最快的出口行业。泰国《中华日报》报道，东南亚已正式进入数字时代，该地区的数字经济增长速度超出了预期。预计在未来 10 年内，整个东南亚国家的数字经济规模将达到 1 万亿美元[①]。中国商务部的数据显示，在新型冠状病毒感染疫情背景下，东南亚地区的数字经济逆势增长，互联网用户数量和数字经济规模都持续扩大。2021 年，新加坡、马来西亚、印度尼西亚、菲律宾、泰国、越南六国新增 4 000 万互联网用户，同比增长 10%，总数达 4.4 亿人，六国已有 75% 人口接入互联网。截至 2020 年底，世界 ICT 产品交易总额达到 48 486 亿美元，RCEP 国家 ICT 产品交易总额为 24 937 亿美元，占世界 ICT 交易总额的 48%。世界前十大出口国中有七个是亚洲经济体，中国处于一个明显的领先地位[②]。面对如此巨大的市场，张会清和唐海燕研究认为，在后危机时期，中国将出口市场重心逐渐转向亚洲和拉美地区[③]。

然而，尽管 RCEP 国家的 ICT 产品市场规模以及市场潜力巨大，2020 年，中国与 RCEP 国家 ICT 产品贸易总额 4 040 亿美元，占中国进出口贸易总额的 33.16%，其中出口 1 519 亿美元、进口 2 396 亿美元，逆差 877 亿美元（详见图 1-2）。在 2022 年 1—11 月，中国对 RCEP 国家进出口贸易总额达到 11.8 万亿元人民币，同比增长 7.9%，占中国外贸总额的 30.7%。其中，中国对 RCEP 成员国出口额达 6 万亿元，同比增长 17.7%，超过中国总出口增速 5.8 个百分点。预计到 2025 年，RCEP 将带动中国出口增长 10.4%，对外投资存量增长 2.6%，GDP 增长 1.8%[④]。作为全球最大的自由贸易区，RCEP 为中国 ICT 企业提供了相当大的市场容量，而这些市场与中国经济高度互补的同时也存在激烈竞争，尤其是中国 ICT 产品对世界出口呈现顺差态势，但对 RCEP 国家却呈现严重的贸易逆差态势，不利于双边产业贸易的健康发展。

---

① http://th.mofcom.gov.cn/article/ztdy/202111/20211103218796.shtml.

② https://unctad.org/system/files/official-document/tn_unctad_ict4d01_en.pdf.

③ 张会清，唐海燕. 中国的出口潜力：总量测算、地区分布与前景展望：基于扩展引力模型的实证研究 [J]. 国际贸易问题，2012（1）：12-25.

④ 人民网财经频道. 解读 RCEP：全球体量最大自贸区将为东亚和世界经济增长注入强劲动力 [EB/OL]. http://finance.people.com.cn/n1/2020/1115/c1004-31931547.html.

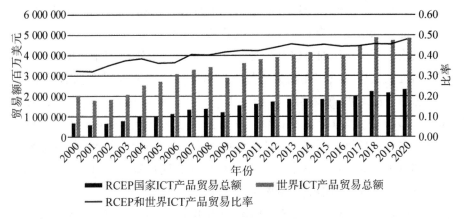

图 1-2 2007—2020 年 RCEP 国家和世界 ICT 产品的贸易额及比率

资料来源：根据 UNCTADSTAT 数据整理。

1.1.2 研究目的

目前，中国是世界上 ICT 产业最大的生产国以及消费国，无论是在《中国制造 2025》还是最新发布的《中华人民共和国国民经济和社会发展第十四个五年规划及 2035 年远景目标纲要》中，ICT 产业都被视为中国重点发展的产业之一。ICT 制造业也是中国最重要的出口行业之一，但随着外部贸易不确定性日益增加，《2022 年电子信息行业经济运行报告》显示，2022 年，中国高新技术产品出口 9 513 亿美元，比 2021 年下降 2.8%，低于同期全国货物出口贸易增速 9.8 个百分点；进口 7 635 亿美元，下降8.8%，低于同期全国货物贸易进口增速 9.9 个百分点。

RCEP 是世界上 ICT 贸易最活跃的地区之一，也是中国 ICT 产品的重要贸易伙伴，在产业结构互补的同时，也存在激烈的竞争，在中国 ICT 产品出口额连年增长的同时，双边贸易持续呈现严重的贸易逆差现象。因此，有必要就如何维护双边贸易关系健康发展，缩小贸易逆差，探讨影响中国出口 RCEP 国家 ICT 产品贸易的主要因素是什么，这些因素在多大程度上限制或促进了中国与 RCEP 国家的 ICT 产品贸易，我们应如何促进中国 ICT 产品对 RCEP 国家的出口等问题。

首先，明确中国 ICT 产品进出口结构演变。本书从 ICT 产品整体和五个分类 ICT 产品两个层面对 2000—2020 年世界以及 RCEP 国家 ICT 产品发展和贸易结构分布展开全面和系统的分析，在此基础上，深入分析中国

ICT 产品进出口商品结构和市场结构，进行定性分析，以明确中国 ICT 产品出口品种和市场结构的变化特征以及演变路径。

其次，明确中国对 RCEP 国家 ICT 产品出口的影响因素。RCEP 协定国家所处的发展阶段存在较大差异，对 ICT 产品的需求层次也不尽相同，本书将修正的 CMS 模型引入中国 ICT 产品出口影响因素的研究中，根据 2000—2020 中国 ICT 产品的出口波动特征，分三个阶段对 ICT 产品出口增量进行多层次分解，探讨出口结构效应、竞争力效应以及交叉效应等因素在中国 ICT 产品出口贸易中影响方向和程度的变化轨迹，对中国对 RCEP 国家 ICT 产品的出口影响因素做出整体评价。

再次，在深入探讨中国对 RCEP 国家 ICT 产品出口影响因素后测定贸易潜力。本书通过融入出口对象国的资源禀赋变量、人民币实际汇率变量以及双方地理距离虚拟变量等，对基本贸易引力模型加以拓展，建立中国 ICT 产品出口贸易引力模型，并利用 stata 对中国 ICT 产品出口变化的影响因素展开定量分析。本书不仅从总体上考察国内外经济规模、国外 ICT 需求、人民币汇率和地理距离等因素对中国 ICT 产品出口贸易的影响作用和作用程度，还在此基础上，对中国对 RCEP 不同成员国不同产品的出口潜力进行估计分析，使中国对 RCEP 国家 ICT 产品出口贸易影响因素及潜力分析更为系统。

最后，提出中国对 RCEP 国家 ICT 产品出口战略对策。本书基于实证分析结果，结合当前 RCEP 的签署以及中国 ICT 产品出口贸易所面临的国内外环境以及出口潜力，提出促进中国 ICT 产品出口的有效战略对策。

1.1.3 研究意义

RCEP 市场是中国 ICT 产品出口的主要目标市场之一。本书主要研究中国 ICT 产品出口 RCEP 国家的影响因素、出口潜力等问题。RCEP 协定中的国家横跨南北半球，既涵盖日本、韩国、新加坡等 ICT 产业发达国家，也包括中国、越南、泰国等有一定 ICT 产业基础的新兴发展中国家以及老挝、缅甸等 ICT 产业发展相对较慢的欠发达国家。每个国家的综合经济实力、发展水平和政治制度都不尽相同，且各个国家所处的发展阶段存在较大差异，对 ICT 产品的需求层次也不尽相同。因此，对影响 RCEP 每个成员国 ICT 产品出口的因素进行深度剖析，掌握不同市场的出口潜力，有助于中国确立出口战略对策，也为相关企业制定经营目标，挖掘并扩大市场潜力，为提高企业效益提供有益参考。

1.1.3.1 理论意义

随着数字经济的到来，全世界对 ICT 产品的需求持续增加。当前，学术界关于 ICT 产品的研究成果不少，但大多集中在 ICT 产品技术对经济与贸易发展的促进作用、ICT 产品的质量提升，以及各国在全球 ICT 生产中的地位等议题上，少有学者从国际贸易伙伴的角度出发，探讨和分析中国对 RCEP 国家 ICT 产品出口影响因素以及出口贸易潜力。

本书将古典国际贸易理论、新古典贸易理论、国家竞争优势以及区域经济一体化理论等具体运用到中国 ICT 产品出口影响因素以及潜力的评价上，利用经济学中常用的恒定市场份额（CMS）模型，基于双边 ICT 产品进出口份额的变化，对中国对 RCEP 国家 ICT 产品的需求因素、竞争力变化因素以及交叉效应因素等逐级分解，对中国 ICT 产品出口贸易变动进行分解分析，揭示中国 ICT 产品出口 RCEP 国家的影响因素的综合效应。本书结合运用贸易引力模型，对影响中国和出口对象国 ICT 产品供给和需求能力的各项因素进行回归分析，对 ICT 产品出口总额以及各分类产品的影响因素以及潜力进行验证。这有助于增强现有理论的可靠性和适用性，在一定程度上丰富中国与 RCEP 国家 ICT 产品出口影响因素以及出口潜力两个方面的相关实证研究。

1.1.3.2 实践意义

ICT 等尖端技术产业一直被认为是体现一个国家综合国力的重要因素之一。随着知识经济时代的到来，ICT 产业的发展越来越重要，因为与传统产业相比，ICT 产品具有高附加值的特性，对经济发展有着深远的影响。不论是发达国家还是发展中国家，都在扩大对尖端技术产业的投入，促进本国 ICT 产业的发展。在数字经济快速发展和广泛渗透、新一代信息技术加速迭代以及国际贸易不稳定性日益增加的背景下，RCEP 成为全球最大的自由贸易区，区域内贸易额持续走高。探究《区域全面经济伙伴关系协定》（RCEP）成员国之间信息通信技术产品出口贸易的影响因素以及各影响因素对出口贸易发生作用的情况，对于提升成员国之间 ICT 产品贸易效率具有重要的现实意义。具体如下：

（1）有效促进区域合作。世界上排名前 10 的 ICT 贸易国有 7 个位于 RCEP 区域内。通过深入了解影响中国对 RCEP 成员国出口 ICT 产品的因素，包括政策、市场结构、基础设施等，有助于识别区域内国家之间潜在的合作机会，促进中国与 RCEP 国家在 ICT 领域的技术、市场和投资合作，使中国能更好地利用区域合作的优势，更好地整合和分工 ICT 产业，让技术链、产业链和价值链在区域内协同发展，提升中国在全球供应链中的效率和弹性，为制定全球供应链战略发挥积极的推动作用。

（2）优化中国 ICT 产品出口结构，提升产品市场竞争力。作为全球最大的自由贸易区，以及最活跃的 ICT 产品贸易区，RCEP 市场与中国 ICT 产业高度互补的同时也存在激烈竞争。通过分析中国对 RCEP 国家不同分类的 ICT 产品出口贸易影响因素对中国 ICT 产品出口的作用程度和作用机理，可以有效地改善中国 ICT 产品出口贸易结构，合理调整 ICT 产业结构，提升中国 ICT 产品吸引力和国际竞争力。

（3）有效完善市场推广策略。通过实证分析不同分类 ICT 产品对不同 RCEP 国家出口市场潜力，掌握实时的 RCEP 市场需求动态，精准掌握市场发展动向，对标潜在市场群体，做到以市场需求为导向，锚定 RCEP 市场的未来增长点，为中国 ICT 相关产业和政策部门及时调整并制定更具针对性的营销和推广策略提供可靠依据，助力中国 ICT 产品扩大 RCEP 市场，缩小贸易逆差，促进 ICT 产业健康发展。同时，也可以为相关企业经营管理决策和资源的合理分配，帮助确定产品目标和经营战略，以及在新产品评价和有效处理一系列营销决策，挖掘市场潜力，扩大产品销售量，提高企业效益上发挥重要作用。

1.2 研究内容与研究思路

1.2.1 研究内容

本书在明晰中国 ICT 产业发展总体特征和在 RCEP 国家 ICT 市场中地位的基础上，对 2000 年以来中国 ICT 产品进出口贸易基本状况、出口结构演变特征、影响因素以及出口潜力进行实证研究，最后提出优化出口结构，促进中国 ICT 产品出口贸易稳定发展的对策建议。

本书主要研究内容及章节安排如下：

第 1 章是绪论，具体阐述研究背景、研究目的、研究内容、研究意义以及研究方法，并总结述评已有关于 ICT 及 RCEP、CMS 及引力模型的贸易影响因素、贸易潜力等的文献研究。

第 2 章介绍与研究相关的概念界定与理论基础。本章界定了 ICT 产品和贸易潜力等概念。之后，对绝对优势理论、比较优势理论、要素禀赋理论、区域贸易一体化理论等相关理论研究进行梳理。

第 3 章介绍 RCEP 协定的发展历程、主要内容、特点、重要性以及中国与 RCEP 国家 ICT 产品贸易发展前景等内容。

第 4 章梳理了中国 ICT 产业贸易的发展概况。本章运用 2000—2020 年中国 ICT 产品贸易数据，从总量、品种结构和市场分布结构等现况对中国对世界以及 RCEP 国家 ICT 产品贸易发展格局和市场以及产品结构变动趋势做系统的分析总结，为之后的研究奠定基础。

第 5 章是基于修正 CMS 模型的影响因素研究。首先，通过对用恒定市场份额模型的理论发展和研究的归纳总结，得出本书的研究模型。本章利用本书研究得出的恒定市场份额模型，分别从全部产品、全部市场两个层次进行定量分析，从时间维度揭示出 RCEP 国家市场需求效应、竞争力效应、贸易结构效应等因素，对中国 ICT 产品出口 RCEP 国家影响程度以及变化轨迹，比较不同的影响因素在不同市场以及各分类产品上的影响的差异。

第 6 章是基于扩展贸易引力模型的影响因素研究。首先，本章通过总结梳理引力模型的理论发展，得出本书的研究模型。本章借助 stata 计量分析软件，采用多重估计方法，从整体到分类产品分析中国对 RCEP 国家不同种类 ICT 产品出口的影响因素以及各影响因素的作用程度，探讨各因素在不同市场以及不同产品上的影响的差异。

第 7 章在扩展引力模型研究的基础上，测定中国对 RCEP 成员国的 ICT 产品总额、计算机及外围设备、通信设备、消费性电子产品、电子元件以及杂项（或称其他）的出口潜力值。

第 8 章总结全书研究内容，得到中国对 RCEP 国家 ICT 产品出口的政策启示，提出有效的对策建议，最后指出本书的局限性及后续持续研究的方向。

1.2.2　研究思路

本书研究思路见图 1-3。

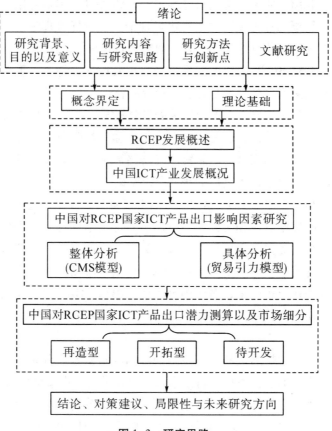

图 1-3　研究思路

1.3　研究方法与创新点

本书以国际经济学、区域产业经济学、市场营销学等多学科理论和方法为基础，结合定性和定量分析，对中国 ICT 产品出口 RCEP 国家的影响因素进行系统的探究分析。

1.3.1　研究方法

1.3.1.1　定性分析与定量分析相结合的方法

首先，对与中国 ICT 产品出口 RCEP 国家影响因素以及潜力有关的电子文献系统进行检索，分析梳理相关文献。其次，对 ITU、联合国贸易和发展会议数据库、UNCTAD 等提供的各类数据资源进行定性分析，形成中国对 RCEP 国家 ICT 产品出口影响因素及潜力研究的理论基础，确定研究方向。本书以贸易引力模型为分析工具，对中国 ICT 产业以及 5 个分类产品依次构建出口贸易引力模型，采用多重估计方法从国家以及产品两个维度对影响中国 ICT 产品出口的影响因素进行定量分析，并在此基础上测定中国对不同 RCEP 国家、不同产品的出口潜力值。

1.3.1.2　实证分析与规范分析结合的方法

本书运用修正的恒定市场份额（CMS）模型以及扩展的贸易引力模型对中国 ICT 产品出口 RCEP 国家的影响因素进行实证研究，对中国 ICT 产品出口 RCEP 国家影响因素的动态演变做出分析，从整体上对结构效应、竞争力效应、交叉效应，以及从具体的双边经济规模、市场供需以及基础设施等影响中国 ICT 产品出口的影响因素以及影响程度进行实证分析。在此基础上本书进行规范分析，得出了满足促进中国对 RCEP 国家 ICT 产品出口的各项条件，并且为促进出口提出了相关政策建议。

1.3.1.3　比较分析法

本书以 ICT 产品总出口及 5 个品种的出口为主要研究对象。与出口相关的宏观和微观经济因素较多，因此本书对长期贸易双方的经济规模、生产供应、消费需求、社会环境等进行了横向比较分析，并纵向比较分析了 2000—2020 年中国与 RCEP 市场供求结构变化的特点及竞争力、贸易结构变动对中国 ICT 产品出口的影响。本书采用横向和纵向比较方法分析了不同贸易市场的微观影响因素，揭示了各类 ICT 产品存在的共性与差异。

1.3.2　可能的创新点

本书基于比较优势理论、资源禀赋理论以及区域一体化理论结合定量、定性分析方法，采用恒定市场份额模型（CMS）和贸易引力模型，从整体和地区视角，对影响中国 ICT 产品出口的因素进行了深度剖析分析，比较各种影响因素对中国 ICT 产品出口增长的作用力度和方向，测定中国不同产品对不同 RCEP 国家的出口潜力，最后据此提出针对性和操作性较强的对策建议。本书的创新点可以归纳为以下几点：

第一，研究内容的创新。ICT 产品出口贸易是中国对外贸易的重要组成部分。中国加入 RCEP，在给中国 ICT 产品出口贸易带来机遇的同时，也使中国 ICT 产品出口贸易面临挑战，现有文献很少对此进行系统的分析。ICT 产业更多地表现为资金密集型产业，随着各国经济水平的提升和产业结构的提质升级，对该产业生产能力、产业基础设施以及产业结构的要求也不断提高，这很大程度上影响到中国 ICT 产品的进出口，但很少有文献对此进行定量评估，因而本书在阐述比较优势理论、资源禀赋理论以及区域一体化贸易理论的基础上，系统阐释了中国 ICT 产业总额以及各分类产品出口 RCEP 国家的贸易动态演变趋势，揭示 ICT 产品出口关键影响因素，并在此基础上测定出口贸易潜力，进行定量评估。

第二，研究视角的创新。虽然近年来中国对世界的 ICT 产品进出口贸易额在快速递增，顺差较为明显，但中国对 RCEP 国家的 ICT 产品出口却呈现严重的贸易逆差现象。本书在系统分析中国 ICT 产品出口贸易结构变化的基础上，对贸易结构效应、竞争力效应、交叉效应以及其他细分效应对中国 ICT 产品出口的影响因素进行系统细分，并对一些传统贸易理论无法解释的贸易现象做进一步探讨，分析其他因素在中国 ICT 产品出口中的影响作用，从整体到具体深度考察了影响中国 ICT 产品出口的因素，以及这些因素在多大程度上限制或促进了中国 ICT 产品的出口。

第三，研究方法的改进。对贸易影响因素的研究，众多学者将设定的影响因素加入数学模型中，进行回归分析。这可能会受到某些主观因素的影响，导致某些客观因素遗漏等情况，因此本书在此之前加入了 CMS 模型。尽管该模型已被广泛地运用于世界贸易研究中，但至今为止，将其运用于中国 ICT 产品出口贸易研究的却不多。另外，本书基于贸易引力模型对贸易双方的经济规模、生产供应、消费需求、影响因素以及潜力等进行了横向比较分析，并做了历史与现实的纵向比较分析。在分析中国 ICT 产品贸易结构变化时，主要采用纵向比较分析，总结了中国与 RCEP 市场结构变化的特点及供求结构变动对中国 ICT 产品出口的影响。本书在分析对中国 ICT 产品出口的影响因素时，都进行了横向和纵向的比较分析。

第四，研究对象的创新。在现有研究中，学者们利用引力模型进行实证研究时，更关注相关因素对中国与其他国家贸易总量的影响的研究。以特定地区、特定行业、不同品种为对象的研究并不多。事实上，根据不同国家、不同分类产品，其影响因素的作用程度也不尽相同。基于总量数据的分析可能忽略这些差异，因此也可能导致分析出现偏差。本书在 RCEP 背景下，采用 CMS 模型以及引力模型，分别对中国与 RCEP 国家 ICT 产品总量及 5 个分类产品贸易数据进行实证分析，精准掌握中国对 RCEP 国家 ICT 产品出口的影响因素及贸易潜力，为相关部门和企业制定 ICT 产品出口策略提供参考。

1.4　文献综述

1.4.1　RCEP 相关研究文献

关于 RCEP 协定的独特贸易规则与标准，学者们已对其文本内容进行了细致分析。彭德雷和张子琳强调了 RCEP 协定在数字贸易方面的规定，覆盖了电子商务、电信服务、金融服务、投资和知识产权等多个领域，凸显了 RCEP 成员国在数字贸易领域共同努力的成果，特别是在涉及数据跨境流动和数据本地化等问题上已取得重要突破[①]。刘瑛和夏天佑对 RCEP 的原产地规则进行了系统分析，发现该协定根据区域实际情况构建了独具特色的原产地规则，主要包括采用灵活、标准相对较低、适度宽松的直接运输规则以及创新性的区域原产地自主声明制度[②]。在孟夏和孙禄的研究中，对 RCEP 协定中的核心领域服务贸易规则进行了分析，发现 RCEP 成员国以正面清单和负面清单的方式做出承诺，并且这些承诺的开放水平高于成员国已有自由贸易协定的水平[③]。

除了对 RCEP 协定特定领域进行分析外，一些学者还对 RCEP 协定与其他自由贸易协定进行了对比研究。刘文和徐荣丽对 RCEP 与中、日、韩 FTA 关税减让的贸易效应进行了测度和比较分析，认为 RCEP 协定对中、日、韩三国之间贸易关系将产生积极影响。RCEP 协定中的关税减让承诺显著优于原有的中、日、韩之间已签订的 FTA，为这三个国家之间贸易成本的降低和提升通关效率创造了可能[④]。在与其他协定比较的研究中，孙

---

① 彭德雷，张子琳. RCEP 核心数字贸易规则及其影响 [J]. 中国流通经济，2021，35 (8)：18-29.

② 刘瑛，夏天佑. RCEP 原产地特色规则：比较、挑战与应对 [J]. 国际经贸探索，2021，37 (6)：86-101.

③ 孟夏，孙禄. RCEP 服务贸易自由化规则与承诺分析 [J]. 南开学报 (哲学社会科学版)，2021，282 (4)：135.

④ 刘文，徐荣丽. RCEP 与中日韩 FTA 关税减让的贸易效应测度比较 [J]. 山东社会科学，2022 (9)：98-107.

忆发现，CPTPP（《全面与进步跨太平洋伙伴关系协定》）与 RCEP 在制度主导力量、规则制定模式、规则水平等方面存在明显差异。未来这两者之间的互动关系变化可能引发亚太区域经济一体化呈现出制度替代、制度融合、制度竞争等不同的潜在状况①。从协定的贸易范围和影响力来看，于鹏、廖向临、杜国臣研究指出，RCEP 在区域经济规模以及贸易投资等方面都高于 CPTPP。但相对于 CPTPP 从货物贸易、服务贸易和投资、规则以及争端解决等具体来看，RCEP 在对外开放广度和深度方面还存在一定的差距②。韩剑、许亚云则基于协定文本的量化研究，发现 RCEP 整合并优化了成员国之间已有的多个协定，在内容深度上也有很大提升③。

从 RCEP 协定生效对经贸以及社会福利的影响来看，PETRI P. A. 和 PLUMMER M. G. 利用可计算的一般平衡模型（CGE）模型来评估 CPTPP 和 RCEP 对全球经济的影响。其分析结果显示，这些协定将在 2030 年使全球国民收入每年分别增加 1 470 亿美元和 1 860 亿美元。RCEP 协定提高了东亚国家之间的贸易依存度，使成员国之间的贸易额增加 4 280 亿美元，使非成员国之间的贸易额减少 480 亿美元，促进并加强中国、日本和韩国的贸易合作④。李金叶、胡佳霖通过采用 GTAP 模型预测主要经济体制和制造业的发展变化，发现随着全球产业链的深度融合，RCEP 成员国之间的贸易联系将更加紧密。并且，RCEP 各成员国的宏观经济、社会福利及贸易条件等方面将实现均衡发展，尤其是韩国、日本、中国等国家将显著受益，中国传统制造业优势将随着全球贸易结构的调整而发生相应变化⑤。王孝松、周钰丁在分析了 RCEP 自身特征以及区域内贸易基础与贸易特征后发现，RCEP 具有较强的包容性，其在减少贸易壁垒的同时对知识产权、电子商务等新兴经贸议题达成了共识，对外贸易在世界市场中的占比将不

---

① 孙忆. CPTPP、RCEP 与亚太区域经济一体化的前景 [J]. 东北亚论坛, 2022 (4): 98-113, 128.

② 于鹏，廖向临，杜国臣. RCEP 和 CPTPP 的比较研究与政策建议 [J]. 国际贸易, 2021 (8): 27-36.

③ 韩剑，许亚云. RCEP 及亚太区域贸易协定整合：基于协定文本的量化研究 [J]. 中国工业经济, 2021 (7): 81-99.

④ PETRI P A, PLUMMER M G. East Asia Decouples from the United States: Trade War, COVID-19, and East Asia's New Trade Blocs [R/OL]. Working Paper, Washington DC: Peterson Institute for International Economics. https://www. piie. com/sites/default/files/documents/wp20-9.pdf.

⑤ 李金叶，胡佳霖. RCEP 协定对宏观经济和制造业发展的影响：基于 GTAP 模拟分析 [J]. 工业技术经济, 2021 (6): 134-142.

断增加，处于全球价值链下游的成员国也将逐渐实现自身竞争力与在世界市场中贸易地位的提升①。王珏、雷宏振、王依雯的研究发现，RCEP 协定将通过技术扩散以及贸易成本渠道在未来十年持续刺激中国出口额整体增加，并促进世界各国尤其是 RCEP 成员国国民福利水平提升②。KIMURA F. 与 CHEN L. 使用集成 GVC 结构的动态 GTAP 模型估计 CPTPP 和 RCEP 的福利和部门输出效应，结果证实 GVC 结构的整合对各个国家和地区的福利效果影响不大，然而有可能会对各成员国的产量变化以及生产规模产生相当大的影响③。

而从对中国的影响来看，许明研究指出，在产业链上，RCEP 的累计增加值规则能够促进区域制造业产业链协同发展，而 RCEP 差异化的正面和负面清单能够推动服务环节产业链开放发展，RCEP 的中、日、韩合作能够助力产业链与创新链融合发展④。최현정和이현훈利用 2001 年到 2019 年的数据评估了 RCEP 成员国之间的全球价值链（GVCS），发现 RCEP 的区域内贸易特别是与东盟成员的贸易明显高于 RCEP 的域外贸易⑤。洪涛、陶思佳、卢思涵等从中国数字经济高质量发展的视角切入，指出 RCEP 协定的签署与生效通过促进数字产业双循环、助力数字经济空间协同以及加强数字关税保障促进中国数字产业发展⑥。关于中国与 RCEP 国家的贸易往来情况文献中，包括 RCEP 国家贸易竞争性、互补性研究以及 RCEP 贸易格局演变、RCEP 国家贸易潜力与贸易效率分析。在 RCEP 国家贸易竞争性、互补性方面，许玉洁等利用 2001—2019 年 RCEP 国家的贸易数据，对制造业领域的贸易情况进行了分析。结果表明，中国与 RCEP 伙伴国制造业贸易合作稳步发展，贸易竞争性和互补性并存⑦。

① 王孝松，周钰丁. RCEP 生效对中国的经贸影响探究 [J]. 国际商务研究，2022（3）：18-29.

② 王珏，雷宏振，王依雯. RCEP 对中国经济的"双重距离"影响：基于全球一般均衡引力模型的数值模拟分析 [J]. 世界经济研究，2023（8）：74-90，136.

③ KIMURA F, CHEN L. Implications of Mega Free Trade Agreements for Asian Regional Integration and RCEP Negotiation [J/OL]. Economic Research Institute for ASEAN and East Asia. https://www.eria.org/ERIA-PB-2016-03.pdf.

④ 许明. RCEP 对中国产业链供应链影响机制与优化路径研究 [J]. 亚太经济，2023（2）：96-105.

⑤ 최현정，이현훈. RCEP 참여국의 역내 무역 및 후방참여 연계성 분석 [J]. 무역학회지，2021，46（4）：95-112.

⑥ 洪涛，陶思佳，卢思涵，等. RCEP 助推中国数字经济高质量发展的对策研究 [J]. 国际贸易，2022（7）：48-54.

⑦ 许玉洁，刘曙光，王嘉奕. RCEP 生效对宏观经济和制造业发展的影响研究：基于 GTAP 模型分析方法 [J]. 经济问题探索，2021（11）：45-57.

学术界对 RCEP 的集中讨论是在 2020 年协定签订之后。到目前为止，相关研究仍以定性分析为主，聚焦 RCEP 协定独具特色的贸易规则与标准、RCEP 协定生效带来的经贸影响、中国与 RCEP 国家的贸易往来情况以及 RCEP 协定下中国的战略选择。

1.4.2　ICT 产品出口贸易影响因素研究文献

1.4.2.1　出口贸易影响因素

出口贸易的影响因素涉及多个方面。早期，国内学者的研究主要基于新古典贸易理论，从比较优势的角度，解释了中国出口贸易增长的现象。随后，一些学者转向新的研究视角，利用经济全球化理论阐释了中国出口贸易的增长。卢锋从加工贸易与外商直接投资的组合效应的角度，分析了导致双顺差现象的直接原因，并探讨了双顺差与人民币汇率变动之间的关系，重点分析了近年来人民币汇率低估对双顺差规模激增的影响[1]。在对外国直接投资方面，朱文刚探讨了对外直接投资对中国产品出口的差异性影响，发现对外直接投资有利于缩小中国出口空间差异，在发达国家和发展中国家发挥的是贸易创造效应，而非贸易转移效应[2]。韩小蕊通过构建联立方程组，系统探究了中国对外直接投资与出口贸易之间的内在关系，发现中国对"一带一路"沿线国家的直接投资与出口额之间存在较显著的双向联动作用，部分地区也存在出口贸易对直接投资的促进作用显著[3]。汇率波动也是影响出口贸易的关键因素之一。王雅琦、王瑶、张礼卿研究发现，汇率波动会影响出口在不同企业之间的重新配置，整体上会引起企业出口额下降以及更多（少）地退出（进入）市场。其详细分析发现，中间品进口可以对冲汇率波动的负向作用[4]。金朝辉、朱孟楠研究发现，人民币实际汇率升值（贬值），会增加（减少）中国对低收入国家技术密集型与资本密集型产品的出口、对中等收入国家资本密集型产品的出口，以及对高收入国家与"一带一路"沿线国家三类产品的出口。而邻国汇率水

---

① 卢锋. 中国国际收支双顺差现象研究：对中国外汇储备突破万亿美元的理论思考 [J]. 世界经济，2006（11）：3-10，95.

② 朱文刚. 全球价值链、对外直接投资与中国出口的空间差异性研究 [J]. 价格理论与实践，2023（6）：201-204.

③ 韩小蕊. 中国对"一带一路"沿线国家直接投资与出口贸易互动关系研究 [J]. 工业技术经济，2020（8）：95-100.

④ 王雅琦，王瑶，张礼卿. 汇率波动对出口稳定的影响：中间品进口的作用 [J]. 金融研究，2023（1）：75-93.

平变化通过竞争力效应与贸易优势作用，对不同类型产品出口产生不同影响①。袁申国、郑雯采用回归分布滞后模型和误差校正模型，研究了人民币实际有效汇率波动对不同行业进出口贸易的影响。其研究结果表明，人民币实际有效汇率波动对中国大部分行业的出口具有明显的抑制作用，并且不同的行业存在显著的时滞效应②。在竞争力方面，帅传敏、程国强根据修正恒定市场份额（CMS）模型研究了中国农产品的整体国际竞争力对中国农产品出口的长期影响。其研究表明，中国自加入WTO以来，中国农产品国际竞争力下降，出口减少。出口市场结构单一以及出口农产品结构不合理，阻碍了中国农产品国际竞争力的提高③。马凌远利用1995—2011年中国出口贸易数据，测算了二元边际对中国不同生产要素密集型产品出口增长的贡献率。其研究结果显示，所有类别产品的出口增长都主要是沿着集约边际实现的，并且对其越来越依赖。集约边际贡献最大的为劳动密集型产品，最小的是人力资本密集型产品。对各类产品出口二元边际影响因素的实证分析结果表明，进口国经济规模越大对产品的需求就越多，随着贸易成本的降低，各类出口产品都更趋向于单一化而不是多样化④。卢文慧与问泽霞采用国际市场占有率、显示性比较优势指数和贸易竞争力指数分别对中国新能源汽车出口竞争力进行了测度，认为尽管中国新能源汽车出口竞争力不断提升，但仍未达到强劲水平。之后，她们又运用固定效应对影响中国新能源汽车出口竞争力的因素进行了深入分析。其研究结果表明，在发达国家和发展中国家市场，影响中国新能源汽车出口竞争力的因素并不完全相同⑤。

国外学者 OO T.、KUEH J.、HLA D. T. 在对贸易影响因素的研究中发现，从长远来看，GDP 对东盟的出口有着显著的正向促进作用⑥。UYSAL Ö.、

① 金朝辉，朱孟楠. 人民币实际汇率变动对出口贸易的影响 [J]. 国际贸易问题，2021 (5)：143-160.

② 袁申国，郑雯. 人民币实际汇率波动对外向型企业进出口影响实证分析：基于行业层面比较 [J]. 国际经贸探索，2015，31 (11)：88-103.

③ 帅传敏，程国强. 中国农产品国际竞争力的估计 [J]. 管理世界，2003 (1)：97-104.

④ 马凌远. 中国出口增长二元边际的再测算：基于不同生产要素密集型产品贸易的视角 [J]. 国际商务（对外经济贸易大学学报），2016 (3)：44-53.

⑤ 卢文慧，问泽霞. 中国新能源汽车出口竞争力影响因素分析：基于面板数据模型的研究 [J]. 现代工业经济和信息化，2023 (11)：194-198.

⑥ OO T, KUEH J, HLA D T. Determinants of export performance in asian region: panel data analysis [J]. International Business Research, 2019, 12 (8)：1-14.

MOHAMOUD A. S. 研究了 1990—2014 年东非七个国家的出口与其国内生产总值之间的关系，发现其国内生产总值的增长不影响东非七国出口①。另外，很多学者研究发现，汇率是影响出口的重要因素。一般来说，一国货币贬值使商品在国际市场上更便宜而刺激其出口。ALAM S.、AHMED Q. M.、SHAHBAZ M. 分析了巴基斯坦与其主要贸易伙伴美国、英国、日本、德国和沙特阿拉伯等贸易伙伴国的汇率和出口之间的关系，发现从长远来看，汇率对向特定国家的制成品出口有影响，但有不同的影响轨迹，即有些产生正面影响，有些则会产生负面影响②。NGUYEN B. X. 基于静态和动态的面板数据，利用引力模型考察了越南出口的决定因素，发现汇率对越南与出口伙伴国之间的双边贸易产生了明显的影响③。与此同时，RAKHMAN A. 研究发现汇率不会影响出口④。而 SAFUAN S. 使用 1996—2014 年数据的汇总和分类数据研究了汇率波动对印度尼西亚对美国、日本和中国出口的影响，证明汇率波动阻碍了出口⑤。此外，HALL S.、HON-DROYIANNIS G.、SWAMY P. A. V. B.、TAVLAS G.、ULAN M. 使用全球管理机制和时变系数（TVC），研究了实际汇率波动对十个新兴市场经济体出口的影响。其研究结果表明，汇率波动对非欧洲经济共同体国家的贸易产生了严重的负面影响，同时对欧洲经济共同体国家产生了积极的正面影响⑥（欧洲联盟即欧盟于 1993 年 11 月成立，但文献作者确实研究的是之前存在的欧洲经济共同体）。YESHINEH A. 使用引入贸易依存度的引力模型分析了埃塞俄比亚与主要贸易国的贸易情况。其分析结果显示，埃塞俄比亚进出口主要决定因素有经济规模、伙伴国贸易依存度、各国经济相似

---

① UYSAL Ö, MOHAMOUD A S. Determinants of export performance in east africa countries ［J］. Chinese Business Review, 2018, 17 (4): 168-178.

② ALAM S, AHMED Q M, SHAHBAZ M. Exchange rate volatility and pakistan's exports to major markets: a sectoral analysis ［J］. Global business review, 2017, 18 (6): 1507-1519.

③ NGUYEN B X. The Determinants of Vietnamese Export Flows: Static and Dynamic Panel Gravity Approaches ［J］. International Journal of Economics and Finance, 2010, 2 (4): 122-129.

④ RAKHMAN A. Determination of export volume and hedging strategy: a survey of exporter's transaction at the makassar industrial estate (kima) ［J］. Journal of Economics, Business, and Accountancy Ventura, 2012, 15 (3): 389-402.

⑤ SAFUAN S. Exchange rate volatility and export volume: the case of indonesia and its main trading partners ［J］. European Research Studies Journal, 2017, 20 (3A): 3-13.

⑥ HALL S, HONDROYIANNIS G, SWAMY P A V B, et al. Exchange-rate volatility and export performance: do emerging market economies resemble industrial countries or other developing countries? ［J］. Economic Modelling, 2010, 27 (6): 1514-1521.

性和人均国内生产总值差异等。汇率对埃塞俄比亚的出口贸易没有影响①。在制度质量方面，学者 AEBERHARDT R.、DAVEZIES L. 通过建立理论模型，动态地分析了制度质量对出口规模的影响。其分析结果显示，制度质量高可以最大限度地减少交易履约中的摩擦，也可以最大限度地减少整体经营风险②。RAHMAN M. M. 利用扩展贸易引力模型，以最小二乘法分析来自 50 个国家的 2001—2005 年短面板数据，其结果显示，澳大利亚双边贸易和经济规模、人均 GDP、贸易开放程度、共同语言等对出口有正面影响，贸易伙伴之间的距离对贸易产生了很大的负面影响③。在竞争力方面，学者 BRAJA M.、GEMZIK-SALWACH A. 基于欧盟统计局的数据，涵盖 2008 年至 2017 年期间（分为三个子时期），结合恒定市场份额模型（CMS），评估了竞争力效应对欧盟成员国出口增长的影响。其研究结果表明，在 2012—2014 年这个子时期，竞争力效应是促成高技术产品出口增长的一个重要因素。在随后的时期（2015—2017 年子时期），产品效应对德国和荷兰的高科技出口增长产生了负面影响④。学者 SUMIYATI E. E. 基于时间序列数据，利用矢量纠错模型（VECM）探究了短期的和长期的出口决定因素。其研究表明，滞后 1 期的通货膨胀在短期和长期都会阻碍制成品出口。同时，汇率和外国直接投资因素在短期和长期都没有影响制成品出口。通货膨胀和国内生产总值是设计增加印度尼西亚出口包括制成品出口的政策的重要因素⑤。

1.4.2.2　高科技产品出口贸易影响因素研究

进入 20 世纪后，高科技产业在各国经济发展中处于特殊地位，对高科技产品出口贸易及影响因素的研究一直都是国际贸易研究的重点领域。尚宇红、苗源泽的研究结果表明，竞争力效应是导致中国高端产品出口市场

① YESHINEH A. Determinants and Potential of Foreign Trade in Ethiopia: A Gravity Model Analysis [J]. Available at SSRN 2854183.

② AEBERHARDT R, DAVEZIES L.. Practical guidelines for the estimation and inference of a dynamic logistic model with fixed-effects [J]. Economics Letters, 2012, 115 (2): 300-304.

③ RAHMAN M M. Australia´s global trade potential: evidence from the gravity model analysis [C] // Proceedings of the 2009 Oxford Business and Economics Conference (OBEC 2009). Oxford: Oxford University Press, 2009: 1-41.

④ BRAJA M, GEMZIK-SALWACH A. Competitiveness of high-tech exports in the eu countries [J]. Journal of International Studies, 2020, 13 (1): 2071-8330.

⑤ SUMIYATI E E. Factors affecting manufacturing exports [J]. Journal of Economics, Business, and Accountancy Ventura, 2020, 23 (2): 254-266.

份额增加的主要原因，结构效应的贡献较小。其中，产品结构效应的影响几乎全部为负值，意味着产品结构效应长期不合理，出口的高新技术产品长期集中在进口需求增速较慢的品种上，因此改善出口产品结构是扩大出口的重要途径①。王正新、郑弘浩、胡稳权考察了中国尖端制造业出口贸易变动的影响因素。其研究结果表明，竞争力效应是影响高端制造业出口贸易额波动的主要因素，结构效应次之，二次效应影响程度相对较弱②。JIMéNEZ N.、MARTíN E. 对欧元区及其成员国高新技术产品、中等科技产品、科技含量较低产品市场份额的变化的研究发现，产品市场结构效应是影响欧元区市场产品出口额增加的主要因素，科技含量较低的产品导致出口额减少③。余娟娟、吴俊豪、万顺瑜主要关注中国高技术细分行业，对中国高技术产业出口网络深入洞察，强调了全球高技术产业出口网络的不均衡特征，并指出了影响节点国家地位的关键因素④。刘曙光、刘芳潇探讨了中国在 RCEP 自由贸易区内海洋高科技产业出口贸易的前景。其研究结果表明，中国与 RCEP 成员国在海洋高科技产品贸易方面具有广阔的合作前景，整体上有着较大的贸易拓展空间。然而，针对不同的海洋高科技产品细分市场，其具体情况存在着显著的差异。总体而言，中国与 RCEP 其他成员国经济规模显著促进了中国海洋高科技产品出口⑤。米冬睿站在企业的视角，认为随着贸易便利化水平的提升，其创造的成本降低效应会促进企业形成一个良性的资源循环，并推动高技术产品出口的二元边际提升，这一正向影响在异质性企业中依然成立⑥。潘向东、廖进中、赖明勇研究了进口国制度对高技术产品出口的影响，结果发现在九个经济制度变量中，对一国贸易流量影响作用最大的变量是该国的贸易政策，对一国高

① 尚宇红，苗源泽.中国高科技出口产品恒定市场份额分析：1995—2010 ［J］.国际贸易问题，2012 （12）：20-28.

② 王正新，郑弘浩，胡稳权.高技术制造业出口贸易波动因素分解：基于恒定市场份额模型的实证分析 ［J］.中国科技论坛，2017 （9）：46-55.

③ JIMÉNEZ N, MARTÍN E. A constant market share analysis of the Euro Area in the period 1994-2007 ［J］. Economic Bulletin, 2010 （1）: 1-15.

④ 余娟娟，吴俊豪，万顺瑜.中国高技术行业出口网络地位及影响因素分析 ［J］.技术经济，2023 （9）：83-96.

⑤ 刘曙光，刘芳潇.RCEP 区域内中国海洋高科技产业出口效率及前景：基于随机前沿引力模型的实证研究 ［J］.海洋开发与管理，2023 （5）：80-89.

⑥ 米冬睿.贸易便利化对高技术产品出口二元边际的影响 ［D］.杭州：浙江工商大学，2023.

技术产品出口影响最大的经济制度变量是该国的产权保护程度[①]。基于国家竞争力视角，学者佟家栋、范龙飞探讨了双边政治关系对知识产权保护贸易效应的影响。其研究结果发现，当进口国加强知识产权保护时，对创新型国家高技术产品出口存在市场扩张效应，然而，该效应受到双边政治关系的负向调节[②]。王伟佳对中国高技术产品在 RCEP 区域市场的竞争力进行了分析。其研究结果显示，中国高技术产品整体上对 RCEP 成员国保持较强的出口竞争力，在不同细分产品中，计算机及办公设备以及化学产品表现出较为明显的竞争优势，而航空航天类产品和非电力机械设备的竞争力相对较弱。贸易双方的 GDP 总量、共同语言、共同边界以及双方距离对高技术产品出口的影响较为显著[③]。黄孝岩、李国祥研究了 2002—2020 年中国农机产品出口 RCEP 成员国的主要影响因素。其研究发现，农机产品出口规模与伙伴国的 GDP、距离、边界及贸易国人口等正相关，与中国人口负相关[④]。진문걸、주판、배기형分析了 6 个 LPI（物流业景气指数）影响变量和 4 个亚指标以及 RCEP 成员国物流业绩对中国出口贸易的影响。其分析结果显示，RCEP 国家的 LPI 与中国的出口量呈正向关系，且在 LPI 的 4 个子指标中，质量追溯是对中国外贸影响最大的因素，其次是物流基础设施、物流服务质量[⑤]。

1.4.2.3 ICT 产业相关研究

随着美国日益加快对华战略竞争的步伐，高技术出口管制被美国视为打压中国和保持自身技术霸权的重要政策工具。宋国友、张纪腾通过案例分析法研究发现，威胁性、互利性、替代性和自主性在美国对华技术出口管制决策中发挥着关键作用。尽管威胁性在决策中占据了首要地位，但中美之间高技术产品贸易的互利性、中国从其他国家进口高技术产品的替代

---

① 潘向东，廖进中，赖明勇.经济制度安排、国际贸易与经济增长影响机理的经验研究 [J].经济研究，2005（11）：57-67，124

② 佟家栋，范龙飞.知识产权保护、双边政治关系与创新型国家高技术产品出口：基于国家竞争的技术遏制视角 [J].世界经济研究，2022（7）：3-17，135.

③ 王伟佳.中国对 RCEP 成员国高技术产品出口贸易效率及潜力研究 [D].长春：吉林大学，2022.

④ 黄孝岩，李国祥.中国对 RCEP 成员国农机产品出口效率和潜力研究：基于随机前沿引力模型 [J].价格月刊，2022（8）：28-36.

⑤ 진문걸，주판，배기형. A Study on the Influencing Factors of Logistics Performance Index（LPI）of RCEP Signatories on China's Foreign Export Trade‐Based on the Gravity Model [J].물류학회지，2021，31（2）：81-89.

性以及中国在相关技术领域的自主性，不同程度地限制了美国对华高技术产品出口的大规模限制。特别是，半导体制造技术在美国当前对华技术出口管制中被认为是核心因素①。在中国 ICT 产业发展上，蔡跃洲、牛新星研究发现，ICT 制造业的国内技术含量指数排名明显上升，但在全球的技术含量排名仍处于中下水平，与国内其他产业相比，技术含量指数存在显著差距②。在电子信息制造业贸易流量中，赵蕾、韦素琼、游小珺研究发现，电子信息制造业贸易总量增幅较大但增速放缓，贸易地区高度集中且贸易重心向发展中经济体偏移，但未出现明显的"多极化"趋势。网络成员间联系渐趋紧密，子群内部成员变动较大，网络存在核心—半边缘—边缘结构，核心区与半边缘区内的发达经济体地位下降，东亚与东南亚部分经济体的地位上升，中国大陆在网络中已占据重要位置，但中心性不足，仍有较大提升空间，且尚未形成稳定的"朋友圈"③。

越来越多的研究表明，ICT 产业对国际贸易具有显著的促进作用。ICT 可以被运用于互联网交易，能克服贸易障碍，降低交易成本，将对全球贸易产生积极影响（Addison T.、Rahman A.，2002；Freund C. L.、Weinhold D.，2004）④。Freund C. 和 Weinhold D. 研究指出，10% 的网络增长可以提高 1% 的国际贸易额，尤其是在经济发展相对落后国家更明显⑤。Nath H. K.、Liu L.⑥具体探讨了信息通信技术与服务贸易的关联性，发现信息通信技术对金融服务、保险服务、其他商业服务、权利金与特许费、电信服务、交通、旅游等贸易有正向影响。

另外，随着有关 ICT 产业的经济研究不断深入，牛津经济研究院 2011 年进行的一项研究表明，对 ICT 的投资比其他形式的资本投资对生产效率

---

① 宋国友，张纪腾. 战略竞争、出口管制与中美高技术产品贸易 [J]. 世界经济与政治，2023（3）：2–31，156.

② 蔡跃洲，牛新星. 中国信息通信技术产业的国际竞争力分析：基于贸易增加值核算的比较优势及技术含量测算 [J]. 改革，2021（4）：24–44.

③ 赵蕾，韦素琼，游小珺. 基于 SNA 的全球电子信息制造业贸易网络演化特征及机理研究 [J]. 世界地理研究，2021，30（4）：708.

④ FREUND C L, WEINHOLD D. The effect of the Internet on international trade [J]. Journal of International Economics, 2004, 62（1）：171–189.

⑤ FREUND C, WEINHOLD D. The Internet and international trade in services [J]. American Economic Review, 2002, 92（2）：236–240.

⑥ NATH H K, LIU L. Information and communications technology（ICT）and services trade [J]. Information Economics and Policy, 2017（41）：81–87.

的提高有着更大的贡献。学者 Heshmati A.、Yang W. 的研究显示，1998—2001 年，ICT 产业对中国全要素生产效率增长的贡献为 38%，对中国 GDP 增长的贡献为 21%[①]。《信息技术协定》也指出，中国 GDP 增长中约 20% 来自 ICT 行业的推动[②]。Farhadi M.、Ismail R.、Fooladi M. 在《信息通信技术的使用与经济增长》一文中指出，一个国家的 ICT 使用程度越高，经济增长越快[③]。DeVol R.、Wong P.、Bedroussian A.、Hynek C. F.、Rice D. 在美国进行的一项调查研究表明，加州电子计算机制造行业每创造 1 个就业岗位，就会有 15 个其他就业岗位获得支撑[④]。ICT 产品具有降低交通成本、提供营销信息与增加产业生产效率的作用[⑤][⑥]。世界银行专家发现，在发展中国家，高速宽带互联网普及率每提高 10%，其人均 GDP 年增长率可提高 1.38%。同样，也是在发展中国家，手机普及率每提高 10%，其人均 GDP 年增长率可提高 0.81%[⑦]。Ahmed E. M.、Ridzuan R. 进一步研究发现，ICT 产品对中国、日本、韩国、印度尼西亚、马来西亚、菲律宾、新加坡和泰国八个国家的经济增长做出了积极的贡献[⑧]。从全球产业链角度来看，全球电子信息产业贸易网络实现了由"单极化"向"多极化"转变，处于产业链不同位置的产品贸易网络存在较大差异。魏方、丁鹏翔、魏思敏研究指出，ICT 技术的应用可以衍生出新的服务外包市场的需求，并延长其产业链[⑨]，

① HESHMATI A, YANG W. Contribution of ICT to the Chinese economic growth [J]. Ratio Working Papers, 2006 (91): 2006.

② 《信息技术协定》扩国如何使中国和全球经济从中受益 [EB/OL]. https://www2.itif.org/2014-ita-expansion-benefits-chinese-global-economies-chinese-version.pdf.

③ FARHADI M, ISMAIL R, FOOLADI M. Information and communication technology use and economic growth [J]. PloS One, 2012, 7 (11): e48903.

④ DEVOL R, WONG P, BEDROUSSIAN A, ET AL. Manufacturing 2.0: A more prosperous California [R]. The Milken Institute, June 3, 2009.

⑤ ADDISON T, HESHMATI A. The new global determinants of FDI flows to developing countries: The importance of ICT and democratization [R]. WIDER Discussion Paper, No. 2003/45.

⑥ GHOLAMI R, TOM LEE S Y, HESHMATI A. The causal relationship between information and communication technology and foreign direct investment [J]. World Economy, 2006, 29 (1): 43–62.

⑦ https://www2.itif.org/2014-ita-expansion-benefits-chinese-global-economies-chinese-version.pdf.

⑧ AHMED E M, RIDZUAN R. The impact of ICT on East Asian economic growth: panel estimation approach [J]. Journal of the Knowledge Economy, 2013, 4 (4): 540–555.

⑨ 魏方, 丁鹏翔, 魏思敏. 信息化对中国承接离岸服务外包的影响: 路径分析与实证检验 [J]. 软科学, 2019, 33 (6): 54–59.

呈现"出口集中、进口分散"的显著特点①。

1.4.2.4 ICT产品贸易影响因素研究

ICT产品贸易涉及多个方面因素。学者黄梦、祝哲华、肖维鸽采用竞争力指数,对影响韩、中、日ICT产品贸易竞争力和比较优势的因素进行了实证分析。其实证分析结果显示,中国在计算机及外围设备、通信设备、消费性电子产品领域具有很强的贸易竞争力,出口市场以日本为主,在电子零部件方面,中国和日本的贸易竞争力较强②。KIM J.采用MSI(市场趋势指数)、EBI(企业经营效益指数)和MCA(经济状况综合指数)调查中国产计算机及外围设备在韩国市场的竞争力。其分析结果显示,中国产计算机及外围设备在韩国市场的竞争力相当强,其市场占有率持续增加,是韩国市场集中度较高的多数品种之一③。刘玉、黄舒雯运用时变随机前沿引力模型研究中国ICT产品出口RCEP国家的贸易效率及潜力。其研究结果显示,双边人口规模、进口国的经济规模、共同边界和共同语言对中国ICT产品的出口具有正向影响④。孙晓彬通过对出口竞争力评价体系的综合分析,认为中国通信设备潜在竞争力增长有较显著提高,通信设备制造业高技术密集度的特点虽已有所显现,但与国外发达国家相比,高效益、高附加值的特点并不明显,拉动出口贸易额增长的最重要因素是出口竞争力的提升⑤。孙玉红、于美月、赵玲玉分解检验了ICT产品贸易的二元边际促进效应,发现相对于发达国家而言,发展中国家在区域贸易中的数字贸易规则对ICT产品贸易的促进作用更为明显。他们细分不同类型的ICT产品,发现半导体产品的贸易更易受到RTA(Riverside Transit Agency)数字贸易规则的影响⑥。毛雁冰、方亚婷基于增加值视角,研究数字贸易

---

① 高菠阳,李俊玮. 全球电子信息产业贸易网络演化特征研究 [J]. 世界地理研究,2017,26 (1):1-11.

② 黄梦,祝哲华,肖维鸽. 中日韩ICT产品贸易竞争性与互补性研究 [J]. 江苏商论,2022 (4):65-70.

③ KIM J. A Study on the Export Competitiveness of Chinese ICT Items in Korean Market: Focused on the Computer and Peripheral Equipment Items [J]. International Commerce and Information Review, 2017, 19 (4):127-145.

④ 刘玉,黄舒雯. 中国出口RCEP国家ICT产品的贸易效率及潜力研究 [J]. 工业技术经济, 2022 (12):133-143.

⑤ 孙晓彬. 我国通信设备制造业出口竞争力研究 [D]. 大连:东北财经大学,2016.

⑥ 孙玉红,于美月,赵玲玉. 区域数字贸易规则对ICT产品贸易流量的影响研究 [J]. 世界经济研究,2021 (8):49-64,136.

规则对提升 ICT 产品出口增加值的促进效应。其研究结果表明，经济体之间缔结数字贸易规则对 ICT 产品出口增加值的提升具有明显的正向促进作用，并随着规则承诺水平的提高而不断强化。相较于发展水平较低的国家，发展水平较高的国家参与签订的数字贸易规则对提升 ICT 产品出口增加值的促进效应更显著[①]。刘似臣、支国林利用空间杜宾模型，对贸易格局与产业基础、经营环境、资源禀赋等的关系进行实证分析。其研究结果表明，"一带一路"沿线国家 ICT 产品贸易呈现出两边高、中间低的空间格局，产业基础是其主要的影响因素，也存在着正向空间溢出效应，从而得出提升城市化水平以及扩大经济体量有利于改变 ICT 贸易格局的结论[②]。吴盼盼、徐坡岭的研究探讨了 ICT 制造业在全球价值链（GVC）中的参与度对 ICT 产品出口的影响。其研究发现，ICT 制造业的 GVC 参与度正向影响产品出口规模，但对发达国家和发展中国家有着不一样的影响[③]。张梅、杨华从知识产权保护视角构建中介效应模型和门槛效应模型，实证检验技术创新对信息通信技术（ICT）产品出口的影响后发现，技术创新对 ICT 产品出口有显著促进作用，而且中低收入国家技术创新对 ICT 产品出口的促进作用更大，技术创新对消费性电子产品和通信设备出口的促进作用更明显[④]。王亚冉从贸易政策视角研究了贸易政策不确定性对 ICT 产品出口的影响。其研究结果显示，贸易政策不确定性显著削弱了 ICT 产品出口量，对其三元边际和价格边际均具有负向作用。尤其是在发达国家，贸易政策的不确定性对 ICT 产品的抑制作用更为显著，且按照出口国分类，对发展中国家的抑制作用更强。他通过细分 ICT 产品类型发现，贸易政策的不确定性对电子元件类出口的抑制效应最为显著，而对计算机及外设产品出口的影响最小[⑤]。안경애研究发现，欧元汇率变动对 ICT 产品出口和进口并没有影响，韩元—美元及韩元—日元汇率对 ICT 产品出口及进口产生了影响，

---

① 毛雁冰，方亚婷.全球数字贸易规则演变对 ICT 产品出口增加值的影响研究 [J].国际贸易，2023（7）：84-96.

② 刘似臣，支国林.数字经济背景下 ICT 货物贸易的影响因素分析：以"一带一路"沿线国家（地区）为例 [J].工业技术经济，2022（1）：78-85.

③ 吴盼盼，徐坡岭.全球价值链参与度对 ICT 制造业产品出口的影响研究 [J].价格月刊，2024（3）：1-12.

④ 张梅，杨华.技术创新是否促进了 ICT 产品出口：基于知识产权保护的视角 [J].调研世界，2023（9）：60-70.

⑤ 王亚冉.贸易政策不确定性对 ICT 产品出口的影响研究 [D].大连：东北财经大学，2022.

中国的经济状况和进出口价格对 ICT 产品进出口也产生了影响①。金完中研究了韩国对中国 ICT 制造业出口的影响因素，包括中国实际 GDP、IT 出口价格、对中国 ICT 的投资、人民币兑美元汇率和韩元兑美元汇率。其研究结果显示，如果对中国 ICT 产业的投资增加，对中国 ICT 产品出口将产生长期的增长效应。另外，如果人民币兑美元上涨，将正向影响中国 ICT 产品出口，中国的实际 GDP 增加，中国 ICT 产品出口将显著增加②。

1.4.2.5　中国与 RCEP 国家 ICT 产品贸易影响因素研究

在有关中国对 RCEP 国家 ICT 产品贸易的研究文献中，陈昊、赵子薇采用随机前沿引力模型，研究了中国 ICT 产品出口的影响因素。其研究结果显示，RCEP 成员国之间 ICT 产品出口受到出口国实际 GDP、进口国实际 GDP、地理距离和共同语言使用情况等因素的影响。同时，班轮运输连通性、贸易全球化程度、自由贸易协定生效情况、制度距离和随机前沿引力模型技术水平等因素则影响了成员国之间 ICT 产品出口贸易效率③。刘玉、黄舒雯采用时变随机前沿引力模型研究了中国与 RCEP 国家的 ICT 产品出口贸易效率及潜力。其研究结果显示，双边人口规模、进口国经济规模、共同边界和共同语言对中国 ICT 产品出口有正向影响。航空货运量、贸易自由度和信息通信技术发展水平等可以促进中国对 RCEP 国家 ICT 产品出口效率的提升。稳定的政治环境和一致的自由贸易规则对 ICT 产品贸易至关重要④。曾顺洋、曾彬绮、肖维鸽构建了时变随机前沿引力模型和贸易非效率模型，对 ICT 产品出口影响因素进行研究，其研究结果发现，成员国的制度质量、互联网普及水平、居民受教育程度和基础设施等因素均对贸易效率有较大的影响⑤。刘瑶、丁妍用引力模型分析中国 ICT 产品出口的三维影响，发现人均 GDP 与中国 ICT 产品出口具有正向影响关系，但两国之间的距离与 ICT 产品出口没有相关性。出口对象国的法律保护程度促

①　안경애. 환율변동성이 우리국가 ICT 무역에 미치는 효과분석 [J]. 유통경영학회지, 2018, 21 (5)：109-117.

②　김완중. 국내기업의 동아시아에 대한 정보통신기술 제조업 수출함수 분석 [J]. 동북아경제연구, 2015, 27 (4)：1-34.

③　陈昊, 赵子薇. RCEP 成员国间 ICT 产品出口贸易效率与潜力研究 [J]. 财经问题研究, 2023 (10)：116-129.

④　刘玉, 黄舒雯. 中国出口 RCEP 国家 ICT 产品的贸易效率及潜力研究 [J]. 工业技术经济, 2022 (12)：133-143.

⑤　曾顺洋, 曾彬绮, 肖维鸽. 中国与 RCEP 成员国 ICT 产品出口贸易效率与潜力研究：基于随机前沿引力模型 [J]. 对外经贸实务, 2022 (10)：65-71.

进了价格边际提升，出口国的技术进步则降低了价格边际①。

1.4.3　贸易潜力研究文献

学者们在研究贸易影响因素和测算潜力时，多采用传统贸易引力模型方法：建立一个模型，估计其贸易理论价值，如果理论价值大于实际价值，那么两国之间就有贸易潜力，就有必要拓宽两国的市场。Nilsson L. 和 Egger P. 是国外较早使用传统引力模型探索两国贸易潜力的学者，他们利用引力模型对理论价值进行度量，从贸易潜力中提取出贸易效率的概念，实际价值与理论价值的比值即贸易效率②。Simwaka K. 通过引力模型估计出口潜力。他研究发现，所测贸易的理论值大于实际值，南非发展共同体成员之间存在着较大的贸易潜力，南非发展共同体自由贸易协定将创造区域贸易价值。Kaur S.、Nanda P. 研究了印度和 SAARC 国家的出口潜力。其研究结果表明，印度对尼泊尔、不丹、马尔代夫、巴基斯坦的贸易潜力很大。印度和这四国接壤，可以利用地理优势打破贸易壁垒，扩大与 SAASC 国家的出口③。Kallioras D.、Pinna A. M. 研究了欧盟与邻国之间的贸易活动，并分析了在自由贸易协定框架内邻国之间是否存在更多的贸易流动。其分析结果显示，欧盟和邻国之间的贸易潜力更高④。Irshad M S.、Xin Q.、Hui Z.、Arshad H. 利用贸易引力模型对巴基斯坦与中国的双边贸易进行了分析。其分析结果表明，巴基斯坦的对外贸易与国内生产总值、宗教、世贸组织、两国贸易开放度和共同边界正相关，与地理距离和通货膨胀负相关，与中国的贸易潜力巨大⑤。Sadeghi P.、Hosseini S. S.、Moghaddasi R. 采用引力模型和横截面数据，对伊朗大枣的出口潜力进行年度分析。其分析

①　刘瑶，丁妍. 中国 ICT 产品的出口增长是否实现了以质取胜：基于三元分解及引力模型的实证研究［J］. 中国工业经济，2015（1）：52-64.

②　NILSSON L. Trade integration and the EU economic membership criteria［J］. European Journal of Political Economy, 2000, 16（4）: 807-827.

EGGER P. An econometric view on the estimation of gravity models and the calculation of trade potentials［J］. World Economy, 2002, 25（2）: 297-312.

③　KAUR S, NANDA P. India's export potential to other SAARC countries: A gravity model analysis［J］. Journal of Global Economy, 2010, 6（3）: 167-184.

④　KALLIORAS D, PINNA A M. Trade activity between the EU and its neighbouring countries: trends and potential［J］. Tijdschrift Voor Economische en Sociale Geografie, 2017, 108（1）: 36-51.

⑤　IRSHAD M S, XIN Q, HUI Z, et al. 2018. An empirical analysis of pakistan's bilateral trade and trade potential with china: a gravity model approach［J］. Cogent Economics & Finance, 2018, 6（1）: 1504409.

结果发现，伊朗在中亚、非洲和中东的出口潜力接近饱和，而它对欧洲国家的出口潜力已经开发了76%，对德国、意大利、丹麦和瑞典的出口潜力仍有一半以上未得到开发。他们提出解除贸易制裁、遵守国际卫生标准和投资包装行业是提高伊朗大枣世界市场份额的重要途径①。Ravishankar G.、Stack M. M. 使用随机前沿引力模型，对1994—2007年期间17个西欧国家与10个欧盟新成员国双边出口的面板数据集进行研究，发现贸易一体化程度较高，接近随机前沿引力模型估计值的2/3②。

中国学者李秀敏、李淑艳通过贸易引力模型研究了东北亚国家之间的贸易问题。其研究结果表明，贸易伙伴国的经济规模、距离、人口和制度因素是中国对东北亚各国双边贸易的主要决定因素。根据中国和东北亚国家之间测定的理论贸易额，中国对韩国和俄罗斯、日本对俄罗斯、韩国对日本与俄罗斯、蒙古对韩国的出口潜力巨大，提出扩大中国、日本、韩国之间的经济合作迫在眉睫③。施炳展、张夏基于传统引力模型，通过分析理论值和实际值之间的比例关系，将出口的贸易潜力分为"出口不足型""出口适度型""出口过度型"三种类型。他们研究指出，中国出口已由"出口不足型"转变为"出口过度型"，未来所有品种的出口潜力不足。从国家和地区来看，日本、韩国和东盟地区的出口潜力较大，对美国和欧盟的出口潜力比较适度，但对日本、"四小龙"和东盟国家出口不足。由此说明中国可以通过改变出口增长方式实现出口潜力，提出中国应重视与周边国家的基础设施建设，调整出口空间结构以及增长模式，兑现区域内出口贸易潜力④。施锦芳、郑晨通过构建贸易引力模型，分析了其对中国轨道交通装备制造业出口流量的影响因素，并在此基础上测定了对出口对象国的出口潜力。两位学者指出，在选定的45个样本国中，有20个国家属于"贸易过度"，有7个国家属于"贸易适度"，有18个国家属于"贸易不

① SADEGHI P, HOSSEINI S S, MOGHADDASI R. Analyzing iran's export market potential, gravity model：evidence from date market [J]. Journal of Agricultural Science and Technology, 2019, 21（4）：773-783.

② RAVISHANKAR G, STACK M M. The Gravity Model and Trade Efficiency：A Stochastic Frontier Analysis of Eastern European Countries' Potential Trade [J]. The World Economy, 2014, 37（5）：690-704.

③ 李秀敏，李淑艳. 东北亚国家贸易引力模型实证检验及潜力分析 [J]. 东北亚论坛, 2006, 15（2）：28-32.

④ 施炳展，张夏. 中国出口潜力：趋势、分布与源泉 [J]. 产业经济研究, 2015（6）：52-61.

足"。菲律宾是与中国贸易潜力最大的 RCEP 国家。他们根据研究结果提出了促进中国轨道交通装备制造业可持续发展的政策建议①。高志刚、张燕采用时变随机前沿引力模型，分析中、巴双边出口贸易效率，并测定贸易潜力。两位学者认为，在双边贸易效率明显低于出口效率，中、巴双边贸易潜力明显大于中国对巴基斯坦的出口潜力的情况下，未来中国将成为巴基斯坦重要的出口贸易国，对巴贸易顺差地位将难以维持。他们提出中、巴双方应从贸易通道、贸易环境、制度安排等方面提高双边的贸易效率，并充分挖掘双方的贸易潜力②。

王俊、王青松基于 SFA 模型对中国与 RCEP 伙伴国的贸易效率和潜力进行测度分析后发现，中国对 RCEP 伙伴国出口贸易量基本上达到了出口贸易随机前沿引力模型估计值的一半，双边贸易效率水平较低但潜力巨大③。周曙东、郑建研究表明，中国与 RCEP 伙伴国的贸易效率总体较低，贸易潜力较大；中国同越南、缅甸和新西兰的贸易效率相对较高，而与日本、马来西亚和韩国的贸易效率相对较低；进口清关时间、班轮运输、货币与金融自由度、政府支出与效率以及自由贸易协定均对贸易效率有不同程度的影响④。冯子璇利用随机前沿引力模型对中国与 RCEP 国家农产品进出口贸易效率、贸易潜力进行测度。其研究结果表明：贸易非效率显著存在且是阻碍中国与 RCEP 国家农产品进出口贸易的主要因素。从贸易效率来看，中国与 RCEP 国家的农产品进口贸易已经具备一定效率，但仍有较大发展潜力。同时，不同国家之间的差异较大⑤。王建丰、靳聪颖通过构建随机前沿引力模型，分析中国与 RCEP 伙伴国 2008—2020 年的贸易效率及潜力。其分析结果表明：中国与 RCEP 伙伴国中的日本、韩国和马来西亚的贸易潜力相对较高，但与越南和柬埔寨的贸易潜力相对较低。自由

① 施锦芳，郑晨. 中国轨道交通装备制造业贸易结构与出口潜力的实证研究 [J]. 宏观经济研究，2017 (3)：101-117.

② 高志刚，张燕. 中巴经济走廊建设中双边贸易潜力与效率研究：基于随机前沿引力模型分析 [J]. 财经科学，2015 (11)：101-110.

③ 王俊，王青松. 中国与 RCEP 伙伴国的贸易效率和潜力探析：基于 SFA 模型的测度 [J]. 苏州大学学报（哲学社会科学版），2021 (3)：111-123.

④ 周曙东，郑建. 中国与 RCEP 伙伴国的贸易效率与影响因素：基于随机前沿引力模型的实证分析 [J]. 经济问题探索，2018 (7)：89-97.

⑤ 冯子璇. 中国与 RCEP 国家农产品贸易潜力及贸易政策研究 [D]. 长春：吉林大学，2023.

贸易协定、进口国进口关税、政府支出指数和政府效率都会影响贸易效率[①]。黄孝岩、李国祥基于随机前沿引力模型研究了2002—2020年中国农机产品出口RCEP其他成员国的贸易效率和潜力。其分析结果显示，中国农机产品对RCEP其他成员国的整体出口效率不高，仅为0.59，对印度尼西亚、菲律宾和日本等国的出口潜力较大[②]。王伟佳利用实证分析的方法，通过建立随机前沿引力模型，以RCEP其他成员国为贸易对象，测算了中国高技术产品的出口效率和潜力，并对影响贸易效率的因素进行了分析。其分析结果显示，2019年，中国对RCEP各成员国的出口效率差异较大，平均出口效率为0.57。中国对各国的实际出口额均低于理论潜力值，贸易潜力巨大[③]。

刘玉、黄舒雯基于2006—2020年中国出口RCEP其他国家ICT产品贸易的面板数据，运用时变随机前沿引力模型一步法研究发现，中国与RCEP其他国家的ICT产品出口效率增速放缓，部分国家受新型冠状病毒感染疫情影响，下降明显。就贸易潜力和拓展空间而言，多数国家属于饱和型市场，增长空间较小，但新西兰和柬埔寨仍存在较大拓展空间[④]。陈昊、赵子薇采用2009—2019年11个RCEP成员国之间共110个数据，基于随机前沿引力模型，测算出了成员国之间ICT产品出口贸易效率、潜力及提升空间[⑤]。曾顺洋、曾彬绮、肖维鸽利用2005—2020年中国对RCEP成员国出口ICT产品的出口数据，构建时变随机前沿引力模型和贸易非效率模型，估算中国对RCEP其他成员国出口ICT产品的贸易效率及潜力。其分析结果显示，中国对RCEP其他成员国ICT产品的出口贸易效率呈现出随时间推移递减的趋势，且国别之间不平衡，贸易潜力尚待释放[⑥]。

[①] 王建丰，靳聪颖.中国与RCEP伙伴国出口贸易效率及潜力研究：基于随机前沿引力模型[J].商业经济，2023 (1)：105-109，116.

[②] 黄孝岩，李国祥.中国对RCEP成员国农机产品出口效率和潜力研究：基于随机前沿引力模型[J].价格月刊，2022 (8)：28-36.

[③] 王伟佳.中国对RCEP成员国高技术产品出口贸易效率及潜力研究[D].长春：吉林大学，2022.

[④] 刘玉，黄舒雯.中国出口RCEP国家ICT产品的贸易效率及潜力研究[J].工业技术经济，2022 (12)：133-143.

[⑤] 陈昊，赵子薇.RCEP成员国间ICT产品出口贸易效率及潜力研究[J].财经问题研究，2023 (10)：116-129.

[⑥] 曾顺洋，曾彬绮，肖维鸽.中国与RCEP成员国ICT产品出口贸易效率与潜力研究：基于随机前沿引力模型[J].对外经贸实务，2022 (10)：65-71.

1.4.4 文献述评

RCEP（《区域全面经济伙伴关系协定》）获得各成员国批准后，学者们开始研究其对区域内成员国以及区域外国家在经济、贸易、投资、社会福利等方面的影响。我们综合目前学界的主流观点，发现大多认为 RCEP 对区域内成员国的发展普遍起到了促进作用。对中国与 RCEP 伙伴国的贸易关系的实证研究主要采用 GTAP 模型和 CEG 模型。在信息通信技术相关研究中，无论是 ICT 本身、ICT 产业还是 ICT 产品，都受到了广泛关注。文献主要集中在 ICT 与经济增长、ICT 与国际贸易以及贸易效率等方面。ICT 在经济增长方面的贡献主要体现在资本积累和生产率提升方面，而在国际贸易中则发挥着重要作用，特别是随着互联网的发展，为国际贸易提供了更多信息，促进了贸易的进一步发展。在研究方法上，CMS 模型被广泛应用于农产品分析，但利用 CMS 模型研究 ICT 产业的文献并不多，大多数都以世界市场为整体研究对象。少数学者尝试用 CMS 模型分析工业产品，但很少有学者利用该方法研究高新技术产品的出口情况。在利用引力模型进行实证研究时，学者们更关注对中国与其他国家贸易总量的影响，以特定地区、特定行业、不同品种为对象的研究并不多。但事实上，不同产品的贸易影响因素千差万别。基于总量数据的分析忽略了这些差异，因此可能导致分析结果会有所偏差。

基于此，本书采用两种实证分析方法，即通过 CMS 模型和扩展引力模型对 ICT 产品出口 RCEP 国家的情况进行实证分析。本书首先利用 CMS 模型，从整体上对中国 ICT 产品出口 RCEP 市场的影响因素进行分析，在此基础上对不同品类 ICT 产品在 RCEP 各个国家出口影响因素进行详细的实证研究，从而扩大 CMS 模型的应用范围。其次，本书在 RCEP 签署的背景下，采用扩展贸易引力模型，在相对微观的基础上，分别对中国与 RCEP 国家 ICT 产品出口总量及 5 个分类产品贸易数据进行实证分析，准确把握中国与 RCEP 国家 ICT 产品出口的影响因素及贸易潜力，为相关政府部门和企业制定 ICT 产品出口政策提供有价值的参考。

2 概念界定与理论基础

2.1 概念界定

2.1.1 ICT 产品相关概念以及范畴

进入 21 世纪后，随着互联网信息技术的飞速发展，"ICT" 一词频频出现在社会经济发展及国际贸易中。目前，学术界对 ICT 产品尚未有一个统一的明确的定义。通常来说，ICT 产业包括制造领域和服务领域，ICT 产品属于制造领域。出于不同的研究目的，存在从狭义到广义的细分行业。国内学者刘似臣、支国林研究认为，ICT 产品就是信息通信技术产品，是提供宽带、高速通信网络设施以及涵盖电子及信息设备以及电子元件在内的多类产品的统称[①]。佟大木、岳咬兴研究指出，ICT 是信息与通信技术交互融合形成的新领域和新概念，主要包括办公设备、IT 产品、通信和半导体产品[②]。国外学者 Grabis J.、Stirna J.、Zdravkovic J. 指出，ICT 产品由多个相互关联的软件和硬件组件以及相关服务组成[③]。Sarkar S. 认为，ICT 由硬件、软件、网络和媒体组成，用于信息的处理、传输、存储和呈现[④]。

早在 1998 年，经济与合作发展组织（OECD）信息社会指数工作组

---

① 刘似臣，支国林. 数字经济背景下 ICT 货物贸易的影响因素分析：以"一带一路"沿线国家（地区）为例 [J]. 工业技术经济，2022（1）：78-85.

② 佟大木，岳咬兴. 出口导向加工贸易政策对产业升级的影响：基于 ICT 产品进出口数据的实证分析 [J]. 国际经贸探索，2008，24（8）：17-21.

③ GRABIS J, STIRNA J, ZDRAVKOVIC J. Capability management in resilientict supply chain ecosystems [J]. Iceis, 2020 (2)：393-400.

④ SARKAR S. The role of information and communication technology (ICT) in higher education for the 21st century [J]. Science, 2012, 1 (1)：30-41.

（WPIIS）对"电子通信产业"进行了定义：它主要由两部分组成，一部分是信息技术服务业，主要包括通过电子信息进行通信或处理信息的服务；另一部分是信息技术制造业，主要生产用来显示信息并处理或者具有通信功能的产品。随着国际统计标准的更替和新产品的出现，ICT 产品的分类不断被调整和优化。根据《国际标准行业分类》的定义，ICT 产品的统计范畴包括以电子元件和计算机设备为主的 ICT 制造业，以计算机软件、电信设备零部件批发为主的 ICT 贸易业，以及以软件发行、计算机编程、存储为主要活动的 ICT 服务业三类。UNCTAD 对 ICT 的分类统计标准更具有实操性，其将 ICT 产品分为 ICT 货物贸易、ICT 服务贸易以及数字交付服务。其中 ICT 货物贸易的统计标准划分为 ICT00 ~ ICT05，分别对应 ICT 贸易产品总额、计算机及外围设备、通信设备、消费性电子产品、电子元件及其他产品。本书亦采用此分类方法展开进一步的研究。具体见表 2-1。

表 2-1　ICT 产品分类

序号	品类
00	ICT 贸易产品总额
01	计算机及外围设备
02	通信产品
03	消费性电子产品
04	电子元件
05	其他产品

资料来源：UNCTAD 官网。

2.1.2　出口贸易潜力

"潜力"是指一种尚未发挥的能力，从自然科学到社会科学，有许多方面会用到此词语，包括物质可能释放的能量，以及人尚未发挥出来的能力都可以称为潜能。哲学家亚里士多德将此概念整合到其"潜在性和实现性"（potentiality and actuality）理论中。而由"潜力"一词的字义可见，"潜力"是一种隐藏在现实与表面之下的力量，是一种潜在的非现实的能力，起着预测趋势，将可能转化为现实的作用。学术界对潜力进行概念界定的文献不多，更多的学者在对潜力进行讨论之前，并未给出一个清晰明确的定义。部分学者仅以定性的方式对其既定层面的潜力进行了分析[①]，

---

① 张正河，赵慧清，段利. 农村咨询产业的潜力与格局 [J]. 河南社会科学，1998 (3)：105-109.

从供给和需求及供需对接实现的可能性方面探讨了潜力及发展愿景问题①。

贸易潜力（trade potential）是国际贸易实证研究中的一个基本问题。最早的有关贸易潜力的概念来源于包含技术进步的生产函数，即在既定要素组合和技术条件下，能够实现的最大产出。在实践中，由于各种阻碍因素的存在，生产潜能与实际产出时常存在差别，这种差别的大小与非效率损耗程度有关。因此，一般认为贸易潜力是在一定的投入组合下，个体经济所能实现的最大贸易值。这一指标值对于探究贸易双方能否开展持续的贸易起到了关键性作用，即贸易潜力大表明双方还有较大的贸易发展空间，最终促进双方贸易规模的持续稳定增长，达成互利互惠；而贸易潜力小则表明贸易双方未来难以进一步扩大贸易规模，实现贸易增长。

学者张正河、赵慧清、段利认为，贸易潜力是指不存在贸易阻力的条件下所能达到的最大的贸易流量值。贸易阻力包括地理距离（自然因素）以及制度、基础设施建设等可以人为干预的贸易阻力，即非效率项②。Kalirajan K. 认为，在确定贸易影响因素的条件下，假设贸易对象以最低限度束缚贸易发展，那么所能实现贸易量的最大可能值就是贸易潜力。具体来说，就是各国在进行贸易时，会受到双方社会环境、经济和制度等因素的影响。通过避免或优化这些因素的影响力度，可以提高使贸易量达到最大值的可能性③。

出口贸易潜力是指在某种市场环境下，市场需求所能达到的最大数值。也就是说，潜力不是实际销售额（量），而是一种可能的预期销售额（量）。一个国家的贸易规模是动态发展的，它可能受到世界经济发展情况、自身经济规模、自然因素、贸易成本等多方面因素的制约。出口贸易潜力是一国经济效率最大时的贸易量与实际贸易量的比率。知道贸易效率就可以计算出贸易潜力，两者之间呈反比例关系，即一国的经济贸易效率越高，其贸易潜力就越小。因此，在估计贸易潜力时离不开贸易效率与实

---

① 符大海. 中国纺织服装业的竞争实力和潜力探讨 [J]. 中南财经政法大学研究生学报，2006（3）：49-53.

② 张正河，赵慧清，段利. 农村咨询产业的潜力与格局 [J]. 河南社会科学，1998（3）：105-109.

③ KALIRAJAN K. Stochastic varying coefficients gravity model: an application in trade analysis [J]. Journal of Applied Statistics, 1999, 26 (2): 185-193.

际贸易量①。

本书中的出口贸易潜力是在建立一个贸易引力模型的基础上，利用模型估计结果进行样本内预测得到理论值，然后将理论值与实际值进行比较的结果，即出口贸易潜力。

2.2 理论基础

贸易是人类社会发展到一定阶段的必然产物，只要不同的国家或经济体之间存在剩余产品用于交换，自然就会发生贸易。

2.2.1 绝对优势理论

经典国际贸易理论的演变可以追溯到 1776 年，亚当·斯密（Adam Smith，1723—1790）在《国富论》中首先提出绝对优势理论。该理论指出，两个国家之间自然禀赋与生产效率不同，生产某种商品所需的成本上存在差异时就会发生贸易。一国生产某种产品成本更低，那么该产品便具备绝对优势，则该产品可以出口，反之则进口。根据该理论，世界上各个国家之间的分工正是基于各国之间的劳动生产率以及生产成本的绝对差异。亚当·斯密主张贸易自由化，反对政府干预贸易行为，他认为在自由贸易条件下，每个国家都可以发挥自己的绝对优势，通过生产自身具有绝对优势的产品在国际市场上进行交换，从而形成国际分工，各国可通过生产各自具有绝对优势的产品进行交换，从而基于满足各方需求而产生贸易，实现互利共赢。

绝对优势理论向我们解释了贸易利益的产生以及应该跟谁进行贸易，该理论为国际贸易理论的发展起到了很好的奠基作用，是从重商主义迈向自由贸易主义的重要一步，具有开创性意义。但是，该理论也存在局限性，如对比发达国家，发展中国家可能生产所有产品都不具有绝对优势，而生产所有产品都处于绝对劣势时，按绝对优势理论将不能出口任何商品，两个国家似乎无法发生贸易。然而事实并非如此，即使其中一国生产的所有产品都不具有绝对优势，但双方仍有可能发生贸易，提升双方的福

---

① KALIRAJAN K. Stochastic varying coefficients gravity model: an application in trade analysis [J]. Journal of Applied Statistics, 1999, 26 (2): 185-193.

利。因此，从某种程度上来说，绝对优势理论还不完全是一种具有普遍指导意义的贸易理论。

2.2.2　比较优势理论

作为亚当·斯密的学生，大卫·李嘉图在继承并发扬亚当·斯密的观点的同时，在 1817 年出版的《政治经济学与赋税原理》一书中提出了比较优势理论。比较优势理论是指若一国全部商品的劳动生产率都低于其他国家，但是相对而言，劳动生产率落后程度较小的那种商品就具有比较优势，这是两国之间进行贸易的基础。也就是说，无论一个国家处于怎样的状态，都能找到自己的相对优势：在两种产品的生产成本都处于绝对优势的国家，可专门生产自身优势程度相对较大的产品，而在两种产品的生产成本都处于绝对劣势的国家，可专门生产自身劣势程度相对较小的产品。也就是说，各国都应集中生产并出口其具有比较优势的产品，并进口其具有比较劣势的产品。如此，通过国际分工贸易，使每个参与贸易的国家均能获得比之前更多的商品，参与贸易交换的国家也节约了社会劳动，从而使贸易双方均获益。这一理论证明了无论各国是否具有绝对优势，都存在着使双方获益的贸易基础。比较优势理论使一国参与国际贸易的原因得到了更好的诠释，被誉为国际贸易理论的基石，同时也标志着自由贸易理论体系的建立。

比较优势理论阐述的国际贸易，一方面解释了处于绝对劣势的国家仍参与国际贸易并能够获利的原因，另一方面也能够促进国家之间生产的有序分工，实现资源的合理有效配置。但是该理论也同样存在局限性：其一，李嘉图虽然更深入地剖析了劳动生产率对国家之间贸易的影响，但是没有解释是哪些因素导致了各个国家劳动生产率的差异[①]；其二，该理论只是讨论了不同产业之间产生贸易的原因，不适用于分析产业内的贸易现象[②]；其三，将劳动要素视为影响劳动生产率和国际分工的唯一生产要素，忽略了产品生产过程中投入的其他要素和资源的影响[③]。

---

① 于金宽. 中澳农产品贸易现状及贸易增长因素分析［D］. 北京：中国农业科学院，2020.
② 张华峰. 中国棉花产业国际竞争力及影响因素分析［D］. 济南：山东农业大学，2016.
③ 王丝丝. "一带一路"背景下中国与中亚五国主要农产品贸易潜力研究［D］. 杭州：浙江工业大学，2015.

2.2.3　要素禀赋理论

比较优势理论以逻辑推理论证国际贸易产生的原因在于各国商品比较成本的差异，但未对产生比较成本差异的根源进行深入探讨。为填补这一理论空白，赫克歇尔（Heckscher）于1919年发表了题为《对外贸易对收入分配的影响》的文章，首次提出了要素比例理论。然而，当时该理论并未引起广泛关注。直到其学生俄林（Olin）于1993年对要素比例理论进行了更深入的探索，并出版著作《区域贸易和国际贸易》，赫克歇尔—俄林理论（H-O理论）才引起了人们的广泛关注和讨论，推动了国际贸易理论的重要发展。H-O理论深化了比较优势理论，提出国际贸易的根本原因在于各国的生产要素禀赋存在差异，不同国家拥有不同比例的劳动和资本，导致生产要素价格和商品价格在国际存在差异。该理论认为，各个地区（国家）生产要素禀赋不同是地区之间或国际上开展贸易的前提，各地（国家）要素禀赋的不同决定了各地（国家）要素价格的差异，要素禀赋差异导致了生产要素价格的差异。不同国家生产要素的相对稀缺性决定了其价格水平，使得劳动和资本在不同国家的价格存在差异。生产要素价格的差异进一步导致了商品生产成本的差异。商品的生产过程涉及劳动和资本的使用，它们的价格差异将直接影响到商品的生产成本。商品生产成本的差异最终导致了国际贸易的发生。国家会倾向于出口那些在本国要素相对丰裕、生产成本较低的商品，而进口那些在本国要素相对稀缺、生产成本较高的商品。此外，H-O理论还指出，国际贸易将使各国要素相对价格趋于相等，即不同国家的生产要素价格在一定程度上趋向相等。

美国经济学家萨缪尔森（Samuelson）基于赫克歇尔—俄林模型提出了HOS定理，倡导自由贸易主义，将国家资源禀赋视为决定互惠贸易的关键因素，形成了相应的理论框架。这一理论工具使得自由贸易理论从李嘉图的比较成本理论，即基于技能或技术的解释，转向了基于国家要素禀赋的解释。HOS理论的核心观点是，国际贸易的发生取决于各国生产要素的禀赋差异。具体而言，一个国家应该充分利用本国相对丰富的生产要素生产商品并出口，同时大量进口本国相对稀缺的生产要素所生产的商品。例如，劳动力相对充裕的国家在劳动密集型产品上具有比较优势，因此应大量生产并出口这类产品，并从资本相对充裕的国家大量进口资本密集型产品；而资本相对充裕的国家则在资本密集型产品上具有比较优势，应大量生产并出口这类产品，并从劳动力相对充裕的国家大量进口劳动密集型产品。

相对于李嘉图的比较优势理论，要素禀赋理论更加全面地解释了发生国际贸易的根本原因。该理论充分考虑了劳动力、资本和土地等多种生产要素，为解释国际贸易的形成和发展提供了更为丰富的解释框架。然而，要素禀赋理论也存在一些局限性。首先，与比较优势理论相似，要素禀赋理论基于一系列严格的假设前提，这在实际中难以完全满足。其次，该理论难以解释二战结束后发生在发达国家之间并且规模逐渐扩大的同一产业内贸易现象，这导致了对局部现象的解释存在困难。

2.2.4　区域经济一体化相关贸易理论

"区域"最初是指地理范围。随着社会经济的发展，这一概念逐渐被引入经济学领域，经济学家对其定义进行了不断的丰富，但至今尚未形成一个统一的定义。目前，人们广泛接受的是埃德加·胡佛对"区域"概念的界定。根据胡佛的定义，"区域"是一个集合体，主要用于规划、管理和政策制定与实施。对这个集合体的划分可以依据不同的原则进行，最为实用的原则是地理疆界，同时也可以从内部协同性和功能一体化的角度进行划分。

区域经济一体化是指国家之间通过商议采取适当政策手段，以消除国家之间的壁垒，促进各国扩大经济对外开放程度，提升各国之间联动水平，并加强相互依赖关系，共同推动各国朝着共同目标发展。通过联合行动，充分利用经济规模效应，实现区域经济规模的扩大，从而提高区域内国家的福利水平。

区域经济一体化的实现途径多种多样。最常见的方式是各合作主体通过协商，降低关税并消除非关税壁垒，以促进贸易自由化。此外，各国主体还可以共同制定规章制度，形成共识，以推动区域经济一体化。共同制定规章制度的方式通常能够实现更高水平的区域经济一体化。相较于仅仅降低关税和消除非关税壁垒的方式，该方式能够促进区域内国家之间的联动与合作，并提升其对外竞争能力。

根据成员国之间经济联系的紧密程度、要素流动的顺畅程度以及经济开放水平等多方面因素，区域经济一体化可分为多种形式。这些形式包括优惠贸易安排、自由贸易区、关税同盟、共同市场、经济联盟以及完全经济一体化。

（1）优惠贸易安排是区域经济一体化的一种合作形式，其合作水平最低。成员国在这种安排下签署与贸易优惠相关的条约或文件，以实现成员国在贸易中部分或全部商品的税收优惠。与非成员国的贸易则按照原有的税收制度进行。其典型例子是《亚太贸易协定》（前身为《曼谷协定》），这是中国参与的首个优惠贸易安排。

（2）自由贸易区是一种全球性的区域经济一体化模式。相对于优惠贸易安排而言，自由贸易区通过降低成员国之间的关税壁垒、消除非关税壁垒以及降低投资门槛，促使成员国之间的国际贸易活动更加自由化。然而，在这种合作形式下，贸易一体化水平并不高，只有来自本地区或主要由本地区生产的商品才能享受自由贸易的优惠待遇。对于非成员国家，成员国仍然保持独立的关税、非关税制度和贸易政策，并且执行严格的原产地规定。因此，在该模式下，成员国需遵循"对内统一、对外独立"的原则。目前，中国—东盟自由贸易区和北美自由贸易区都是自由贸易区的典型例子。

（3）关税同盟是全球经济一体化的基础之一，在全球经济一体化进程中发挥着关键作用。其核心理论关注废除内部贸易关税和统一外部贸易关税对国际贸易的变革，一直在全球经济一体化研究中占据着主导地位。在关税同盟中，成员国之间所有商品都不再受到关税、非关税和贸易配额等的影响，直接实现自由流通。成员国不再制定独立的关税制度，而是将这一权力赋予同盟，共同协调并对外实施相同的贸易关税政策。通过消除国际关税，实现了贸易创造效应，即关税同盟内一些国家的高成本商品可以被其他国家的低成本商品替代，从而促成新的交易。在实现关税同盟的过程中，还存在着贸易转移效应，即同盟内国家对同盟外国家征收统一保护关税，同盟内的国家就有可能将本可以从同盟外低成本国家进口的产品变为从同盟内高成本国家进口，改变了贸易方向。贸易创造效应通常被认为是积极的，因为这种生产转换提高了资源配置的效率。相反，贸易转移效应则被认为是消极的，因为这种生产转换降低了资源配置效率。关税同盟较为典型的例子有东非共同体、早期的欧洲共同体。

（4）共同市场是在关税同盟的基础上进一步提升区域经济一体化水平的一种形式，实现了比关税同盟层次更高的国际区域经济一体化。关税同盟通过实现商品和要素在区域内的完全自由流动，使产品市场更加开放，这一形式让渡了制定独立关税制度的权力。而共同市场则将一体化的范围进一步扩大，不仅包括商品，还涉及资本、劳动力、服务等多个领域，形成一个统一的大市场。通过建立共同市场，生产可能性得到了更大范围的重组，从而提升了资源配置效率。随着区域内生产量和贸易量的不断增加，生产可能性也在不断向外延伸，推动了区域内经济的快速发展。共同市场的建立不仅促进了成员国之间更紧密的经济联系，也为整个区域创造了更多的发展机会。1993 年，欧盟就实现了共同市场，为欧洲经济的深度一体化奠定了基础。

（5）经济联盟是在已形成共同市场基础上的更高级别的区域经济一体化形式。在经济联盟中，成员国除了消除贸易壁垒、统一对外贸易政策、允许生产要素自由流动等共同市场的基本特征外，还进一步实现了经济政策的协同，采取了统一的经济政策和汇率政策。与共同市场相比，经济联盟的协同不仅让渡了建立共同市场所需让渡的权力，更为重要的是，成员国进一步放弃了使用宏观经济政策干预本国经济运行的权力。这包括让渡了干预内部经济的财政政策和货币政策，保持内部平衡的权力，以及让渡了干预外部经济的汇率政策，维持外部平衡的权力。简而言之，经济联盟促成成员国共同考虑整个国民经济和社会福利，实现经济政策、产业政策、汇率政策的一致性。经济联盟已经成为较高水平的区域经济一体化形式，欧洲经济共同体是现实中经济联盟的典范。这一形式的区域合作促使成员国更深层次地整合经济政策，为整体区域经济的稳健发展提供了坚实基础。

（6）完全经济一体化是经济一体化的最高级形式，代表着区域经济一体化的最终阶段。它不仅具备经济联盟的特征，还在经济、金融、财政等多个方面实现了完全的统一。在完全经济一体化组织内，各成员国之间消除了商品、资金、劳动力等自由流动的障碍，体现了更深层次的整合。在这个一体化组织内，各成员国的税率特别是增值税率和特别消费税率基本协调一致；它建立统一的中央银行，使用统一的货币；取消外汇管制，实行同样的汇率管理，逐步废除跨国界的金融管制，允许相互购买和发行各种有价证券，实行价格的统一管理；等等。完全经济一体化组织通常设有共同的组织管理机构，其权力基础是成员国部分经济决策与管理权限的让渡。这种形式的一体化已经超越了国家主权，实现了政治、经济、金融、财政、军事、外交等多方面的一致，此时的一体化已经不只是经济联盟，而且还涵盖了政治联盟。目前，世界上尚未出现完全经济一体化的案例。欧洲联盟（EU）正朝着这一方向迈进，但尚未完全实现。

2.2.5　竞争优势理论

传统比较优势理论主要从宏观角度探讨国际贸易形成和发展的原因，未能深入分析国际贸易的微观基础。国家竞争优势理论弥补了传统比较优势理论的不足，更加注重对国际贸易产生原因的微观层次分析。国家竞争优势理论由迈克尔·波特提出，强调了企业在国际市场上的竞争性作为国家竞争优势的关键来源，该理论的核心思想体现在国家"钻石模型"中。该模型包括生产要素、需求条件、相关和支持产业以及企业战略、结构和同业竞争四种基本因素，以及机会和政府作用两种辅助因素，这些因素的不同组合被认为是一国在国际贸易中取得成功的关键，激烈的国内竞争环境对国际竞争成功具有重要意义。在经济全球化的背景下，国家竞争优势理论为国际贸易的理论研究提供了有力的补充，使我们能够更全面地把握国际贸易的本质和机制。该理论为我们更好地理解国际贸易的复杂性提供了有效的框架。

波特的竞争优势理论对占主流和控制地位的静态比较利益理论提出了挑战，凸显了对静态、外生比较优势理论的摒弃。传统比较优势理论主张出口竞争力源于自然资源、劳动和资本等生产要素的投入，强调各国生产要素禀赋不同导致的生产成本差异是产生生产率差异的原因。然而，在经济全球化的背景下，波特认为自然资源、劳动和资本等基础要素在国际竞争中的作用逐渐减弱，而电信网络、高科技人才和高精尖技术等高级要素的作用日益重要。波特主张，从长期来看，国家应该致力于培育和发展高级要素，以创造动态竞争优势。这个观点凸显了对经济结构和要素配置的新理解，强调了国际竞争力的演变。

波特还强调了国内需求条件对产业国际竞争力的影响。他认为，若本国市场规模较大，那么可以帮助企业快速实现规模经济，有利于提高该产品的国际竞争力，形成国际竞争优势。一国对外开放程度高，则其产品容易适应国际竞争。相关及支持产业，是指一国该行业的上游产业及其相关行业，可能会产生对互补产品的需求拉动、发挥群体优势、构成外资的经济和信息环境，从而对某一行业的竞争优势产生影响。从国家范围来看，越是发达的产业链，企业间交流就越是频繁，对技术的提升作用也就越有帮助。企业战略、结构以及同业竞争都会对产业竞争优势带来正向或负向的影响。波特指出，不同国家有着不同的"管理意识形态"，这些"管理意识形态"对一国竞争优势的形成将起到促进或妨碍作用。在激烈的同业竞争中，也会出现一些具有一定实力的公司，对产业在世界范围内获取较大的市场份额产生积极影响。机遇指的是一些重大的有利的变化，比如重大创新。尽管政府并不直接参与产业发展，但可以通过四个基本要素在经济发展中发挥催化和刺激企业提高创新能力的作用，并为企业创造一个公平和宽松的发展环境。

综合上述内容，可以看出，相较于传统的比较优势理论，波特的竞争优势理论对企业竞争力的来源进行了更为全面和系统的论述。国家竞争优势理论是一种"动态比较优势"，与 RCEP 国家的 ICT 产品贸易潜力之间存在密切关系。根据国家竞争优势理论，市场规模的扩大有助于释放贸易潜力，因为 ICT 产品出口商可以拥有更广泛的销售渠道，提升其产品的市场准入机会。在本书中，结合国家竞争优势理论对中国与 RCEP 国家 ICT 产品出口贸易的影响因素进行讨论，可以上述理论为基础，对进出口贸易的竞争力影响因素以及出口贸易潜力进行分析，从而在以后同 RCEP 国家的 ICT 产品贸易中占据优势，提升贸易合作空间。这对发展中国家提高产品出口竞争力具有重要的借鉴意义。

3 RCEP 发展概述

3.1 RCEP 的发展历程

1997 年亚洲金融危机的爆发，使东南亚各国意识到只有建立多方区域合作机制，加强跨领域联系，才能确保区域经济发展的整体安全和稳定，从而更好地抵御外部经济不确定性的冲击。在这一背景下，中国与东盟于 2010 年率先建立了自由贸易区（CAFTA）。随后，在 2011 年，东盟与中国、日本、韩国等国家共同萌生了进一步深化和扩大贸易合作的愿望，并提出了 RCEP（《区域全面经济伙伴关系协定》）的草案和框架。RCEP 谈判进入了协商准备阶段。

3.1.1 准备阶段（2011 年 11 月至 2012 年 7 月）

东盟十国于 2011 年举行的第 19 届东盟峰会上起草了《全面经济合作伙伴关系协定》（RCEP）的草案。RCEP 旨在"建立现代、全面、高质量、互利的经济伙伴关系，促进区域贸易和投资的扩大，为全球经济增长和发展做出贡献"。

3.1.2 协商谈判阶段（2012 年 8 月至 2015 年 8 月）

在 2012 年 8 月举行的东盟"10+6"经济部长会议上，16 个国家的经济部长原则上同意组建 RCEP，并开始了货物贸易工作组的运作。随后，2012 年 11 月，东盟十国与中国、日本、韩国、印度、澳大利亚和新西兰共 16 国的领导人共同发布了《启动 RCEP 谈判的联合声明》，正式启动了全球最大自由贸易区的建设进程。

RCEP 谈判在 2013 年正式启动，旨在通过谈判逐步达成一个"现代、全面、高质量、互惠"的自由贸易协定。RCEP 谈判过程并非一帆风顺。从 2012 年开始，16 个初始成员国陆续召开了 23 次部长级会议、4 次领导人会议。RCEP 谈判成员国共进行了 9 轮谈判，工作组由 3 个增加到 7 个，谈判内容进一步拓宽，扩大到包括争端解决、经济技术合作、竞争政策、知识产权、货物贸易、服务贸易和投资七项内容[①]。工作组在投资、货物贸易、服务贸易三个方面的市场准入达成共识[②]。总体来看，这一阶段 RCEP 谈判进程相对缓慢。

3.1.3 加速谈判阶段（2015 年 9 月至 2016 年 12 月）

在这一阶段，RCEP 谈判成员国共进行了 7 轮谈判，工作组由 7 个增加到 15 个，谈判逐步取得更多实质性进展。谈判磋商的内容具体到货物贸易、服务贸易、投资领域的核心问题，并且增加了原产地规则、电子商务、法律与机制等方面内容。截至 2016 年 12 月底，RCEP 已经进行了 16 轮谈判，召开了 4 次部长级会议，成立了相关工作组。在谈判内容上取得阶段性进展，RCEP 各成员国已完成经济技术合作章节谈判和中小企业章节谈判，在海关程序与贸易便利化、关税减让模式、原产地规则等方面，形成了初步共识，提交了货物贸易和服务贸易初始出价以及投资负面清单，但在投资、知识产权及通信、金融等服务贸易方面仍存在分歧。该阶段的谈判进程较前一阶段效率有所提高，主要原因是 TPP（跨太平洋伙伴关系协定）成员国在新西兰正式签署了协定，使未参与 TPP 的 RCEP 成员国感受到了在亚太地区合作中被边缘化的压力，RCEP 成员国加快了谈判进度。

3.1.4 谈判完成，协定生效（2017 年至 2020 年 11 月）

美国宣布退出 TPP 后，RCEP 成员国在 2017 年 2 月于日本举行了首次会面。RCEP 成员国意识到区域经济一体化可能是摆脱全球经济危机的良策，既能激发内部市场发展动力，还可以缓解外部市场需求萎靡和其他区域经济一体化组织排挤带来的不利影响。谈判各方在传统领域相关议题达成共识的基础上，推进了电子商务等新议题的磋商，但在投资、知识产

---

① 王勤. 迈进共同体时代前夕的东盟经济 [J]. 东南亚纵横, 2015 (3): 3-7.
② 刘海泉. 浅析中国亚太自贸区战略与地区经济一体化进程 [J]. 国际关系研究, 2017 (4): 99-116.

权、金融、通信等领域尚未形成统一意见。2017 年，16 个参与国又举行了 4 轮谈判，但并未如各方所愿于 2017 年完成谈判。自 2018 年 2 月一直到 2019 年 9 月，成员国又历经 8 轮谈判。在经历长达 31 轮的谈判磋商后，RCEP 成员国就协定全部文本达成一致并发表联合声明，谈判阶段正式结束。只有印度在服务以及货物贸易条款方面和其他成员国之间存在较大分歧，宣布从初始成员国中退出①。2020 年 11 月 15 日，第四次《区域全面经济伙伴关系协定》领导人会议开启，成员国对超过 14 000 多页的法律文本进行了审核，RCEP 最终顺利达成。东盟十国以及中国、日本、韩国、澳大利亚、新西兰 15 个国家正式签署《区域全面经济伙伴关系协定》，标志着全球规模最大的自由贸易协定正式达成，RCEP 协定于 2022 年 1 月正式生效。

RCEP 谈判的主要历程及内容见表 3-1。

表 3-1　RCEP 谈判的主要历程及内容

阶段	时间	会议	内容
2011 年 11 月至 2012 年 7 月（准备阶段）	2011 年 2 月	第 18 次东盟经济部长会议	产生了组建区域全面经济伙伴关系的草案
	2011 年 11 月	第 19 届东盟峰会	东盟十国领导人正式批准 RCEP 草案
2012 年 8 月至 2015 年 8 月（协商谈判阶段）	2012 年 8 月	东盟 "10＋6" 经济部长会议	16 国原则上同意组建 RCEP，货物贸易工作组开始运作
	2012 年 11 月	东亚领导人系列会议	东盟与签署 FTA 的 6 个非东盟国家（韩、中、日、澳大利亚、新西兰、印度）开始 RCEP 协商并设定宣言的目标　成员国领导人对开启 RCEP 谈判达成共识，并发表了联合声明
	2013 年 5 月	RCEP 第 1 轮谈判	主要对货物贸易、服务贸易和投资进行磋商，并成立对应的三个工作组
	2013 年 9 月	RCEP 第 2 轮谈判	重点讨论货物贸易的关税减让、原产地规则、海关程序等，初步就服务贸易的开放部门提出意见，对三个工作组的内容均进行了章节要素的讨论
	2014 年 1 月	RCEP 第 3 轮谈判	就市场准入模式、协定章节框架和相关领域安稳要素展开讨论

① 肖琬君，冼国明. RCEP 发展历程：各方利益博弈与中国的战略选择 [J]. 国际经济合作，2020 (2)：12-25.

表3-1(续1)

阶段	时间	会议	内容
	2014 年 3 月	RCEP 第 4 轮谈判	就关税减让模式、服务和投资自由化模式等方面进行了讨论
	2014 年 6 月	RCEP 第 5 轮谈判	在货物贸易原有的基础上增加了贸易便利化、技术法规、卫生等方面内容;深入探讨了投资的发展模式
	2014 年 12 月	RCEP 第 6 轮谈判	围绕货物、服务、投资三大领域进行了深入探讨
	2015 年 2 月	RCEP 第 7 轮谈判	增加了与知识产权、电子商务、法规制度相关的谈判
	2015 年 6 月	RCEP 第 8 轮谈判	重点磋商了原产地规则与操作程序的合并
	2015 年 8 月	RCEP 第 9 轮谈判	结束了三大领域的市场准入模式谈判
2015 年 9 月至 2016 年 12 月 (加速谈判阶段)	2015 年 10 月	RCEP 第 10 轮谈判	对技术性贸易壁垒、电子商务、金融等多领域开展全面广泛的讨论,对竞争政策、法律与机制等内容举行了工作组会议,并开始着手协定文本的谈判
	2016 年 2 月	RCEP 第 11 轮谈判	对核心领域进行磋商,并确定 2016 年的谈判计划
	2016 年 4 月	RCEP 第 12 轮谈判	继续就相关的领域进行磋商
	2016 年 6 月	RCEP 第 13 轮谈判	谈判了三大领域工作组的内容,讨论了其他领域的谈判方法和范围
	2016 年 8 月	RCEP 第 14 轮谈判	对知识产权、电子商务等领域进行了相关文案磋商
	2016 年 10 月	RCEP 第 15 轮谈判	完成了关于经济技术合作章节的谈判
	2016 年 12 月	RCEP 第 16 轮谈判	完成了中小企业章节的谈判
2017 年至 2020 年 11 月 (谈判完成, 协定生效)	2017 年 2 月	RCEP 第 17 轮谈判	举行了货物、服务、投资、知识产权、电子商务、法律与机制问题工作组会议。各方进一步努力,加紧推进货物、服务、投资三大核心领域市场准入问题和各领域案文磋商,推动谈判进入更加实质性的阶段
	2017 年 5 月	RCEP 第 18 轮谈判	各方就货物、服务、投资和规则领域展开深入磋商

表3-1(续2)

阶段	时间	会议	内容
	2017 年 7 月	RCEP 第 19 轮谈判	继续就货物、服务、投资和规则领域展开深入磋商
	2017 年 10 月	RCEP 第 20 轮谈判	继续就货物、服务、投资和规则领域展开深入磋商,讨论并形成了拟向领导人提交的联合评估报告草案
	2018 年 2 月	RCEP 第 21 轮谈判	继续就货物、服务、投资和部分规则领域议题展开深入磋商,谈判取得积极进展
	2018 年 4 月	RCEP 第 22 轮谈判	货物、服务、投资、原产地规则、海关程序与贸易便利化、卫生与植物卫生措施、技术法规与合格评定程序、贸易救济、金融、电信、知识产权、电子商务、法律机制、政府采购等领域都并行举行了工作组会议
	2018 年 7 月	RCEP 第 23 轮谈判	会议就货物、服务、投资、原产地规则、海关程序与贸易便利化、卫生与植物卫生措施、技术法规与合格评定程序、贸易救济、金融、电信、知识产权、电子商务、法律机制、政府采购等领域进行了全面磋商
	2018 年 10 月	RCEP 第 24 轮谈判	加速推进,货物、服务、投资等市场准入领域已经进入出(要)价谈判的冲刺阶段
	2019 年 2 月	RCEP 第 25 轮谈判	围绕关税领域、知识产权及电子商务规则等展开磋商
	2019 年 6 月	RCEP 第 26 轮谈判	举行了货物贸易、服务贸易、投资、原产地规则、贸易救济、金融、电信、知识产权、电子商务、法律与机制等相关工作组会议
	2019 年 7 月	RCEP 第 27 轮谈判	举行了货物贸易、服务贸易、投资、原产地规则、贸易救济、金融、电信、知识产权、电子商务、法律与机制等相关工作组会议,谈判取得了积极的进展
	2019 年 9 月	RCEP 第 28 轮谈判	RECP 谈判涉及 20 个领域,其中海关和贸易便利化、政府采购、经济和技术合作、中小型企业等 6 个领域的谈判已经结束,其余 14 个领域涉及电子商务、知识产权、电信和货物、服务和投资市场开放等内容

表3-1(续3)

阶段	时间	会议	内容
	2020 年 4 月	RCEP 第 29 轮谈判	加速推进扩大市场准入谈判和就印度重返 RCEP 谈判等交换意见，还就制度规定等技术性难题进行磋商，争取年内如期签署协定
	2020 年 7 月	RCEP 第 30 轮谈判	就相关法律和技术方面的争议点进行讨论
	2020 年 11 月	RCEP 第 31 轮谈判	谈判历经 8 年、31 次正式协商及 19 次部长会议，正式签署生效

3.2 RCEP 的主要内容和特点

3.2.1 RCEP 的主要内容

《区域全面经济伙伴关系协定》（RCEP）是 15 个国家之间的多边贸易协定，整合了现有的 5 个"东盟+1"自由贸易协定（包括东盟与中国、日本、韩国、澳大利亚、新西兰签署的 FTA）。RCEP 是一项促进成员国经济一体化的综合性协定，旨在消除成员国之间的关税和非关税壁垒，促进区域内货物交易及服务和投资自由化。协定由序言、20 个章节和 4 个市场准入承诺表（附件）三个部分组成，内容除主要包括货物贸易、服务贸易、投资和原产地等传统自由贸易章节外，新增了知识产权、电子商务、政府采购、经济合作、贸易救济、中小企业、竞争政策新议题等。其中 4 个市场准入承诺表包括关税承诺表、服务具体承诺表、服务和投资保留及不符措施承诺表、自然人临时移动具体承诺表，体现了现代新型自由贸易协定的发展方向，是全面、现代化、高质量和互惠的自由贸易协定。

3.2.1.1 货物贸易领域

3.2.1.1.1 关税减让

RCEP 作为全球最大的自由贸易区之一，致力于促进 15 个成员国的经济一体化，其中关税减让章节是协定的关键组成部分。协定生效后，RCEP 各成员国的关税将大幅度降低。RCEP 成员货物贸易降税模式分为两种，一种是对缔约方统一适用一张关税承诺表，澳大利亚、新西兰、文莱、柬埔寨、老挝、缅甸、新加坡和马来西亚共八个成员国采取这种方式。另一种是对不同缔约方适用不同的关税承诺表，中国、日本、韩国、印度尼西亚、越南、泰国和菲律宾共七个成员国采取这种方式。RCEP 协定规定，各成员国在不同时间段逐步实施的关税减让计划，分为即刻降税到零和 10 年内降税到零，个别国家的个别产品降税到零的时间为 20 年，最终实现零关税的货物税目比例为 90% 左右。为了照顾成员国的不同发展水平，RCEP 协定给予经济转型和发展中国家更大的灵活性。以中国为例，协定生效后中国对东盟十国、澳大利亚和新西兰即刻降税到零关税的比例分别为 67.9%、64.7% 和 65%，对日本、韩国即刻降税到零关税的比例分别为 25% 和 38.6%，中国与 RCEP 国家取消关税或关税税率降低的产品范围也进一步扩大。

RCEP 协定中的关税减让有助于增加成员国之间的贸易活动，促进区域内经济一体化，推动全球自由贸易的发展。

3.2.1.1.2　海关程序和贸易便利化

货物通关程序和贸易便利化是协定的重要组成部分。协定通过一系列具体规定，力求简化和加速成员国之间的货物通关流程，降低相关交易成本，促进贸易便利化。协定规定海关部门应尽可能在 90 天以内做出预裁定。虽然此项规定不是强制性的，但如有合理的理由延迟做出预裁定，海关应在规定期限届满前通知申请人。协定规定要进行抵达前处理，普通货物尽量在抵达后 48 小时以内放行，以提高通关速度，促进快递等新型跨境物流的发展，推动果蔬和肉、蛋、奶制品等生鲜产品快速通关。针对新型跨境物流，尤其是快递等行业，协定规定快运货物在抵达并提交必要的海关信息后，应在 6 小时内放行。协定规定应至少允许通过航空货运设施入境的货物尽快通关，以支持这些新兴产业的发展。这些便利化规则大大降低了 RCEP 区域内贸易交易成本，有助于提升其区域内产品的竞争力。

3.2.1.2　服务贸易

从跨境服务贸易的开放模式来看，RCEP 采取了正面清单和负面清单混合模式。其中，中国、新西兰、柬埔寨、老挝、缅甸、菲律宾、泰国和越南这八个国家采取了正面清单模式，而澳大利亚、日本、韩国、文莱、印度尼西亚、马来西亚和新加坡这七个国家采取了负面清单模式。采取正面清单的国家承诺，在协定生效 6 年后转为负面清单模式（柬埔寨、老挝和缅甸为 15 年）。

RCEP 协定规定采取正面清单模式的成员明确列出在市场准入、国民待遇和附加承诺方面的具体承诺。同时，在基于正面清单的承诺中，也加入了一些负面清单的精髓或要素。此外，RCEP 在最惠国待遇中引入了"第三方最惠国待遇条款"，将最惠国待遇的适用范围扩展到了 RCEP 之外的国家，即 RCEP 成员国在未来给予任何其他国家的更加开放的部门措施要同样给予 RCEP 其他成员国。

从跨境服务贸易的开放水平来看，RCEP 的开放部门数量优于之前各方之间的"10+1"协定开放水平承诺。总体来看，除了柬埔寨、老挝和缅甸这三个最不发达国家外，其他成员国承诺服务部门数量均达到了 100 个以上。中国在加入 WTO 承诺的基础上，又进一步扩展了部门数量，同时加大了金融、法律、海关等部门的承诺力度。其他 RCEP 国家也在工程、旅游、金融、房地产、运输等部门的开放程度上做出了更进一步的承诺。这极大地促进了中国的相关企业"走出去"，并推动了区域产业链布局的优化、完善、扩展与升级。

3.2.1.3 投资

RCEP 投资规则主要涵盖了投资自由化、投资促进、投资保护及投资便利化四大要素，体现对国外投资者最大限度的保护和对东道国国家安全的考虑。中国首次在自由贸易协定中承诺采取准入前国民待遇加负面清单的开放模式。RCEP 为投资领域带来新变化，区域投资自由化水平大幅提升，投资市场准入的确定性显著增强。15 国均采用负面清单方式对投资领域做出较高水平开放承诺，清楚列出各自的限制性措施，大大提高了投资市场准入的透明度和确定性。尤其是 RCEP 有关不符措施的棘轮机制，明确了未来自由化水平不可倒退，有利于增强区域内投资信心，促进区域内上下游产业链、价值链融合，为各国招商引资带来更大的机遇，也将为中国企业扩大对成员国投资提供更多保障。

同时，外商在区域内投资限制性条件有望减少。RCEP 首次在自由贸易协定的投资章承诺取消对外资企业高管的特定国籍限制，还对业绩禁止要求条款提出扩容要求，进一步减少对外商投资的限制性条件，有利于吸引外商扩大对华高新技术产业投资，同时也为中国企业在 RCEP 成员国投资运营提供了更多便利。

值得注意的是，在 RCEP 未来不符合规定的措施保留清单中，中国对多个行业采取了更多的优惠举措，涵盖了农业、林业、渔业、采矿业等多个领域，保留了在新部门和新行业采取或维持任何措施的权利。从投资自由化水平来看，在 RCEP 协定中，除了极少数敏感领域外，日本、澳大利亚和新西兰基本全面开放。这些政策的实施将进一步提升域内市场准入的确定性，增强 RCEP 国家的投资信心，促进 RCEP 域内上下游价值链的高质量融合。

3.2.1.4　规则

在原产地规则政策方面，与以往区域自由贸易协定相比，RCEP 在区域内采用区域累积原则。累积是指如果一个成员国境内的原产货物进入到另一个成员国境内并作为原料继续进行生产和加工，那么得到的最终产品应当视为原产于另一成员国境内。也就是说，这种"原产"属性能够通过累积从上游成员国传导至下游成员国，但这种传导不能超过两个国家。而 RCEP 协定放宽了这一规则，其规定这种"原产"属性传导机制能够扩展至最终产品生产与增值过程中涉及的全部域内国家。而这种规则设定使得一些此前被其他自由贸易协定判定为非原产于 RCEP 国家的产品有可能被认定为 RCEP 区域原产，从而享受 RCEP 协定的优惠税率。这种原产地累积规则有助于提升 RCEP 协定优惠税率利用率，并促进域内产业链布局进一步优化升级。通过实施产地累积规则，企业在不同国家或地区进行生产销售的成本大幅度降低，有助于跨国公司在不同国家和地区之间进行更为合理有序的布局，提升产业链韧性，建立更为有效的分工体系，促进 RCEP 各成员国之间产业链、供应链和价值链的深入融合。

但需要注意的是，在中国已往生效的双边自由贸易协定中，累积规则的适用仅限于协定双方。而在缔约方更多的 RCEP 中，来自日本和韩国的原产材料均可视为中国原产材料，因此累积范围更广，效应更明显。企业可以借助 RCEP 累积规则，在 RCEP 缔约方内拓展产品原料和零部件的采购渠道，优先选择缔约方的进口原料和零部件，提升采购灵活性。

3.2.1.5　自然人临时移动条款

自然人临时移动条款是各成员国承诺对 RCEP 区域各成员国商务人员的通行提供便利条件。与双边自由贸易协定相比，RCEP 在自然人临时移动方面取得的进展包括：减少签证和居留申请限制，RCEP 约定的自然人临时移动政策开放程度超过各成员国原有的双边协定水平，较大幅度地减少了自然人临时移动的限制性条件，如减少进行劳动力市场测试或其他类似影响的程序等。RCEP 项下对适用临时入境的自然人类型进行了扩宽，所涉及的人员类型更加广泛，承诺适用范围扩展至服务提供者以外的货物销售者、投资者和投资者适当授权代表以及随行配偶及家属等条款，促进贸易相关人员流动；减少了临时入境条款限制，提高了政策透明度和入境申请效率，为各方商务人员往来提供了更大便利。

3.2.1.6　知识产权

RCEP 在 TRIPS（《与贸易有关的知识产权协定》）的基础上，全面提升了区域内知识产权整体保护水平，有助于促进区域内创新合作和可持续发展。RCEP 对知识产权保护提出了更高要求。RCEP 知识产权章旨在通过有效和充分地创造、运用、保护和实施知识产权权利来深化经济一体化，减少对贸易和投资的扭曲和阻碍，促进创新和创造；维持知识产权权利持有人的权利、知识产权使用者的合法权益，以及公共利益之间的适当平衡；便利信息、知识、内容传播的重要性；以及制定和维持透明的知识产权制度，并推动和维持充分和有效的知识产权保护。知识产权保护和实施应该有助于促进技术创新和技术转让及传播，有利于以社会和经济福利方式推动技术知识创造者和使用者的共同利益，并且有助于平衡其权利与义务。

3.2.1.7　争端解决

RCEP 在争端解决机制方面的规定主要在第十九章。该章明确了双方争端解决程序，包括磋商、斡旋、调解或调停、设立专家组、发布初步或中期报告、发布最终报告、最终报告的执行、补偿和中止减让等步骤。其中，磋商和解决问题的努力被强调，表明 RCEP 更注重通过对话协商解决争端。

RCEP 的争端解决程序着重考虑最不发达国家的特殊情况。当争端解决涉及最不发达国家时，起诉方被要求保持克制，这体现了对这些国家的特别关照。此外，在争端解决领域，RCEP 协定中还包含了不受解决机制约束的条款，为各国提供更大的政策空间。这意味着争端解决机制相对较弱，更强调各国自主解决问题的能力。

RCEP 协定在争端解决方面提出了较多的软性义务，即可尽量配合或努力达到，而不做强制性规定。这种表述方式体现了对成员国的灵活性，鼓励各国在可能的范围内采取行动。同时，协定中也强调了对柬埔寨、老挝、缅甸等最不发达国家的特殊和差别待遇，这也体现了 RCEP 更加兼顾效率和平衡，照顾到所有成员国的发展和实际情况的需要，体现了更多的包容性和灵活性。

RCEP 协定的主要内容见表 3-2。

表 3-2　RCEP 协定的主要内容

条款	内容
货物贸易	对其他缔约国货物给予国民待遇、通过阶段性关税自由化进入市场、特定货物临时免税入境、取消农业出口补贴、数量限制、全面取消进口许可程序管理、进出口相关费用及手续费等； 协定生效后，立即取消关税，10 年内分阶段取消关税，分两个阶段进行
服务贸易	清单约定：RCEP 成员就开放性措施达成协定； 以加入世界贸易组织（WTO）约 100 个协定为基础，对新研究开发、管理、服务制造业相关的 22 个部门，建筑、法律、金融、海运等 37 个标准上调收入
投资	15 个领域均对制造业、农林渔业、矿业等领域的投资采用负面清单方式
自然人临时移动	允许相关缔约国家商务人员临时入境或延长入境居住时间，简化申请程序，保障合理费用
原产地规则	原产地证明类型是基准"10+1"协定中的原产地证明书除外，可由出口商自由填写声明
贸易援助	确定了 RCEP 过渡保障措施的范围和期限； 反倾销和反补贴强调禁止入籍原则、公布事实和处理机密情报等
知识产权	超越 WTO 贸易知识产权协定的知识产权保护水平
电子商务	贸易更加便利，注重保护消费者利益和隐私，电子数据传输零关税
纷争解决	地点选择、协商、主动调整、邀请设立专家组； 规定第二方纠纷解决程序，专家组的功能、程序和最终报告的执行； 审查程序、赔偿、谅解或其他义务规定
技术合作	构建和维护可公开访问的信息平台，促进信息共享； 根据各国能力和发展水平，开展经济技术合作，缩小成员国之间的差距

资料来源：中华人民共和国商务部。

3.2.2　RCEP 协定的主要特点

RCEP 协定旨在加强成员国之间的经济联系，推动贸易自由化和区域经济一体化，为亚太地区带来更加稳定和繁荣的经济环境。协定的主要特点如下：

（1）RCEP 是全球规模最大的区域自由贸易协定。RCEP 涵盖全球最具增长潜力的两个大市场，即拥有 14 亿人口的中国和 6 亿多人口的东盟市场，年均进出口贸易总额高达 5.5 万亿美元，无论是人口、经济总量，还是货物贸易总额，RCEP 均高于欧盟、《全面与进步跨太平洋伙伴关系协定》（CPTPP），以及《美墨加协定》（USMCA）。RCEP 的签署将有利于推动 RCEP 形成一个一体化大市场，并使其成为全球自由贸易领域的关键合作伙伴，为区域和全球经济发展注入强劲动力。

（2）整合区域内多重经贸规则。RCEP 囊括并整合了东盟以及东亚地区与中国、日本、韩国、澳大利亚、新西兰的多个"10+1"自由贸易协定，使得这个区域内的贸易规则得到更为全面的整合。值得关注的是，RCEP 协定首次将中国、日本和韩国这三大经济体集结在一个自由贸易区内。该协定大幅降低了贸易壁垒，从而间接促进了三国经济的融合和贸易自由。尤为重要的是，中、日两国还首次达成了双边关税减让协定，为本协定增色不少。

（3）区域内贸易活跃。RCEP 区域贸易占据了 RCEP 成员国贸易总额的 40% 左右，其中制造业贸易额在 2019 年占据了 RCEP 内部贸易的 3/4 以上，接近 2 万亿美元的规模。自然资源贸易以不足 3 500 亿美元的数额位居其次，而农产品贸易的规模约为 1 800 亿美元紧随其后。在制造业领域，通信设备、金属产品以及纤维及服装等领域呈现出较高的一体化水平。其中，通信设备以约 5 500 亿美元的交易额，成为最大的交易板块。相对而言，中国与 RCEP 国家之间的贸易规模要小许多，日本和韩国与 RCEP 国家之间的贸易额也低于平均水平。

（4）RCEP 是一个全面的、现代化的贸易协定。RCEP 是一个全面的自由贸易协定，既包括货物贸易、服务投资等市场准入，也包括贸易便利化、知识产权、电子商务、竞争政策、政府采购等大量内容。RCEP 自由贸易协定对国际贸易中的新兴热点议题进行了一系列探讨。虽然从协定条款的规定范式来看，RCEP 协定对传统的贸易问题更具有针对性，但其对新兴的热点问题也进行了一定程度的规定，尤其是针对电子商务、区域投资、公共管理等新兴问题进行了讨论并制定了一定的规则。这些高水平贸易便利化规则为各成员国在数字合作、区域协同等方面奠定了坚实基础。

（5）RCEP 是一个高质量的贸易协定。RCEP 在自由贸易法律秩序和规范的推进方面，填补了 WTO 难以发挥积极作用的现实空缺，成为主导多边贸易秩序的有效替代方案之一。现有研究指出，自由贸易协定条款主要分为"WTO+"与"WTO-X"两个方面，其条款中"WTO+"数量较"WTO-X"多，表明 RCEP 协定是在 WTO 基础上的贸易协定延伸。在货物贸易方面，协定整个开放水平达到 90% 以上，意味着成员国的关税税目中有 90% 的商品税率降为 0，比 WTO 的开放水平要高很多。在投资方面，RCEP 成员国都将对外资实行负面清单管理制度，保障了成员国之间都能够享受到更加公平、透明、可预期的营商环境。

（6）RCEP 是一个互利互惠的贸易协定。RCEP 横跨南、北两半球，RCEP 的成员国涵盖了经济发展水平的多个层次，既涵盖了日本、新加坡等发达国家，也涵盖了经济发展较快的发展中国家，以及一些像老挝、缅甸等经济相对落后的国家，每个国家的综合经济实力、发展水平和政治制度都不尽相同。因此，RCEP 协定综合考虑了发达国家与发展中国家的利益需求，通过给予经济欠发达国家差别待遇，与欠发达国家开展经济合作与技术交流等方式，致力于在货物、服务和投资等市场准入和规则在各领域实现利益均衡，使区域内各国都能进一步提升本国经济和对外贸易水平，融入域内市场，进而实现 RCEP 区域内的均衡、互惠、包容、平等、高质量增长。

3.3　RCEP 的意义

3.3.1　RCEP 对 RCEP 区域发展的意义

《区域全面经济伙伴关系协定》（RCEP）的显著作用是加强以东亚市场为导向的经济一体化发展，使中国、日本、韩国和东南亚各国之间的联系更加紧密。鼓励区域内经济体进一步相互依赖，RCEP 各成员国都将成为协定的受益者，为巩固区域联系以及扩大 RCEP 投资提供了一个有效的架构，RCEP 的签署对 RCEP 区域发展具有重要意义。

（1）促进区域经济一体化发展。RCEP 彰显了亚太地区经济一体化的决心，有利于增进地区国家之间的互信，将推动地区深度一体化发展，是东亚区域经济一体化进程中的一个里程碑。在当前全球经济萎靡的背景下，RCEP 区域经济一体化建设发出了反对单边主义和保护主义、支持贸易自由化和维护多边体制的强烈信号，提振了经济全球化信心，为多边贸易谈判提供了新动能。到 2025 年，RCEP 有望带动成员国出口、对外投资存量、

GDP 分别提升 10.4%、2.6%、1.8%①。RCEP 各成员国都将成为协定的受益者，协定的生效将有效抵消中国与美国的贸易摩擦带来的约 1/3 的负面影响。美国彼得森国际经济研究所推算，到 2030 年，RCEP 将带动中国、日本、韩国分别获得 850 亿美元、480 亿美元、230 亿美元的收益。其他重要的 RCEP 受益成员国依次是印度尼西亚、马来西亚、泰国、越南②。

（2）提升区域福利水平，促进域内贸易发展。首先，随着区域内贸易壁垒的降低，贸易投资和贸易便利性大大提高，减少了域内国家的运营费用，消费者可以购买到比以前质量好、价格低的商品，给企业和国民带来实惠，促进经济增长，增进社会福利。2020 年，中国的五大贸易对象依次是东盟、欧盟、美国、日本和韩国。其中，东盟、日本和韩国作为 RCEP 成员国，分别约占中国对外贸易总量的 15%、7% 和 6%。特别是东盟和中国已经成为相互间最大的贸易伙伴，呈现出东亚贸易的地区化趋势。RCEP 生效后可能会进一步强化这一趋势。签署 RCEP 极大地减少了成员国之间的贸易和关税壁垒，促进了区域内贸易发展。

3.3.2　RCEP 对中国经济发展的重要意义和作用

3.3.2.1　RCEP 对中国经济发展的重要意义

中国政府高度重视 RCEP 自由贸易区相关工作，国务院常务会议多次要求按时间表部署 RCEP 落地实施国内相关工作。RCEP 的签署对中国有着多方面的重要意义，涵盖了经济、政治等多个层面。

（1）促进经济增长。RCEP 是全球范围内最大的自由贸易区，覆盖了 15 个国家，占全球经济总量的约 30%。对中国而言，RCEP 的签署有望促进贸易和投资自由化，拓展市场空间，为中国在新时代构建开放型经济新体制，实现国内大循环为主体、国内国际双循环相互促进的新发展格局提供有力支撑。

（2）加强地区合作。RCEP 的签署促进了成员国之间的贸易、投资和技术合作，不仅加强了中国与周边国家的经济合作，还深化了地区间的互信，构建了更加紧密的地区合作关系。这一举措将为中国与周边国家带来

---

① 中国国际贸易促进委员会. 自由贸易协定电子行业应用指南 [EB/OL]. https://www.ccpit. org/a/20230815/20230815jgqw.html.

② PETRI P A, PLUMMER M G. Should China Join the New Trans-Pacific Partnership? [J]. China & World Economy, 2020, 28 (2): 18-36.

更多互利共赢的机会，促进地区内贸易与投资增长，稳定与繁荣区域经济。作为 RCEP 的重要成员，中国将持续发挥积极作用，推动地区合作向更高水平发展，为亚太地区的共同繁荣与发展做出更大贡献。

（3）提升贸易地位。中国作为全球第二大经济体，积极参与《区域全面经济伙伴关系协定》（RCEP）的签署，不仅深化了中国与区域内其他国家的经济合作，促进贸易自由化和便利化，还有助于中国在全球贸易体系中扮演更重要的角色，发挥更为重要的作用，并进一步彰显了中国作为负责任大国的形象，展现了中国积极参与全球事务、推动全球贸易发展以及促进全球经济稳定与繁荣的决心。

（4）深化产业链合作。RCEP 的签署有助于加强成员国之间的产业链、供应链和价值链的深度合作。中国与其他成员国的产业互补性，有助于构建更为高效和强大的亚太地区产业链，并强化了中国在亚洲产业链中的地位，为中国做好国内外双循环提供了"强心剂"。

（5）应对贸易保护主义。在当前全球贸易保护主义抬头的背景下，RCEP 的签署，不仅展示了中国坚定支持多边主义和自由贸易的立场，也将有效减少关税和非关税壁垒，促进成员国之间开展更加自由和公平的国际贸易，实现更加开放的市场，阻止贸易保护主义的蔓延。

3.3.2.2　对中国经济发展的重要作用

RCEP 作为新时代中国扩大对外开放的关键平台，将在多个方面对中国经济产生深远的影响。

首先，通过 RCEP 协定中国将获得更广泛的市场准入，为中国企业提供更多出口机会，同时吸引更多外国投资，推动中国与国际高标准贸易投资规则接轨，并构建更高水平的开放型经济新体制。这意味着中国将更加积极地参与全球贸易体系，提高中国在国际市场上的竞争力，为中国企业提供更广阔的国际市场。

其次，RCEP 将为中国形成国内国际双循环的新发展格局提供支持。RCEP 将为中国企业提供更广泛的市场，促进中国各产业更充分地参与市场竞争，有助于不同产业更充分地参与国际市场竞争，有效提升中国在国际和国内两个市场配置资源的能力。这有利于中国促进国民经济良性循环，形成国际合作的新优势，推动中国经济高质量发展。

最后，RCEP 将提升中国自由贸易区网络的含金量。随着 RCEP 的签署，中国已经与 19 个国家签署了自由贸易协定，自由贸易伙伴数量达到

26 个。尤其值得注意的是，通过签署 RCEP，中国首次与日本建立了自由贸易伙伴关系，日本成为中国与世界前十经济体签署自由贸易协定的首个国家。这不仅提高了中国自由贸易区网络的含金量，也为中、日、韩自由贸易区谈判以及东亚经济一体化进程奠定了良好基础。此举是中国实施自由贸易区提升战略的重要举措。构建面向全球高标准自由贸易区网络，有助于推动中国与其他国家的深度合作。

综合而言，RCEP 将在多个层面为中国经济的开放、发展和国际合作提供有力支持，成为中国更为积极参与全球贸易体系的关键契机。

3.4.3　RCEP 的签订对中国 ICT 产业发展的作用以及意义

（1）深化区域 ICT 产业融合。作为亚洲地区规模最大的贸易投资协定，RCEP 将强化成员国之间的电子信息产业链、供应链、价值链深度融合。RCEP 项下投资自由化条款、投资保护条款和投资便利化条款是中国电子信息行业和电子企业"走出去"和"引进来"的有力武器。通过投资互动，中国电子企业可扩大生产规模，完善并优化国际市场布局，切实推进国际化进程，这将有效巩固和提升中国在全球电子信息产业链、供应链、价值链中的地位。

（2）促进 ICT 产业提质升级。作为全球最大规模的区域内自由贸易协定，RCEP 成为全球 ICT 产业最为活跃的区域之一。该协定融合了亚太地区的丰富资源，推动着庞大的地区生产网络的构建，为中国和 RCEP 成员国共同培育世界 ICT 制造业基地提供了重要契机。近年来，随着中国劳动力成本的上升，中低端 ICT 加工制造业逐渐向东盟地区转移，这一趋势催生了国内创新、推动改革、促进发展的需求，为促进中国 ICT 产业的高质量发展创造了良好条件，助力中国产业结构不断优化，引导资源向更高附加值领域集聚，提高产品质量和技术水平，推动中国产业实现转型升级。

（3）形成 ICT 产业发展闭环。RCEP 的签署促成了中、日、韩三国首次建立起自由贸易联系，凸显了在电子产业链上的协同和互补效应，使得三个国家在电子产业链上建立了完整的上、中、下游关系，形成了从集成电路制作设备和原材料到最终产品的生产闭环。这样的合作不仅增强了电子信息制造业产业链的"中日韩小循环"，还为区域内形成更紧密的生产关系奠定了基础。即日本向韩国提供了基础的原材料、晶圆和制造材料，为韩国提升生产力和技术水平提供了支持。韩国则在此基础上进行集成电路的加工，将半成品出口到中国，为中国提供了高质量的集成电路产品。最终，中国在国内进行组装生产电子消费品，并向日本和韩国等国出口最终的电子产品。这一产业链的闭环协同作用，使得三国之间形成了稳固而高效的生产网络。这种生产闭环的形成不仅加强了中、日、韩三国之间的经济合作，也推动了整个亚太地区的电子产业链的融合和发展，更为三个国家在电子制造业中发挥各自的优势提供了机会，实现了互利共赢。RCEP 的签署为这种合作模式提供了更为有力的法律和贸易支持，为三国未来的合作关系打下了坚实的基础。

本章主要采用文献分析法，对 RCEP 的谈判过程、RCEP 协定的主要内容、基本特点以及 RCEP 的效能以及发展前景进行了分析，并系统梳理了 RCEP 协定中的相关内容，得到的主要结论如下：

第一，RCEP 的建立可以划分为准备、正式协商、加速谈判和谈判完成生效四个阶段。

第二，作为兼具高质量与全面性的自由贸易协定，RCEP 涉及的内容繁多、覆盖广泛，既兼具传统议题又包含高标准的新兴议题。在货物贸易领域，RCEP 协定在关税政策、技术标准、政策等便利化规则方面实现了互惠互利；在服务贸易以及投资领域，RCEP 协定的开放水平要高于各自"10+1"贸易协定；在新兴领域，RCEP 对标国际高水平贸易协定，纳入了包括知识产权、贸易救济、电子商务、竞争以及政府采购等议题。

第三，RCEP 协定作为全球经济规模最大的自由贸易协定，其主要特点包括兼顾发达国家与发展中国家的利益。尤为重要的是，中、日两国还首次达成了双边关税减让协定，为协定增色不少。

第四，RCEP 的签署，将加强东亚以市场为导向的经济一体化，使中国、日本、韩国和东南亚各国之间的联系更加紧密。这有利于区域供应链整合，一定程度上抵消了中美贸易摩擦带来的损失，同时促进了 RCEP 各成员国的经济增长以及增加各国社会福利。RCEP 的实施将有效促进中国价值链的低附加值产业进一步向外部转移，有利于提升中国在全球价值链分工中的地位，促进中国 ICT 产业高质量发展。

4 中国 ICT 产业发展概况

4.1 中国 ICT 产业发展历程

中国 ICT 产业具有规模庞大、技术进步迅猛、产业关联紧密以及融合性明显等特点，不仅在促进中国经济发展方面发挥了重要的推动作用，更是中国国民经济发展的重要支柱。中国现代 ICT 产业的发端可以追溯至 1978 年，大致上可划分为三个发展阶段。

第一个阶段（1978 年至 20 世纪 90 年代初）：ICT 产业向市场化转型阶段。自 1978 年改革开放到 20 世纪 90 年代初期，中国 ICT 产业的性质第一次有了重大转变，由过去以生产军工产品为主的定位，转变为军民两用的 ICT 产业。同时，积极引入国外先进技术，促使中国 ICT 产业迈向国际市场，为中国 ICT 产业的规模化和产业化奠定了坚实基础，满足了当时国家对 ICT 产业发展的需求。

第二个阶段（20 世纪 90 年代中至 21 世纪初）：ICT 产业规模化发展阶段。20 世纪 90 年代中至 21 世纪初，中国国民经济与社会发展进入了信息化时期，国家开始注重 ICT 技术的发展，并对 ICT 产业进行了重大改革，改变了长期依赖别人的技术从事单一产品加工制造的状况，开始建设相应的 ICT 系统工程，逐步向软硬件开发制造及应用转变，促进自主 ICT 技术的研究与发展。中国的 ICT 产业规模逐渐变大并完成了一个历史性跨越。

第三个阶段（21 世纪初至今）：ICT 产业进入代工跟随阶段。进入 21 世纪后，中国的 ICT 产业开始蓬勃发展，完成了跨越式发展，产业规模持续扩大，通过代工进入全球产业链分工体系，并在技术研发、产品创新等方面注重跟国际接轨，产业发展也从注重规模、速度，向注重质量、效益，鼓励自主创新、提高产业国际竞争力的方向转变，中国也已成为全球最大的 ICT 产品生产和消费市场之一。

4.2　中国 ICT 产业发展现状

4.2.1　中国 ICT 产业规模庞大且增长稳定

ICT 产业涵盖的领域广泛，包括电信、计算机、互联网、软件、电子设备等。在"新基建""碳达峰、碳中和""数字中国"等战略背景下，中国信息通信技术不断深入发展，规模以上 ICT 制造业企业增加值在 2012 年至 2021 年期间呈现出波动增长的趋势（见图 4-1）。2012 年的增速为 12.1%，随后几年稳定在 11% 左右，在 2017 年增长至 13.8%，之后持续下降至 2020 年的 7.7%，然后在 2021 年迅速反弹至 15.7%，产业规模在 5 万亿人民币上下浮动，在 41 个大类行业中，增速排名第 6，创下了近十年来的新高，并高出 GDP 增速 7.6%，对高科技产业的发展起到了明显的拉动作用。

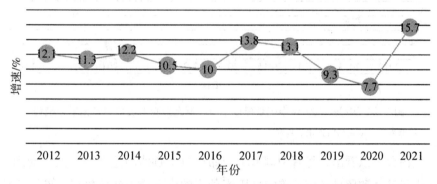

图 4-1　2012—2021 年中国规模以上 ICT 制造业企业增加值增速趋势

数据来源：工业和信息化部官网。

2021 年，在中国主要 ICT 产品中，手机产量达到 17.6 亿台，同比增长 7%。其中，智能手机产量为 12.7 亿台，同比增长 9%。微型计算机的产量为 4.7 亿台，同比增长 22.3%。集成电路的产量为 3 594 亿块，同比增长 33.3%。这些数据表明，中国 ICT 产业在各个领域都取得了显著的增长，尤其是在微型计算机和集成电路方面，增速较快，为中国经济的发展注入了强劲的动力。

4.2.2 ICT 产品出口交货值增速加快

2012—2021 年，中国 ICT 制造业出口交货值增速在 14.2% 到 -0.2% 之间大幅波动。2012 年的增速达 12% 之后有所回落，到 2017 年迅速反弹至 14.2%，紧接着在 2019 年跌至 1.7%。2021 年，规模以上 ICT 制造业企业的出口交货值增速 12.7%，较 2020 年增速提高了 6.3%。需要注意的是，尽管与同期规模以上工业企业相比，ICT 制造业出口交货值的增速低了 5%，然而，两年平均增长率达到了 9.5%，较整体工业的两年平均增速高出了 1.2%。出口交货值的增加表明中国 ICT 产品在国际市场上的竞争力有所增强，为企业提供了更广阔的发展空间，对中国信息通信产业和整体经济产生了积极的影响。2012—2021 年中国规模以上 ICT 制造业企业出口交货值增速趋势见图 4-2。

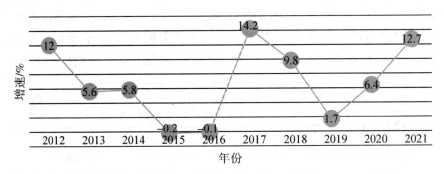

图 4-2 2012—2021 年中国规模以上 ICT 制造业企业出口交货值增速趋势

数据来源：工业和信息化部官网。

由此可以看出，尽管中国 ICT 产品出口交货值增速较高，但仍受到国际市场波动和贸易环境不确定性因素的影响。在全球经济格局不断演变的情况下，中国 ICT 产业需要保持敏锐洞察力，灵活调整战略，以适应潜在的变化和挑战。同时，加强创新、提升产品附加值，将有助于提高中国 ICT 出口产品的国际市场份额，实现更加可持续的发展。

4.2.3 营业收入增速实现较快增长

自 20 世纪 90 年代初至 2018 年底，中国 ICT 产业的收入规模已经增长了 340 多倍①。根据工业和信息化部的统计数据，2019 年，中国规模以上 ICT 制造业企业的利润总额为 5 013 亿元，而行业平均利润率仅约为 4.40%。到了 2021 年，规模以上 ICT 制造业企业实现营业收入 141 285 亿元，较 2020 年增长 14.7%，增速较 2020 年提高了 6.4%，两年平均增速达到 11.5%。在成本方面，2021 年，规模以上 ICT 制造业企业工业成本为 121 544 亿元，同比增长 13.7%，增速较 2020 年提高了 5.6%，而实现的利润总额为 8 283 亿元，比 2020 年增长了 38.9%，两年平均增长率为 27.6%，利润增速较规模以上工业企业高出 4.6%。

这一显著的增长趋势说明中国 ICT 产业在过去几十年中取得了巨大的成就，不仅在规模上取得了巨大的增长，而且在盈利水平上也表现出较强的韧性。尤其值得关注的是，2021 年，规模以上 ICT 制造业企业实现的利润总额同比增长了 38.9%，这显示出中国 ICT 制造业在当前复杂多变的经济环境下依然保持了强劲的盈利能力，反映出中国 ICT 制造业在当前经济环境下所具备的相对竞争优势，当然也存在相当的市场机遇和一定的抗风险能力。2012—2021 年中国 ICT 制造业企业利润总额增速（与上年相比）趋势见图 4-3。

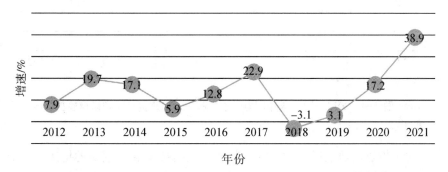

图 4-3　2012—2021 年中国 ICT 制造业企业利润总额增速趋势
数据来源：工业和信息化部官网。

4.2.4　固定资产投资增速反弹

中国的 ICT 制造业在过去几年一直保持着较高的投资水平，特别是在

---

①　罗兰贝格管理咨询公司，里昂商学院. 中国 ICT 产业营商环境白皮书［EB/OL］. https://www.rolandberger.com/zh/Insights/Publications/%E4%B8%AD%E5%9B%BDICT%E4%BA%A7%E4%B8%9A%E8%90%A5%E5%95%86%E7%8E%AF%E5%A2%83%E7%99%BD%E7%9A%AE%E4%B9%A6.html.

高技术制造领域，固定资产投资呈现出稳定增长的趋势，尤其是在一些关键领域的投资增速更是明显。自2014年以来，中国ICT制造业的固定资产投资一直保持10%以上的增长水平。2019年底，500万元以上项目的投资额达到了2.7亿元，同比增长16.8%。2020年底，ICT制造业固定资产投资较2019年增长了12.5%。2021年底，ICT制造业的固定资产投资同比增长了22.3%，增速分别高于同期制造业（13.5%）和高技术制造业（22.2%）8.8个百分点和0.1个百分点。在全球集成电路制造产能持续紧张的背景下，中国近年来集成电路相关领域的投资活动明显增加。半导体器件设备、电子元件及电子专用材料制造投资额大幅增长，为电子信息制造业的固定资产投资做出了突出贡献。这一趋势使得电子信息制造业的固定资产投资在近年的平均增长率达到了17.3%，远超过制造业整体水平的5.8%。2012—2021年中国电子信息制造业固定资产投资增速趋势见图4-4。

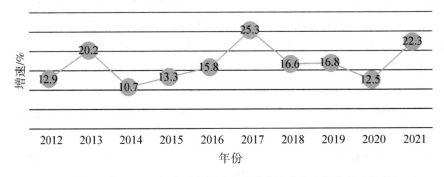

图4-4　2012—2021年中国电子信息制造业固定资产投资增速趋势

数据来源：工业和信息化部官网。

这一投资趋势表明，中国ICT制造业在高技术制造领域的持续投资有望推动整个产业链的不断升级和技术创新。在全球技术和产能竞争加剧的背景下，中国在ICT制造业的投资势头有助于提升产业的全球竞争力。此外，投资的增加也为产业链的持续发展提供了强有力的支持，促使相关领域的创新不断涌现。

4.2.5　对外贸易低迷

2022年，中国高新技术产品出口总额9 513亿美元，增速比2021年下降2.8%，低于同期全国货物出口贸易增速9.8个百分点。从主要产品看，出口计算机及零部件2 360亿美元，增速下降7.5%；出口手机1 427亿美元，增速下降 2.5%。2022 年，中国集成电路进口总额 4 156 亿美元，增速比 2021 年下降 3.9%；出口总额 1 539 亿美元，增速上升 0.3%；贸易逆差 2 616 亿美元，增速下降 6.1%。出口音视频设备 380 亿美元，增速同比下降 7.0%。在对外贸易相对低迷的情况下，我们应坚持以更高水平的开放深度嵌入全球电子信息制造业分工体系，保持对全球企业、资源的强大吸引力，稳住外贸基本盘，提升行业开放合作水平①。

4.3　中国 ICT 产品贸易结构特征

中国是全球 ICT 产品贸易的最大参与者之一，贸易规模相当庞大。本书以 2000—2020 年的中国对外 ICT 贸易数据为基础，对数据进行分类和整理，分析进口和出口贸易额、贸易流向以及贸易趋势等，对中国 ICT 进出口贸易结构的历史时空演变等特征进行分析，希望进一步揭示其发展动态和变化规律。

本书相关 ICT 贸易数据均来源于联合国贸易和发展会议数据 UNCTAD-STAT（United Nations Conference on Trade and Development Statistics）。该数据包括中国、世界以及 RCEP 国家的 ICT 总产品（代码为 00）和五个分类产品［五个子项分别为计算机及外围设备（computers and peripheral equipment，代码为 01）、通信设备（communication equipment，代码为 02）、消费性电子产品（consumer electronic equipment，代码为 03）、电子元件（electronic components，代码为 04）、杂项或称其他（miscellaneous，代码为 05）］。本书使用 UNCTADSTAT 数据能够确保研究的准确性、全面性和可比性，有助于深入分析中国 ICT 贸易的情况。

4.3.1　中国 ICT 产品进出口贸易发展整体特征

在 2000 年之前，中国 ICT 产业发展相对滞后，需要大量进口，导致中国 ICT 产品贸易长期处于贸易逆差状态。然而，随着 2000 年以后中国对 ICT 产业的大力投入，中国在 ICT 贸易领域的发展实现了一个巨大的飞跃，中国 ICT 产业成功地由贸易逆差转为贸易顺差，实现了历史性的转变，成

---

① https://www.junhe.com/legal-ues/2264.

为该领域的强国之一。到 2004 年，中国已成为世界第一大 ICT 产品贸易国，并在随后一直保持着这样的领先地位。

中国 ICT 产品贸易总额占全球 ICT 产品贸易总额比重的变化表明，中国的 ICT 产品进出口贸易经历了一个先追赶后超越的过程。在 2000 年至 2005 年期间，中国 ICT 产业的进出口总额占全球比重迅速增加，以年均约 30% 的增速迅猛攀升。在 2006 年至 2013 年期间，中国 ICT 产业的进出口总额占全球 ICT 产业进出口总额的比重持续以 10%～20% 的增速波动增长。而在 2014 年至 2020 年期间，中国 ICT 贸易总额与世界 ICT 贸易总额的比重稳定维持在 24% 左右。

基于这一趋势，本书将中国 ICT 产业贸易的发展划分为以下三个阶段：2000—2005 年的跟随、突破阶段；2006—2013 年的调整、变革阶段；2014—2020 年的稳步增长阶段。它展示了中国 ICT 产业在全球贸易中的不断崛起过程。在这一过程中，中国 ICT 产业不仅实现了从贸易逆差向贸易顺差的历史性飞跃，还成功打破了传统 ICT 产品贸易格局，成为全球 ICT 产品贸易中不可忽视的新生力量。

4.3.1.1 跟随、突破阶段（2000—2005 年）

中国 ICT 产业的贸易总额在 2000 年时还不足 900 亿美元，不到全球 ICT 产业贸易总额的 5%。然而在 2000 年至 2005 年期间，中国 ICT 产品贸易呈现出了迅猛增长态势，年均增长率高达 30%，到 2005 年已超过 4 000 亿美元。这一迅猛发展是多方面因素推动的结果。首先，中国在全球 ICT 产品的出口份额从 2001 年开始迅速上升，这也是中国加入 WTO 后的一大成果。在此期间，中国借助廉价劳动力和政府对外资的优惠政策，吸引了大量外资，并成为中国 ICT 产品贸易快速发展的重要动力，特别是在电子及通信设备制造业，外资企业数量累计达到 4 440 家，实际利用外资达到 265.36 亿美元，外资企业的出口额约占 80%。其次，中国在 2003 年正式成为 ITA（信息技术协定）的签署国，ITA 是建立在最惠国待遇基础上的，中国出口的 ICT 产品可以享受免税待遇，这大大促进了中国 ICT 产品的出口。

在此期间，中国 ICT 产业主要采用廉价劳动力的 OEM（代工）生产模式，大量出口 ICT 组装产品，促使 ICT 产品贸易占比逐年攀升，同时也出现了大量进口和大量出口并存的现象。因此，尽管到了 2005 年，中国成为世界第一大 ICT 进出口贸易国，但这一阶段的中国 ICT 产业发展质量并不高，处于全球价值链的低端，在国际分工中也处于不利地位。

4.3.1.2　调整、变革阶段（2006—2013 年）

ICT 产业的进出口总额在 2006 年超过 5 000 亿美元之后，中国 ICT 产业进入了快速调整、变革阶段。这一阶段的主要特征是中国的 ICT 产品贸易总额整体上呈现持续向上攀升趋势，从 2006 年的 5 040 亿美元快速攀升到 2013 年的 10 064 亿美元，增长了 1 倍，年均增长率达到 10.4%，占世界 ICT 产品贸易总额的比重上升至 23%。在这一时期，中国不仅接受了来自美国、日本、韩国等国家的 ICT 产业生产重心的转移，同时，中国本土的 ICT 企业如联想、华为、大唐电信、京东方、中兴等自主品牌也在海（境）外取得了迅猛发展。这使得中国 ICT 产品在国际上的地位得到显著提升，产品价格也实现了一定程度的飞跃，推动 ICT 产品出口额持续攀升。在此期间，受 2008 年全球金融危机的影响，中国 ICT 产业受到一定程度的冲击，从 2008 年下半年开始，ICT 产品进出口增速下滑，销售收入减少，利用外资额也明显减少。但相对于其他国家而言，中国的 ICT 产品贸易受到的冲击较小，ICT 产品出口占比呈现持续增长趋势。同时，中国更是借此机会，加强战略性新兴产业投资和调整自身经济结构，ICT 产品对外贸易总额只在 2009 年呈现短暂的下滑后，在 2010 年快速反弹，并出现报复性增长，增长率一度达到 30%。之后的几年继续保持较快增长。到 2013 年底，中国 ICT 产品贸易总额达到 10 064.25 亿美元，占全球 ICT 贸易总额的 25%。

在此期间，中国在 ICT 产业的技术创新取得了突破性进展，产业发展政策也接连出台。2012 年，中国有 13 个城市率先普及了 4G 网络，OTT（互联网应用服务）也逐步替代了传统通信业务。2013 年，中国正式推出"宽带中国"战略，将建设宽带网络作为国家战略性公共基础设施，加强顶层设计和规划引导，统筹关键核心技术研发、标准制定、信息安全和应急通信保障体系建设，一系列密集出台的改革新举措给 ICT 产业带来了前所未有的机遇。这一年，中国提出了共建"一带一路"的倡议，加强了与"一带一路"沿线国家的合作，ICT 进出口总额又达到一个新高度。2008 年金融危机发生以后，数量边际以及价格边际都是中国 ICT 贸易增加的主要影响因素，中国 ICT 产品的贸易正在经历转变，从以低质量和低价格为主的"数量拉动"模式向更注重高质量和高价格的"价格拉动"模式转变。这一转变意味着我们不仅注重产品数量的增加，还强调提升产品质量和价格的重要性[①]。

---

① 刘瑶，丁妍. 中国 ICT 产品的出口增长是否实现了以质取胜：基于三元分解及引力模型的实证研究 [J]. 中国工业经济，2015（1）：52-64.

4.3.1.3 稳步增长阶段（2014—2020 年）

在"十二五"规划时期，中国的 ICT 产业实现了高速增长，规模化、创新化、国际化水平显著提升，同期 ICT 产品贸易额也保持整体高速波动增长趋势。2013 年以后，中国 ICT 产品进出口总额在万亿美元上下波动，且占全球 ICT 产品进出口总额的平均比重保持在 24%。到 2020 年底，中国 ICT 产品进出口总额为 1.21 万亿美元，占全球 ICT 产品进出口总额的 25%，持续保持全球第一的位置。在这一时期，中国 ICT 产品进出口总额波动的原因主要有以下几个方面：第一，2016 年前后，受美国制造业回流政策的影响，其中集成电路制造业是其回流的重点产业，一定程度影响了中国 ICT 产品进出口额。第二，中国本地 ICT 企业在这一阶段快速发展壮大，拉动 ICT 产品进出口总额呈现较强的上升趋势。第三，全球范围推动新一轮信息化发展浪潮，众多国家纷纷将发展宽带网络作为战略部署的优先行动领域，作为抢占国际经济、科技和产业竞争制高点的重要举措。全球信息技术革命深入发展为中国软件和信息技术服务业带来创新突破、应用深化、融合发展的战略机遇，有力拉动了中国 ICT 产业进出口贸易发展。第四，同时我们也看到，美国对中国高科技企业的打压导致中国 ICT 产品的进出口总额在 2019 年出现小幅下跌。以上几个方面的作用导致中国 ICT 产品进出口总额出现在总体短暂下降之后快速回升的波动增长态势。2000—2020 年中国以及世界 ICT 产品贸易总额以及占比趋势见图 4-5。

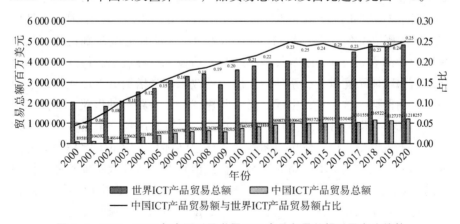

图 4-5　2000—2020 年中国以及世界 ICT 产品贸易总额以及占比趋势

数据来源：UNCTADSTAT 数据库。

4.3.2 中国对世界 ICT 产品进出口发展现状

进入 2000 年后，中国 ICT 产品贸易达到了一个均衡状态，进口额和出口额极为平衡，均在 450 亿美元左右，占全世界 ICT 产品进口、出口总额的比重也分别占 4% 左右。此后，中国 ICT 产品的进口和出口都快速增长，且这种贸易态势一直保持到 2008 年。从 2002 年开始，中国 ICT 产品出口额持续高于进口额，贸易顺差模式逐渐形成。之后受美国次贷危机的影响，全球经济萎靡，2009 年中国 ICT 产品进出口贸易额出现一定程度的下降，但中国 ICT 产品进口额占全球的比重仍有所上升，说明金融危机对中国 ICT 产业虽然产生了一定负面影响，但相对于其他国家而言影响不大。经过短暂的调整，2010 年，随着中国经济的快速复苏，ICT 进出口总额增幅回到经济危机前，这一趋势一直保持到了 2013 年。2014 年、2015 年，在出口总额保持不变的情况下，随着中国 ICT 产业投入的不断增加，产业结构有了一定的调整，ICT 进口呈现了一定程度的下降。到了 2016 年，中国 ICT 出口贸易受美国政府制造业回流政策影响，以及国内 ICT 部分 OEM 产业向东南亚转移而呈一定幅度下滑趋势。但是 2017 年以后，得益于中国对数字经济产业的重视，ICT 产品贸易呈现出明显的上升趋势，占中国出口总额的 27%，达到了全世界 ICT 产品进口比重的 23% 以上。2020 年，中国 ICT 产品对外出口额为 7 018 亿美元，进口额为 5 163 亿美元，占整个商品贸易进口额的 25%。2000—2020 年中国对世界 ICT 产品进出口总额以及占比趋势见图 4-6。

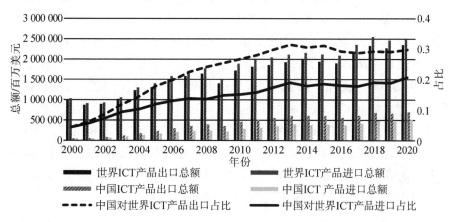

图 4-6　2000—2020 年中国对世界 ICT 产品进出口总额以及占比趋势

数据来源：UNCTADSTAT 数据库。

4.3.3　中国 ICT 产品进出口贸易结构演变特征

4.3.3.1　中国 ICT 产品进口贸易结构演变特征

在中国的信息通信技术产品进口中，电子元件一直是占据重要地位的关键组成部分，其在整体进口结构中所占比重较大，并且近年来呈现出持续增长的趋势。这种趋势不仅反映了中国在 ICT 领域的快速发展，也表明了中国在对先进技术和高质量电子元件的需求不断增加的同时，中国对电子元件的依赖程度愈发增加。这也带来了一些中国在应对供应链和关键技术方面的挑战。

（1）跟随、突破阶段（2000—2005 年）。自 2000 年至 2005 年，中国对电子元件的进口额从 225 亿美元激增至 1 016 亿美元，年均增长率高达 35.2%。与此同时，电子元件的进口比重持续攀升，2005 年已占据中国 ICT 产品进口总额的 61%，成为中国 ICT 产品进口中比重最大的产品种类。这一迅猛增长不仅反映了中国在全球制造业和科技领域的强劲崛起，同时也凸显了国内市场对电子元件的持续高需求态势。而计算机及外围设备是中国进口占比第二大的 ICT 产品。从 2000 年的 103 亿美元增加至 2005 年的 348 亿美元，虽然进口额有显著增长，但其进口占比却由 2000 年的 22.6%减少至 2005 年的 20.9%。这一变化既表明了该领域进口规模的扩大，又凸显了对其他 ICT 产品进口的增长更为迅速。与此同时，消费性电子产品的进口额在 2000 年不到通信设备进口额的一半。然而，到了 2004 年，消费性电子产品成功反超通信设备，其进口额从 2000 年的 29 亿美元增长至 2005 年的 73 亿美元。与之相反，通信设备的进口额则在同期由 58 亿美元减少至 52 亿美元，占比更是从 12.8%降至 3.1%。杂项增长趋势显著，其进口额从 2000 年的 40 亿美增加到 2002 年的 47 亿美元后猛增到 2005 年的 180 亿美元，其年均增长率达到 35%。21 世纪初期，互联网技术蓬勃发展，对 ICT 产品需求不断增长的同时，中国代工产业迅速兴起，中国工厂大量进口外国的设备零部件，对其进行简单的加工和组装再出口，导致电子元件的进口在进口额中占据绝对主导地位，说明在此期间中国的 ICT 产业整体面临一系列挑战，核心技术匮乏成为产业发展的最严重障碍。

2000 年、2005 年中国 ICT 产品进口占比见图 4-7。

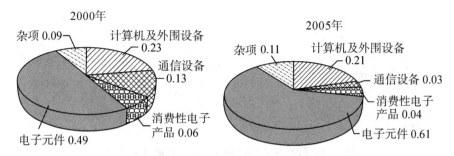

图 4-7 2000 年、2005 年中国 ICT 产品进口占比

数据来源：UNCTADSTAT 数据库。

（2）调整、变革阶段（2006—2013 年）。在此期间，电子元件进口额以及进口占比持续保持强劲增长，进口总额从 2006 年的 1 298 亿美元增加到 2013 年的 2 757 亿美元，进口占比也由 2006 年的 63% 增加到 2013 年的 69%。尽管增速有所放缓，但对电子元件持续的巨大需求，使中国成为全球电子元件供应商的主要目标市场之一。计算机及外围设备以及杂项在进口占比中呈现下降趋势，分别由 2006 年的 19% 和 10% 减少至 2013 年的 12% 和 2%。不同的是，计算机及外围设备的进口额在此期间有所增加，而杂项的进口额则呈减少趋势。与此形成鲜明对比的是通信设备，其进口情况与杂项相反，进口额和占比都同步增加，从 2006 年的 68 亿美元增至 2013 年的 470 亿美元，占比由 3% 增长到 12%。在此期间，消费性电子产品的进口额也翻了一番，进口额从 88 亿美元增至 190 亿美元，但其进口占比依然保持在 4% 左右。在这一阶段，美国金融危机造成了外部经济发展的不确定性，促使中国加大了对中国电子信息产业的投入，同期中国经济发展水平不断上升，对高端电子制成品的需求也不断增加，促使中国对 ICT 产品的进口额整体上涨。

2006 年、2013 年中国 ICT 产品进口占比见图 4-8。

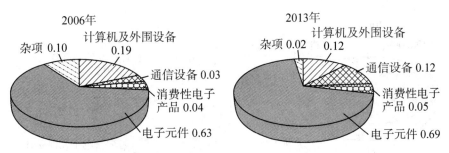

图 4-8　2006 年、2013 年中国 ICT 产品进口占比

数据来源：UNCTADSTAT 数据库。

（3）稳步增长阶段（2014—2020 年）。在此期间中国对电子元件的进口占比和进口额双双再创新高，进口额从 2014 年的 2 641 亿美元增长到 2020 年的 3 889 亿美元，出口占比持续上升至 2020 年的 75%。其他 ICT 产品无明显变化，其中计算机及外围设备从 2014 年的 507 亿增长至 2020 年的 557 亿美元，但进口占比由 13% 降至 11%。而通信设备进口额由 440 亿美元小幅回落到 436 亿美元，进口占比由 11% 降至 8%；消费性电子产品进口额由 164 亿美元大幅回落至 88 亿美元，进口占比降低 2 个百分点。与之相反，杂项进口额从 99 亿美元增长至 193 亿美元，进口占比提升 2 个百分点。2013 年，中国推出了深化改革及一系列 ICT 改革措施，中国在消费性制成品和通信领域的发展得到长足进步，一定程度上减少了对进口的依赖，中国消费性电子产品和通信设备进口减少。

2014 年、2020 年中国 ICT 产品进口占比见图 4-9。

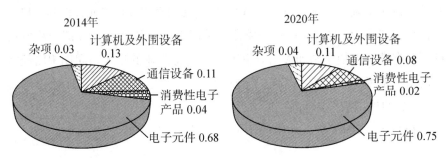

图 4-9　2014 年、2020 年中国 ICT 产品进口占比

数据来源：UNCTADSTAT 数据库。

纵观中国对 ICT 产品的进口情况，尽管成品设备（包括计算机及外围设备、通信设备、消费性电子产品）进口总额呈现上升趋势，但其在整体进口中的比重逐渐下降。值得注意的是，仍需大量进口电子元件说明电子元件的生产仍然存在严重不足,对其进口的依赖程度较高,而芯片作为最为重要的电子元件之一,发挥着关键作用。根据海关统计数据,2020年,中国进口集成电路5 435亿块,同比增长22.1%,进口金额3 500.4亿美元,同比增长14.6%[①]。而2020年进口的电子元件总额为3 889.67亿美元,说明芯片进口额占到电子元件进口额的75%,这足以说明中国"缺芯"的严重程度。

2000—2020年中国ICT产品进口占比变化趋势见图4-10。2000—2020年中国ICT分类产品进口状况见图4-11。

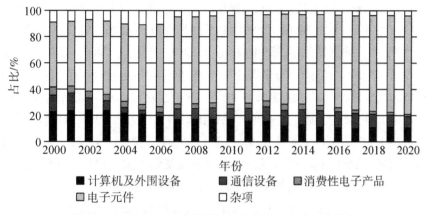

图4-10 2000—2020年中国ICT产品进口占比变化趋势

数据来源:UNCTADSTAT数据库。

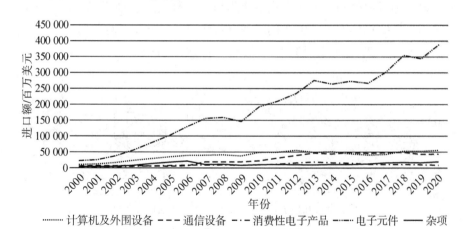

图4-11 2000—2020年中国ICT分类产品进口状况

数据来源:UNCTADSTAT数据库。

---

① http://www.csia.net.cn/Article/ShowInfo.asp? InfoID=100520.

4.3.3.2　中国ICT产品出口贸易结构演变特征

在过去几十年里，中国ICT产业从初期的起步到逐渐崛起为全球重要的ICT产品制造和出口大国。在这个发展过程中，中国ICT产品的出口结构，在不同时期呈现出一些与进口结构不同的显著特征，计算机及外围设备出口大幅下滑的同时，通信设备逐渐超越其他产品成为主流出口产品。

（1）跟随、突破阶段（2000—2005年）。在这一时期，中国ICT产品中出口占比最大的是计算机及外围设备，占比接近50%，且其出口额增速较快，从2000年的179亿美元迅速增长至2005年的1 091亿美元，年均增长率高达44%。在此期间，消费性电子产品和电子元件的出口额也有不同幅度的增加，分别增加了355亿美元和188亿美元。然而，这两类产品的出口占比却在不断下降，分别降至20%和11%。与此同时，杂项产品的出口额高速增长，从24亿美元激增至196亿美元，年均增长率达到了52.2%。尽管增速迅猛，但杂项产品的出口占比仅为8.4%。通信设备的出口额以41.2%的年均增长率从59亿美元快速攀升至331亿美元。值得注意的是，尽管其出口额增长迅猛，但出口占比变化不大，保持在13%左右波动。在这一时期，中国的ICT产品自主研发能力相对有限，主要从国外进口零部件，然后组装成品出口。因此，中国的出口重点主要集中在计算机及外围设备领域。这种情况反映了当时中国ICT产业的特征：以外国技术为基础，通过组装和加工的方式生产出口。这种模式有助于迅速融入全球价值链，同时也反映了中国在创新和自主知识产权方面相对薄弱。

2000年、2005年中国ICT产品出口结构见图4-12。

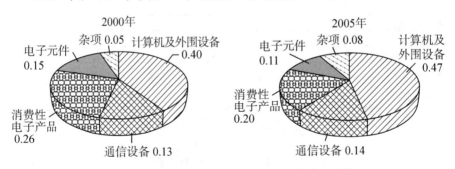

图4-12　2000年、2005年中国ICT产品出口结构

数据来源：UNCTADSTAT数据库。

（2）调整、变革阶段（2006—2013 年）。在这一时期，计算机及外围设备仍然保持了强劲的出口增长势头，出口额依然维持在 2 141 亿美元的高位。然而，其出口占比由 2006 年的 44% 下降至 2013 年的 35%，但在所有 ICT 产品中出口占比依然最大。与此同时，通信设备和电子元件的出口额和出口占比均实现了增长，且出口增长幅度都较大，其中通信设备的出口占比较 2006 年增长了 13%，达到 29%，而电子元件的占比增长至 22%，较 2006 年提高了 10 个百分点，出口额从 447 亿美元增长至 1 758 亿美元，增长了将近 4 倍。消费性电子产品的出口额增长相对缓慢，仅增加了 153 亿美元，出口占比从 17% 持续下降至 12%。与此同时，杂项产品的出口贸易额和出口占比双双下跌，2013 年底，出口额减少了 114 亿美元，出口贸易份额降至 3%。在这一时期，受到金融危机和中国"双重转型"政策的推动，中国开始对产业进行升级改造，调整产业结构，加大了对技术创新和自主研发的投入。这一系列政策的刺激促使通信设备和电子元件等高科技产品的出口占比增加，反映了中国在全球价值链中的地位有所提升。

2006 年、2013 年中国 ICT 产品出口结构见图 4-13。

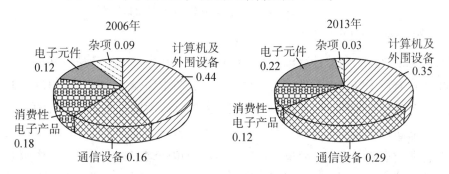

图 4-13　2006 年、2013 年中国 ICT 产品出口结构

数据来源：UNCTADSTAT 数据库。

（3）稳步增长阶段（2014—2020 年）。在这一时期，中国的通信设备出口额以及出口占比大幅提升，在 2015 年反超计算机及外围设备的出口额与出口占比，在中国 ICT 产品出口中占比最大，其出口占比在 2017 年一度达到 36% 的峰值。尽管其出口占比在 2020 年稍有回落，但仍然维持在 32% 的高位。这反映了中国在全球通信设备市场上的竞争力不断提升。在此期间，尽管计算机及外围设备的出口额在这个时期有所增长，但增速相对较慢。出口额由 2014 年的 2 158 亿美元增至 2020 年的 2 210 亿美元，但是其出口占比却呈下降趋势，从 36% 降到 31%。电子元件在这一时期表现出快速增长的趋势，出口额增长了 386 亿美元，出口占比增长了 10 个百分点。消费性电子产品和杂项出口额及出口占比则无明显变化，趋于稳定。在这一时期，中国经济高质量发展，中国 ICT 出口产品中高附加值产品占比有所增长，进而提高了高附加值产品的出口比重，同时也表明中国在全球价值链中的地位呈上升态势。

2014 年、2020 年中国 ICT 产品出口结构见图 4-14。

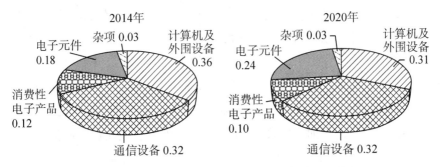

图 4-14 2014 年、2020 年中国 ICT 产品出口结构

数据来源：UNCTADSTAT 数据库。

总的来说，虽然计算机及外围设备的出口在中国 ICT 产品对外贸易中的占比有所下降，但仍保持在 30% 以上，这与中国强劲的代工能力息息相关。尽管近几年代工产业部分转移到东南亚，但中国仍是全球最大的笔记本计算机生产国和出口国，拥有全世界规模最大的笔记本代工产业，代工的品牌有联想、戴尔、苹果等全球排名前十位的笔记本计算机。而中国通信设备出口整体上升表明中国在新一代通信技术的开发和推广方面取得了重大进展，推动了产品在国际市场上的竞争力，这也符合中国推动高质量发展和经济结构升级方面的整体战略要求。

2000—2020 年中国 ICT 出口产品的结构变化趋势见图 4-15。

2000—2020 年中国对世界 ICT 分类产品的出口状况见图 4-16。

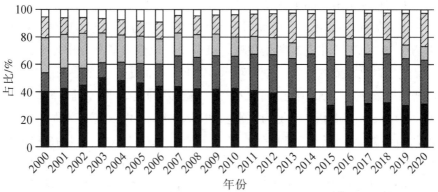

图 4-15 2000—2020 年中国 ICT 出口产品的结构变化趋势

数据来源：UNCTADSTAT 数据库。

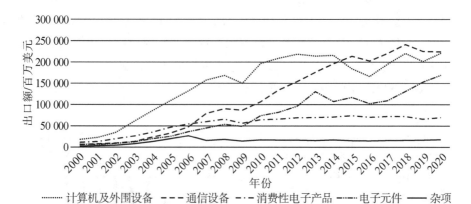

图 4-16 2000—2020 年中国对世界 ICT 分类产品的出口状况

数据来源：UNCTADSTAT 数据库。

4.4 中国对 RCEP 国家 ICT 产品贸易结构特征

4.4.1 中国对 RCEP 国家 ICT 产品贸易总体特征

RCEP 是全球最大的自由贸易区。RCEP 协定生效后，区域贸易额持续走高。据统计，RCEP 区域制造业产出占全球的 50%，电子产品产量占全球的 70%。RCEP 国家之间的集成电路、半导体器件、液晶显示器、电容、印刷电路板、电阻等品类贸易金额较高①。

在世界前十位 ICT 贸易大国中 RCEP 国家就占了六位。因此，RCEP 市场与中国 ICT 产业发展紧密关联，其重要性也愈发显著。作为中国 ICT 产品进出口最重要的市场，中国对 RCEP ICT 产品进出口贸易总额经历了显著的增长，从 2000 年的 318.4 亿美元迅速攀升至 2020 年的 3 195.38 亿美元，增长了 12.3 倍，年平均增速达到 14.38%。占中国 ICT 产品贸易总额从 2000 年的 6% 增长至 2020 年的 36%，这进一步表明 RCEP 市场在中国 ICT 产品贸易中的贡献日益增大。这一趋势不仅凸显了 RCEP 作为中国 ICT 产品主要贸易伙伴的地位，更凸显了双方在技术合作和经济交流方面的紧密关系。

与中国 ICT 产品出口全球市场态势不同，中国对 RCEP 国家的 ICT 产品贸易呈现明显逆差状态，进口额从 2000 年的 211.21 亿美元迅速增长到 2020 年的 2 396.31 亿美元，而出口额从 2000 年的 107.19 亿美元增长到 1 519.07 亿美元。贸易逆差从 2000 年的 104.02 亿美元增加至 2020 年的 2 396.31 亿美元，长期的贸易逆差不利于双边贸易的健康发展，同时也说明中国的 ICT 行业对 RCEP 区域内国家有一定的进口依赖。

2000—2020 年中国 ICT 产品世界贸易总额与对 RCEP 国家 ICT 产品贸易总额的对比见图 4-17。

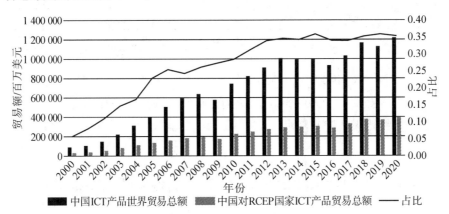

图 4-17　2000—2020 年中国 ICT 产品世界贸易总额与对 RCEP 国家 ICT 产品贸易总额的对比

数据来源：UNCTADSTAT 数据库。

———————————

① https://www. ccpit. org/image/1471417058234224641/cb40db21e6cd4b2981c4c70fbe07d172. pdf.

（1）跟随、突破阶段（2000—2005 年）。2000—2005 年，中国对 RCEP 国家的 ICT 产品贸易规模呈现出令人瞩目的快速增长趋势。这一出口规模从 2000 年的刚刚 300 亿美元，占中国 ICT 产品贸易总额的 6%，迅速攀升至 2005 年的 1 329 亿美元。五年间，中国的 ICT 产品对 RCEP 国家的出口年均增长率高达 35%，占中国 ICT 产品贸易总额的比重也迅速提升至 23%。在此期间，中国加入了 WTO，中国政府贯彻合作共赢政策，在招商引资方面给予多方优惠，加之中国人力成本优势明显，美、日、韩等 ICT 强国逐渐将 ICT 产品的代工生产重心转移到中国，使中国成为全球 ICT 产品制造中心。同时在这段时间内，RCEP 国家的经济也在迅速发展，对质量高、技术先进的 ICT 产品的需求不断增长，中国作为 ICT 产品主要的供应国，对其的 ICT 产品贸易额进一步增长。

然而，尽管中国的 ICT 产品出口规模在这段时间内持续增长，但中国对 RCEP 国家的 ICT 产品进口规模较出口规模呈现出更加迅猛增长的发展态势。2000 年，中国对 RCEP 国家的 ICT 产品进口额为 211.21 亿美元，而到 2005 年已飙升至 870.69 亿美元，ICT 产品进口占比从 46% 增加至 53%。ICT 产品进口增长的原因可以从多个角度解读。首先，随着中国经济的快速发展，对 ICT 产品的需求大幅增加，而国内生产难以满足市场需求，因此需要大量进口以满足国内市场的需求。其次，中国对 RCEP 国家的进口也反映了中国在技术和产业升级过程中对先进技术和高端产品的需求，即通过进口获取先进技术和提升产业水平。中国的进口零部件组装再出口的模式，也促使中国加大对 RCEP 国家的 ICT 产品进口，尤其是日、韩等 ICT 产品较为成熟的发达国家。与进口相比，中国对 RCEP 国家的 ICT 产品出口占比有所下降，从 24% 下降至 22%，呈现贸易逆差逐步扩大的趋势。部分原因可能在于 RCEP 国家本身对 ICT 产品生产能力的提升，加强了本地市场竞争力。同时，国际市场的竞争也在加剧，中国面临来自其他国家的竞争压力，导致出口占比相对下降。综合来看，中国对 RCEP 国家 ICT 产品贸易的变化受多重因素的影响，包括国内市场需求、技术升级、国际竞争等，这些因素共同造成了中国与 RCEP 国家之间的复杂贸易格局。

（2）调整、变革阶段（2006—2013 年）。在 2006 年中国对 RCEP 国家 ICT 产品贸易总额超过 1 500 亿美元以后，就持续保持着显著的快速增长势头，贸易额在之后两年间增长了 348 亿美元。2008 年底 ICT 产品进出口总额达 1 927 亿美元，占中国对全球 ICT 产品贸易总额的 26%。在 2009 年，中国对 RCEP 国家 ICT 产品进出口总额回落至 1 729 亿美元，在世界进出口总额中的占比却增长至 27%。究其原因，有几方面：首先，2008 年全球金融危机对国际贸易产生了深远的影响。这一危机导致了市场需求疲软，进而影响到中国对 RCEP 国家的 ICT 产品出口，但也可以看出其对 RCEP 域内的负面影响明显小于域外。在经历 2009 年的短暂下跌后，到 2010 年，中国对 RECP 国家的 ICT 产品进出口总额以超过经济危机前的增速迅速恢复，到 2013 年，ICT 产品贸易总额达到了 2 907 亿美元。在此期间，中国对 RCEP 国家的进出口总额占 ICT 产品贸易总额的比重发生了微妙的变化，进口占比回落到 2013 年的 48%，而出口占比上升至 19%，贸易逆差增长幅度有所下降。造成这一时期中国对 RCEP 国家 ICT 产品出口增长波动的首要原因是，全球经济逐渐从金融危机的冲击中复苏，带动了国际贸易的增长。中国作为全球制造业的中心，率先于全球实现经济复苏，进一步增加了对 RCEP 国家的 ICT 产品出口。其次，中国在这一时期继续加大对技术创新和研发的投入，中国本土 ICT 产业迅速发展，增强了中国 ICT 产品在 RCEP 市场的产品竞争力，拉升了对 RCEP 国家 ICT 产品出口市场份额。最后，日、韩等国加大了对中国 ICT 产业的投资，促进了区域内 ICT 产业贸易的进一步发展。而中国对 RCEP 国家 ICT 产品进口占比有所回落，主要是由于国际市场上的竞争加剧，促使中国更加注重本土产业的发展，中国国内 ICT 产品生产能力快速提升，增强了其在国内的市场竞争力，一定程度上降低了对进口的依赖程度。以上几种原因相互交织，使得中国对 RCEP 国家 ICT 产品贸易逆差程度有所降低。

（3）稳步增长阶段（2014—2020 年）。2014—2020 年，中国对 RCEP 国家与对世界 ICT 产品进出口占比整体上变化不大，但中国对 RCEP 国家 ICT 贸易经历了一系列波动，由 2014 年的 2 955 亿美元增长至 2020 年的 3 915 亿美元，持续占中国 ICT 产品世界贸易总额的 35% 左右，在 2016 年受到全球经济不确定性的影响，特别是当时国际市场对 ICT 产品的需求波动，导致中国对 RCEP 国家 ICT 产品贸易额下跌至 2 862 亿美元。在经历短暂的下跌后，在 2017 年迅速增长至 3 302 亿美元，表明中国成功适应了 RCEP 市场变化，恢复了出口增长至 2018 年的 3 748 亿美元。全球经济放缓和贸易保护主义加剧，尤其是美国对中国高科技企业的打压，导致 2019 年中国对 RCEP 国家 ICT 产品出口小幅回落至 3 698 亿美元。中国在对 RCEP 国家进口方面一直保持着稳定的波动增长趋势，2020 年以 2 396 亿美元稳占中国对世界 ICT 产品总进口额的 46%，而出口方面，从 2014 年的 1 217.08 亿美元占中国对世界 ICT 产品出口总额的 20%，到 2020 年以 1 519.07 亿美元的出口额占对世界 ICT 产品出口总额的 22%，增加了 2 个百分点。

形成这一时期贸易发展态势的主要原因：首先，中国在这一时期持续加大了对 ICT 领域的技术研发和创新投入，推动了 ICT 产品升级换代。这种技术优势使得中国的 ICT 产品更具有竞争力，有助于满足 RCEP 国家对质量高、技术先进产品的需求，促进了出口额的增加。其次，全球数字化转型加速推动了对 ICT 产品的需求。全球范围推动新一轮信息化发展浪潮，众多国家纷纷将发展宽带网络作为战略部署的优先行动领域，作为抢占国际经济、科技和产业竞争制高点的重要举措。中国作为主要供应国，尽力满足这一市场需求，推动了出口额的上升。最后，中国与 RCEP 国家的政治和经济合作进一步密切，为贸易活动提供了更为稳定的政治环境和更加广泛的市场机遇，这也为中国 ICT 产品出口的增长创造了良好的条件。总体而言，这一时期中国对 RCEP 国家 ICT 产品出口增长的原因涉及贸易合作的加深、技术实力的提升、全球数字化转型的推动以及与 RCEP 国家的合作加强等多个因素。这些因素相互作用，共同推动了中国与 RCEP 国家之间的 ICT 产品贸易的积极发展。

2000—2020 年中国 ICT 对世界与对 RCEP 国家进出口趋势对比见图 4-18。

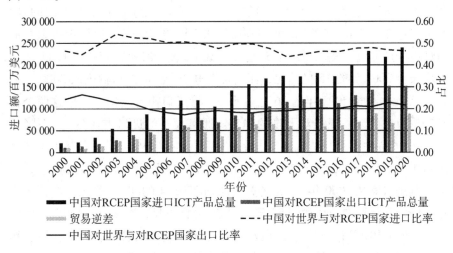

图 4-18　2000—2020 年中国 ICT 对世界与对 RCEP 国家进出口趋势

数据来源：UNCTADSTAT 数据库。

综合上述分析可以看出，RCEP 市场在中国的 ICT 产品贸易中具有举足轻重的地位。中国对 RCEP 国家 ICT 产品进出口额双双呈现了整体稳定快速增长的趋势，与中国对世界市场进出口占比变动不大。但我们也能看出，中国对 RCEP 国家 ICT 产品的贸易差额从 2000 年的 104.02 亿美元上升到 2020 年的 877.24 亿美元，增长了 8 倍多，贸易逆差问题相当严重。尽管这种贸易逆差状态一直持续到了现在，但是出口增速正在小幅增加，而进口增速正在逐步缩小，贸易逆差增长幅度逐步缩小，贸易逆差比率从 2000 年的 49% 缩小到了 2020 年的 37%。

4.4.2　中国对 RCEP 国家 ICT 产品进口贸易结构特征

在 2000 年至 2020 年的两个十年中，中国与 RCEP 国家之间的 ICT 产品进口贸易，电子元件成为引领中国 ICT 产品出口增长的绝对主导力量，而其他 4 类产品在不同阶段的进口占比呈现不同的变化。

（1）跟随、突破阶段（2000—2005 年）。中国对 RCEP 国家 ICT 产品进口以电子元件为主，且进口金额与进口占比呈现双双增长趋势。其中进口额从 2000 年的 126 亿美元迅速增长到 2005 年的 1 016 亿美元，年均增长率达到惊人的 36.2%，而同期的进口占比也从 2001 年的 59% 增长到 2005 年的 65%，显示出中国对 RCEP 国家电子元件的依存度在逐年提高。紧随其后的是计算机及外围设备，进口额从 2000 年的 46.9 亿美元迅猛增长至 2005 年的 172 亿美元，增加了 124.79 亿美元。但与电子元件不同的是，其进口占比从 2000 年的 22.6% 下降到 2005 年的 20.9%。通信设备以及消费性电子产品进口额均呈现上升趋势，其中通信设备从 2000 年的 11 亿美元增长至 2005 年的 15 亿美元，而消费性电子产品的进口额则从 2000 年的 15 亿美元增长至 2005 年的 26 亿美元。尽管进口额有所增加，但这两个类别的进口占比却呈现双双下降的趋势。通信设备的进口占比从 5% 下降至 2%，而消费性电子产品的进口占比也从 7% 下降至 3%，其在整体 ICT 产品进口中的占比相对减少。杂项呈现增长幅度以及所占比重都大幅上升趋势，其进口额从 2000 年的 13 亿美增加到 2005 年的 90 亿美元，增长了将近 7 倍，其年均增长率达到 53%。由以上分析可见，在 21 世纪初期，中国 ICT 产业在 RCEP 国家当中处在发展的初期阶段，虽然发展较快，但仍然存在诸多不足。尤其是相对于日、韩等老牌 ICT 产业强国而言，缺乏核心技术是中国 ICT 产业发展面临的最严峻的问题。而日本、韩国等国家拥有近乎垄断的先进技术，是造成这一时期中国对 RCEP 国家电子元件大量进口态势的主要原因。

2000 年、2005 年中国对 RCEP 国家 ICT 产品进口结构见图 4-19。

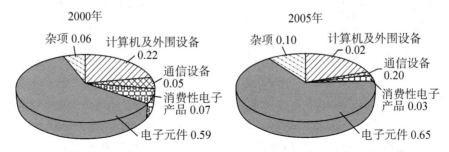

图 4-19　2000 年、2005 年中国对 RCEP 国家 ICT 产品进口结构

数据来源：UNCTADSTAT 数据库。

（2）调整、变革阶段（2006—2013 年）。在这一时期，中国电子元件进口额以及进口占比双双持续保持强劲增长态势，从 2006 年的 698 亿美元增加至 2013 年的 1 260 亿美元，实现了近两倍的增长。与此同时，进口占比也由 2006 年的 63%，持续攀升到 2013 年的 69%。虽然进口额和占比都保持了持续的增长，但其增速较第一阶段有所放缓，表明中国市场对电子元件的需求增长依存度有所下降。计算机及外围设备进口占比持续了第一阶段的下降趋势，从 2006 年的 18% 下降至 2013 年的 12%，但其进口额增长至 2013 年的 218 亿美元。与计算机及外围设备相反，杂项进口额以及进口占比都呈现快速下降态势，分别由 2006 年的 96 亿美元、占比 9%，下降至 2013 年的 41 亿美元、占比 2%。而与杂项进口情况完全相反的是，通信设备以及消费性电子产品的进口额以及占比都在同步增长。在此期间，消费性电子产品进口额从 34 亿美元增至 78 亿美元，增长了一倍多，但进口占比仅从 3% 增至 4%。通信设备进口额从 18 亿美元迅速增加到 155 亿美元，增长了 8 倍多，其进口占比从 2% 猛增到 9%，2007 年，通信设备的进口额超过消费性电子产品成为第三大进口产品。在这一阶段，受外部经济发展不确定性增加的影响以及中国劳动成本不断上升的影响，一些国家将投资建厂的重心转移到其他东南亚国家，引起中国对制成品的进口需求不断增大。

2006 年、2013 年中国对 RCEP 国家 ICT 产品进口结构见图 4-20。

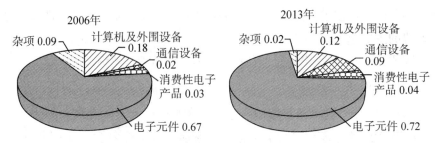

图 4-20　2006 年、2013 年中国对 RCEP 国家 ICT 产品进口结构

数据来源：UNCTADSTAT 数据库。

（3）稳步增长阶段（2014—2020 年）。中国对 RCEP 国家电子元件进口额再次刷新纪录，从 2014 年的 1 239 亿美元增长到 2020 年的 1 712 亿美元，进口额有所增长的同时，进口增速持续放缓，进口占比维持在 71% 的水平，说明中国提升本土电子元件生产能力初见成效，一定程度上减少了对进口的依赖。计算机及外围设备进口额呈现持续增长趋势，从 2014 年的 507 亿美元增长至 2020 年的 557 亿美元，但进口占比从 13% 降至 11%。而通信设备进口额以及进口占比呈现双双增长趋势，其进口额由 146 亿美元增至 244 亿美元，进口占比从 8% 上升至 11%。消费性电子产品进口额从 75 亿美元大幅回落至 40 亿美元，进口占比降低 2 个百分点。与之相反，杂项进口额从 44 亿美元增长至 132 亿美元，进口占比提升了 3 个百分点。2013 年，中国推出了一系列 ICT 改革措施，促使中国在消费性制成品的生产上得到了长足的进步，一定程度上减少了对 RCEP 市场进口的依赖，中国消费性电子产品进口有所下降。

2014 年、2020 年中国对 RCEP 国家 ICT 产品进口结构见图 4-21。

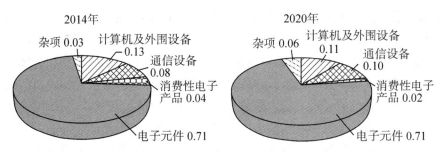

图 4-21　2014 年、2020 年中国对 RCEP 国家 ICT 产品进口结构

数据来源：UNCTADSTAT 数据库。

整体来看，在中国 ICT 进口产品中，除了电子元件、通信设备的进口额以及进口占比都呈现整体上涨趋势外，其他包括计算机及外围设备、消费性电子产品以及杂项的进口额虽然都有所上升，但整个进口的占比有所下降。大量的进口主要是电子元件，占据进口的绝对主导地位，意味着中国在 ICT 产业中对 RCEP 国家电子元件的进口依赖程度相对较深，需要密切关注并采取措施，以确保供应链的稳定性和可靠性。中国进口 ICT 产品的结构变化反映了中国在高科技产业和通信领域的迅速发展，在对电子元件等核心技术的需求持续增加的同时，产业结构升级和自主创新战略的实施将逐步减少对相关领域的产品依赖。

2000—2020 年中国对 RCEP 国家 ICT 进口产品结构变化趋势见图 4-22。

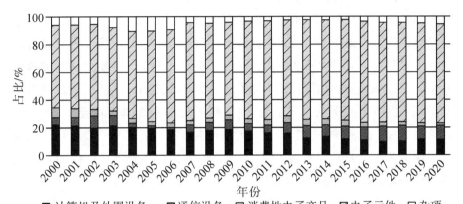

图 4-22　2000—2020 年中国对 RCEP 国家 ICT 进口产品结构变化趋势

数据来源：UNCTADSTAT 数据库。

2000—2020 年中国对 RCEP 国家 ICT 分类产品进口趋势见图 4-23。

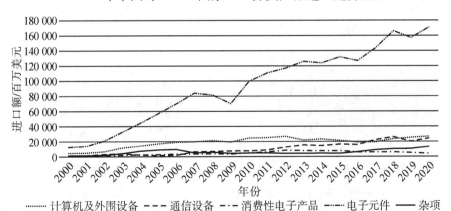

图 4-23　2000—2020 年中国对 RCEP 国家 ICT 分类产品进口趋势

数据来源：UNCTADSTAT 数据库。

4.4.3 中国对 RCEP 国家 ICT 产品出口贸易结构特征

中国对 RCEP 国家 ICT 出口结构在不同时期呈现出不同的特征。从整体上来看，计算机及外围设备以及消费性电子产品出口呈现一定的弱化，而通信设备及电子元件逐渐成为出口的主角。

（1）跟随、突破阶段（2000—2005 年）。在此期间，中国 ICT 产品出口占比占据主导地位的是计算机及外围设备，占出口总额的比超过 1/3，且出口额由 2000 年的 36 亿美元迅猛增长到 2005 年的 200 亿美元，增长接近 6 倍，年均增长率达到 42%。在此期间，中国劳动力供应充沛，通过整合全球供应链，提高了生产效率，降低了生产成本，计算机及外围设备在价格上更具竞争力。而同期的消费性电子产品和电子元件出口额增加幅度相似，比 2000 年分别增加了 54 亿美元以及 55 亿美元，但二者的出口占比却呈现不同程度的下跌，分别由 2000 年的 29% 和 23% 下降至 2005 年的 19% 和 17%，前者跌幅达 10%，后者跌幅为 6%。在 2000—2005 年，杂项出口额由 8.5 亿美元猛增为 53 亿美元，但其出口占比不高，仅为 8.4%。通信设备出口以 48% 的年均增长率从 7 亿美元快速增长到 41 亿美元，但其出口占比变化不大，只增长了 2 个百分点。在这一阶段，中国的 ICT 产品自主研发能力有限，还是以组装成品出口为主，因此这一阶段的出口以计算机及外围设备为主。

2000 年、2005 年中国对 RCEP 国家 ICT 产品出口结构见图 4-24。

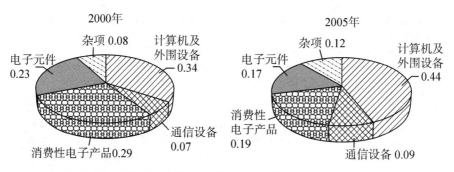

图 4-24 2000 年、2005 年中国对 RCEP 国家 ICT 产品出口结构
数据来源：UNCTADSTAT 数据库。

（2）调整、变革阶段（2006—2013 年）。计算机及外围设备到 2012 年依旧维持强劲出口势头，在 2013 年出口额有小幅的回调，但依然维持在 328 亿美元的高位，而其出口占比迅速地从 2006 年的 40%下降至 2013 年的 28%。其原因主要是中国 ICT 产业不断升级，其出口结构也出现了调整，分散了计算机及外围设备的出口份额。这一阶段的通信设备不论是出口额还是出口占比均实现了跨越式增长，其出口额以接近 7 倍的增速从 2006 年的 65 亿美元增至 2013 年的 408 亿美元，其出口占比从 12%提升至 35%，并在 2012 年成功超越计算机及外围设备升至出口占比第一位。这一阶段是全球通信技术升级的时期，推动了市场对通信设备的需求的增长，而中国的本土企业在通信技术领域的产业竞争力提升，包括技术创新和产品质量提高，使得中国通信设备在国际市场上更具竞争力，拉动了其在 RCEP 市场出口的飞速增长。电子元件出口额大幅增长了 134 亿美元，而出口占比依然维持在 21%的水平。消费性电子产品与杂项二者的出口额度均呈现不同程度的增长，但其占比都呈现了不同程度的下降。前者出口额度比 2006 年增长了 64 亿美元，出口占比比 2006 年下降了 3 个百分点，达到 12%；后者出口额增长了 134 亿美元，市场份额迅速地从 13%下降至 3%。在此期间，中国在金融危机以及国内"双重转型"政策的刺激下，积极倡导自主创新，开始对产业进行升级改造，调整产业结构，中国对 RCEP 国家的出口结构有了一定程度的调整。

2006 年、2013 年中国对 RCEP 国家 ICT 产品出口结构见图 4-25。

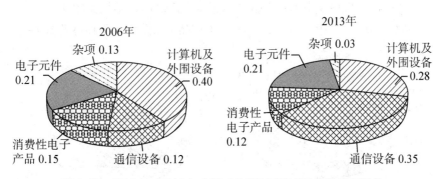

图 4-25　2006 年、2013 年中国对 RCEP 国家 ICT 产品出口结构

数据来源：UNCTADSTAT 数据库。

（3）稳步增长阶段（2014—2020 年）。中国对 RCEP 国家的电子元件出口增速较快，出口额及出口占比相继超过计算机及外围设备以及通信设备，到 2018 年成为中国对 RCEP 国家 ICT 产品出口中所占份额最高的品类。其出口额增长超过 2 倍，从 2014 年的 292 亿美元猛增至 2020 年的 602 亿美元，出口占比达到了 37%，增长了 13 个百分点，并最终在 2019 年反超通信设备成为占比最高的 ICT 品类。这是因为中国电子元件产业经历了技术升级和创新改造，提高了产品质量，增强了市场竞争力，从而拉动了其在 RCEP 市场的出口增长。然而，在此期间，美国为保持其技术优势，联络其盟友打压中国的高科技公司，尤其是对中国通信设备贸易产生了不小的负面影响，造成其出口额以及出口占比双双下跌，其中出口额从 2014 年的 441 亿美元小幅减少至 2020 年的 439 亿美元，而其出口占比从 2018 年开始出现了明显萎缩，到 2020 年底降低了 9 个百分点，在所有产品中降幅最大。计算机及外围设备以及消费性电子产品出口额呈现不同程度的增长趋势，而出口占比均呈现不同程度降低的共同点，前者和后者的出口额分别增长了 76 亿美元以及 31 亿美元，其出口份额分别降低了 3 个百分点以及 1 个百分点。尽管 RCEP 市场上计算机及外围设备以及消费性电子产品的出口额增长了，但相对占比下降，因为其他产品可能出口增速更快，市场更为广阔。杂项出口额度则小幅增长了 11 亿美元，而其出口占比维持在 3% 不变。在此阶段中国倡导经济高质量发展，虽然整体经济增速放缓，但 ICT 产品出口中高附加值产品占比有所提升，而消费性电子产品和杂项出口额及出口占比无明显变化，趋于稳定。

2014 年、2020 年中国对 RCEP 国家 ICT 产品出口结构见图 4-26。

2000—2020 年中国对 RCEP 国家 ICT 产品出口结构变化趋势见图 4-27。

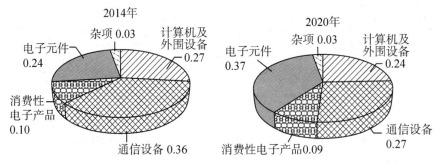

图 4-26　2014 年、2020 年中国对 RCEP 国家 ICT 产品出口结构

数据来源：UNCTADSTAT 数据库。

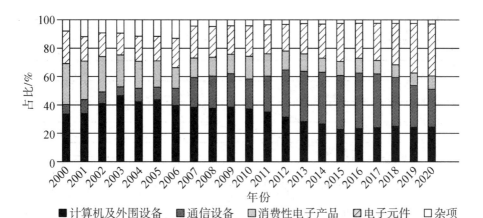

图 4-27 2000—2020 年中国对 RCEP 国家 ICT 产品出口结构变化趋势

数据来源：UNCTADSTAT 数据库。

总的来说，相较于进口，中国对 RCEP 国家 ICT 产品出口比较多元均衡，在 5 个品类的产品中，电子元件出口呈现了较强的增长趋势，其出口占比也不断上升。通信设备出口发展迅猛，在经历了第一、二阶段的高速增长后，第三阶段出口占比一度达到了 39%，虽然遭遇西方的打压，呈现小幅波动下跌的趋势，但仍然占据重要地位，并出现了华为、中兴等 ICT 领头企业。另外，计算机以及外围设备的出口在中国 ICT 产品对 RCEP 贸易中的占比有所下降，但仍保持在 24% 左右的高位。这不仅与中国强大的代工产业密切相关，也与 RCEP 国家对互联网以及数字经济的发展政策息息相关。值得注意的是，中国 ICT 制造业把重心放在了新型高端科技研发方面，笔记本计算机制造订单逐渐被东南亚市场占据。目前中国笔记本计算机制造业已经被东南亚地区抢走了近 40% 的订单。

中国对 RCEP 国家 ICT 产品出口趋势见图 4-28。

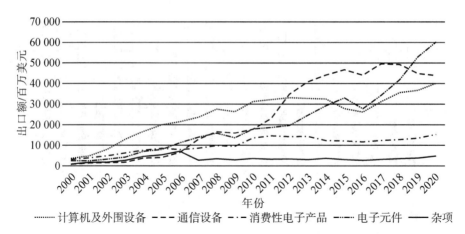

图 4-28　中国对 RCEP 国家 ICT 产品出口趋势

数据来源：UNCTADSTAT 数据库。

4.5　中国对 RCEP 国家 ICT 产品贸易发展现状

4.5.1　中国对韩国 ICT 产品贸易发展现状

在全球电子信息产业链中，韩国在半导体储存、显示器制造等方面占有重要地位，其代表性电子企业有三星、海力士、LG 等。在 RCEP 国家当中，中国与韩国的 ICT 产品贸易规模最大，ICT 产品贸易总额从 2000 年的 60.72 亿美元增加到 2020 年的 1 218.42 亿美元，增长了 20 倍之多。受 2008 年全球金融危机、2016 年萨德导弹危机以及 2019 年中美贸易战的冲击，中、韩两国之间的 ICT 贸易规模都受到不同程度的影响。中国和韩国的 ICT 产品贸易整体上保持波动增长趋势。中国对韩国 ICT 产品贸易的需求远大于供给，并一直维持着巨大的贸易逆差。仅 2020 年，中国对韩国的进口额是出口额的两倍多，贸易逆差达到了 544.58 亿美元。细分发现，中国对韩的主要进口品类是电子元件，2020 年达到了 715.27 亿美元，比 2000 年的 248.11 亿美元增加了 3 倍之多。中国半导体存储进口额的 45% 来自韩国[①]，对其依赖性相对较强。这主要是因为韩国的 ICT 产业起步于

[①] https://www.ccpit.org/image/1471417058234224641/cb40db21e6cd4b2981c4c70fbe07d172.pdf.

92 中国对 RCEP 国家 ICT 产品出口影响因素以及出口潜力的研究

20 世纪 80 年代，无论是技术水平还是产业化应用都位居世界前列，信息通信技术水平逐年提高。韩国 ICT 产业总体特征维持非常高的参与度，呈现前向、后向参与度都较高的格局，前向参与度明显大于后向参与度，且前向参与度呈上升趋势、后向参与度呈下降趋势，说明韩国已经深度参与 ICT 产业的全球价值链，且处于全球价值链的中高端位置①。而中国的 ICT 产业相较于韩国来说起步较晚，技术创新能力较弱，部分核心技术受制于人，长期处于低附加值环节。随着韩国三星、海力士、LG 等跨国企业调整在中国投资设厂的布局，即将加工组装环节从中国转移至越南等东盟国家，同时增加在中国的新型显示器、锂电池化学品、集成电路等技术和资本密集型产业投资，中国与韩国的贸易将随跨国公司区域产业调整而持续加深。韩国的集成电路产业在 RCEP 生效后凭借技术优势获取了更多的对外投资红利。

中国对韩国 ICT 产品贸易趋势见图 4-29。

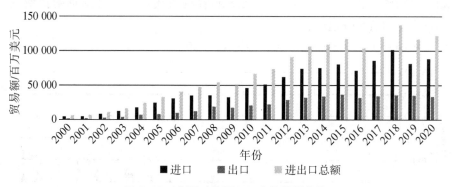

图 4-29　中国对韩国 ICT 产品贸易趋势

数据来源：UNCTADSTAT 数据库。

4.5.2　中国对越南 ICT 产品贸易发展现状

在全球电子信息产业链中，越南在电子元件制造、电子产品组装方面占据了越来越重要的地位。其产业发展模式与中国多年前的电子信息发展相近，也主要以代工为主。但其产业结构又与中国电子信息产业互补，承接中国电子信息产业低端制造企业生产线转移及转口贸易。越南主要通过自由贸易协定"引流"实现经贸跨越式发展。越南与欧盟、东盟、日本、

① 赵兰妹. 韩国 ICT 产业全球价值链地位及影响因素分析 ［D］. 长春：吉林大学，2021.

澳大利亚、英国、欧亚经济联盟等经济体都签署了自由贸易协定，积极融入全球经贸圈。近几年中国与越南的贸易关系越来越紧密，在 ICT 产业中的合作也日渐紧密。越南境内代表性跨国电子生产企业有三星、富士康、立讯精密、英特尔等。中国对越南 ICT 产品贸易额呈现快速增长趋势，2011 年以前，中国对越南 ICT 产品出口一直保持着贸易顺差，但交易规模不大，仅为 55.33 亿美元。可是从 2012 年开始，中国对越南的贸易顺差变为贸易逆差，进出口贸易量也急速增加，从 2012 年的 106.27 亿美元迅速增至 2020 年的 794.10 亿美元，并且逆差额度也是一年比一年高，2020 年的贸易逆差达到了 153.42 亿美元。在进口方面，中国从越南进口最多的品类是电子元件，进口额从 2000 年的 0.03 亿美元到 2020 年的 208.54 亿美元，增长了近 7 000 倍。之后是通信设备，进口额从 2000 年的 0.01 亿美元增加到 2020 年 167.06 亿美元。在出口方面，中国对越南出口品类最多的电子元件占了出口总额的 55.9%。中国手机供应链上的关键元器件公司如立讯精密、歌尔声学、蓝思科技等或收购或建厂，陆续到越南投资建厂，产业内贸易快速增长。

中国对越南 ICT 产品贸易趋势见图 4-30。

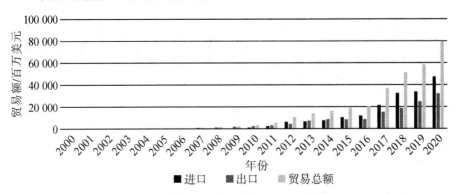

图 4-30　中国对越南 ICT 产品贸易趋势

数据来源：UNCTADSTAT 数据库。

4.5.3　中国对日本 ICT 产品贸易发展现状

在全球电子信息产业链中，日本在半导体关键材料、制造设备领域具有明显优势，是集成电路领域的强国，其代表性电子企业有索尼、松下、日立、东京电子、ADVANTEST、SCREEN、信越化学等。日本在电子信息产业中的半导体设备优势突出，代表性企业东京电子仅次于美国应用材料公司与荷兰 ASML，是营业收入排在世界第三位的"前工序"设备企业。中国对日本的 ICT 产品贸易总额从 2000 年开始至 2008 年呈现快速增长的态势，并且一直呈贸易逆差的状态。之后，2008—2009 年贸易进出口额双双回落，直到 2010 年重新呈现上升趋势并在 2012 年达到 620.96 亿美元的峰值。之后中、日之间的 ICT 产品贸易规模呈现小幅波动状态，贸易规模维持在 564 亿~620 亿美元之间。在 2011 年，中国对日本 ICT 产品进口额为 294.52 亿美元，而出口额达到了 299.6 亿美元，出口额首次超过了进口额，中、日贸易由逆差时代进入顺差时代，并一直持续到了 2020 年。2013 年以后进口方面有小幅增长的趋势，而出口方面又小幅回落，2016 年之后一直维持在 300 亿美元左右。在单个品类方面，中国对日本电子元件进口额从 2011 年最高峰值 220.99 亿美元降低到 2015 年的最低峰值 178.22 亿美元，之后又恢复上升趋势至 2020 年。中国对日本 ICT 产品出口产品类别中占比最高的是计算机及外围设备，从 2000 年的 15.75 亿美元快速增长到 2020 年的 135.38 亿美元，增长了 8 倍多。在此期间，2012 年，日本电子产业陷入了"全线崩溃"的局面，松下、索尼、夏普三大企业的亏损总额达到了 16 000 亿日元左右。在半导体方面，尔必达公司和瑞萨科技在 2012 年初都陷入了经营危机。后来尔必达公司申请破产保护，被美国美光科技收购。产业发展的不确定性在一定程度上影响了我们对日本 ICT 产品的进口额。

中国对日本 ICT 产品贸易趋势见图 4-31。

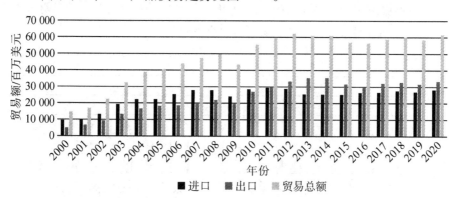

图 4-31　中国对日本 ICT 产品贸易趋势

数据来源：UNCTADSTAT 数据库。

4.5.4 中国对新加坡 ICT 产品贸易现状

近年来中新经贸合作快速发展,中国是新加坡第一大贸易伙伴,新加坡是中国第一大新增外资来源国和主要境外投资目的国。中国对新加坡的 ICT 产品贸易,从 2000 年开始整体上一直保持着贸易顺差趋势,并且交易总额由 2000 年的 40.81 亿美元飙升到 2006 年的 182.79 亿美元,在短短的几年时间里增长了将近 5 倍。在经历了一个飞速增长的阶段之后,整体交易呈波浪式增长,并且贸易顺差不断增大。2020 年,贸易总额达到了 260.54 亿美元。在出口方面,2020 年,交易额占前三位的分别是电子元件、计算机及外围设备以及消费性电子产品三个品类,交易量分别是 68.03 亿美元、59.14 亿美元、43.38 亿美元。在进口方面,中国从新加坡主要进口电子元件,从 2000 年的 9.31 亿美元增长到 2020 年的 72.94 亿美元,增长了将近 8 倍,占据进口总额的 89%。新加坡是半导体产业链中的重要一环。20 世纪 90 年代后期,新加坡已经是继美、日、韩之后的半导体产业重要基地,同时有数据指出,半导体产业也是新加坡的经济命脉,2018 年占新加坡制造业产值的 28%。新加坡半导体相关企业数量已经超过 300 家,分别来自北美、欧洲、日本等多个地区,其中包括 ST、安华高科技、联发科、美光等 40 家 IC 设计公司,14 家硅晶圆厂,8 家特制晶圆厂,20 家封测公司以及一些负责衬底材料、制造设备、光掩膜等产业的周边企业。另外,与中国相比,新加坡具有更高的科技发展水平,但其人口较少,市场规模有限,因而从中国进口 ICT 产品的规模增长态势不明朗。

中国对新加坡 ICT 产品贸易趋势见图 4-32。

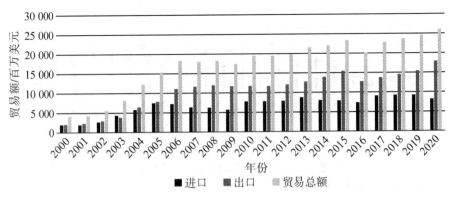

图 4-32　中国对新加坡 ICT 产品贸易趋势

数据来源:UNCTADSTAT 数据库。

4.5.5 中国对马来西亚 ICT 产品贸易现状

马来西亚电子电器行业较成熟，上下游相互配套完善，是吸引国内外投资最多的行业之一，是马来西亚最大的出口创汇行业。据马来西亚贸工部数据，电子和电气产品占该国出口总额的 39%，占 GDP 的 6.3%[①]。中国对马来西亚 ICT 产品出口从 2000 年开始到 2020 年，贸易额整体呈现增长趋势，贸易额从 2000 年的 33.57 亿美元增长到 2013 年的 71.37 亿美元，到 2016 年、2017 年前后进入一个相对低迷的状态后，2020 年重回交易峰值，一直保持着巨额的贸易逆差状态。在进口方面，中国对马来西亚 ICT 产品进口从 2000 年到 2020 年增长了 350.71 亿美元，进口产品以电子元件为主，从 2000 年的 15.21 亿美元增长到 2020 年的 332.203 亿美元，增长了 21 倍多。其次是计算机及外围设备，从 2020 年的 7.09 亿美元增长到 2020 年的 28.07 亿美元。在出口方面，21 年之间增长了 129.97 亿美元，中国对马来西亚出口也是以电子元件为主，从 2000 年的 1.68 亿美元增长到 2020 年的 76.41 亿美元，说明两国产业内贸易活动频繁。东南亚在全球封装测试市场的占有率为 27%，单单马来西亚就贡献了其中的 13%。马来西亚投行分析员曾表示，2018—2022 年，本地电子领域的年平均营业收入增长率达 9.6%。无论是电子代工（EMS）、外包封装测试（OSAT）或是电子产品的研发与设计，马来西亚业者已成功巩固他们在全球供应链中的位置。《"一带一路"贸易合作大数据报告（2018）》指出，2017 年，中国从"一带一路"国家进口集成电路芯片 1 139.8 亿美元。在这当中，从马来西亚进口的集成电路占比 20.9%。目前，马来西亚有超过 50 家半导体公司，其中大多数是跨国公司，包括 AMD、恩智浦、ASE、英飞凌、意法半导体、英特尔、瑞萨、德州仪器、日月光等，因此相对于其他东南亚国家而言，马来西亚在全球半导体封测市场上一直都占有独特的地位[②]，在东南亚在全球封测市场 72% 的占比中，马来西亚就贡献了一半[③]。尤其是被动元件在马来西亚的生产最具规模。根据统计，包括全球 MLCC（片式多层陶瓷电容器）—哥日商村田、第四大 MLCC 厂太阳诱电以及全球前二

---

① https://www.ccpit.org/image/1471417058234224641/cb40db21e6cd4b2981c4c70fbe07d172.pdf.

② https://zhuanlan.zhihu.com/p/115213644.

③ https://www. ccpit. org/image/1471417058234224641/cb40db21e6cd4b2981c4c70fbe07d172.pdf.

大铝电容厂佳美工（Nippon Chemicon）、尼吉康（Nichicon），钽电容二哥美商 AVX、固态电容龙头松下（Panasonic）等都在马来西亚设厂，在全球供应链中举足轻重[①]。

中国对马来西亚 ICT 产品贸易趋势见图 4-33。

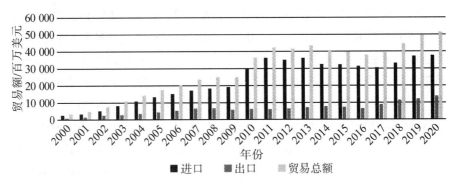

图 4-33　中国对马来西亚 ICT 产品贸易趋势

数据来源：UNCTADSTAT 数据库。

4.5.6　中国对菲律宾 ICT 产品贸易现状

2020 年，中国对菲律宾 ICT 产品进口额占据菲律宾 ICT 产品总出口额的 21.4%。中国对菲律宾 ICT 产品贸易总额从 2000 年的 14.76 亿美元迅速增长至 2007 年的 212.83 亿美元的峰值，之后受美国金融危机的影响，迅速跌至 2009 年的 107.32 亿美元，之后直到 2020 年，进口额一直维持在 120 亿美元的水平上。中菲 ICT 产品贸易也一直呈现严重逆差的态势，出口额在经历了 10 多年的发展后，从 2013 年的 21.12 亿美元迅速增至 2020 年的 67.12 亿美元。2000 年进口额为 11.18 亿美元，迅速增加到 2007 年的历史最高值 195.36 亿美元，之后中国对菲律宾的 ICT 产品进口迅速降低到 2009 年的 88.63 亿美元，这种相对稳定的状态一直维持到 2020 年。在进口方面，以电子元件为主，2000 年的 6.91 亿美元增加到 2020 年的 81.63 亿美元。其次是计算机及外围设备，2020 年进口额为 27.70 亿美元。在出口方面，2020 年，占据前两位的品类分别是通信设备和电子元件，出口额分别是 22.90 亿美元、21.42 亿美元。半导体和电子产品业是菲律宾最大的出口行业，相关贸易对该国经济发展举足轻重。根据 UNCTADSTAT 统计

---

① https://www.eet-china.com/mp/a59966.html.

数据，2020 年，整个 ICT 产品出口额占该国商品出口总额的 49%，出口总值为 313.06 亿美元①。菲律宾是全球被动元器件（特别是 MLCC）的主要生产基地之一。韩国三星电机以及日本太阳诱电、村田在菲律宾均设有 MLCC 工厂。就产能比重来看，以三星电机的 40% 最大，而村田也有近 15%。

中国对菲律宾 ICT 产品贸易趋势见图 4-34。

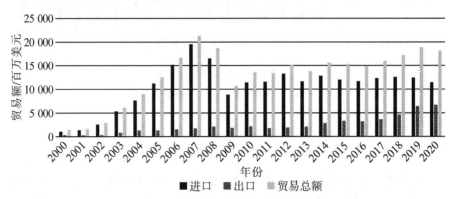

图 4-34　中国对菲律宾 ICT 产品贸易趋势

数据来源：UNCTADSTAT 数据库。

4.5.7　中国对泰国 ICT 产品贸易现状

近年来，泰国的技术部门有了巨大的进步，现在越来越被认为是东南亚的行业领导者之一。2020 年，泰国数字产业市值约为 6 505 亿泰铢（约 177 亿美元），较 2019 年有所增长。这些数字下的数字子行业包括软件产品、数字服务和硬件产品。近年来，泰国政府认识到一个充满活力的 ICT 部门可以更广泛地刺激经济的发展，为此推动了一系列雄心勃勃的发展项目。泰国政府对该行业的目标是基于泰国 4.0 计划，其中包括相互关联的举措，如建立东部经济走廊、在全国范围内建立 100 个智能城市以及从 4G 到 5G 技术的过渡②。中国和泰国的 ICT 产品贸易总额从 2020 年的 19.07 亿美元迅速增长至 2011 年的 2 015.77 亿美元，2014 年回落至 171.19 亿美元后，重新增长至 2020 年的 264.79 亿美元。从整体来看，中国和泰国的 ICT 产品贸易一直维持贸易逆差，同时总交易额呈小幅增长的趋势。

---

① https://unctadstat.unctad.org/wds/ReportFolders/reportFolders.aspx.

② https://oxfordbusinessgroup.com/country/thailand/ict.

中国对泰国 ICT 产品贸易趋势见图 4-35。

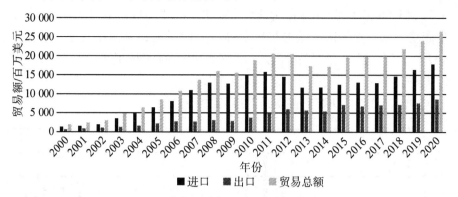

图 4-35 中国对泰国 ICT 产品贸易趋势

资料来源：UNCTADSTAT 数据库。

4.5.8 中国对印度尼西亚 ICT 产品贸易现状

中国对印度尼西亚 ICT 产品贸易呈现进出口两极分化的现象，其中贸易总额从 2003 年的 12.49 亿美元增长至 2020 年的 65.64 亿美元。进口额从 2003 年的 7.99 亿美元增长至 2006 年的 16.52 亿美元的历史最高值，之后一直呈下降的趋势，到 2020 年降低到了 4.97 亿美元。出口额从 2003 年 4.5 亿美元迅速增长至 2020 年的 60.70 亿美元，其中占比最高的品类是通信设备，从 2003 年的 0.58 亿美元增长至 2020 年的 34.73 亿美元，增长了近 60 倍。从整体上看，中国对印度尼西亚 ICT 产品贸易在 2008 年以前呈贸易逆差的趋势，之后直到 2020 年，一直呈现贸易顺差的趋势。

中国对印度尼西亚 ICT 产品贸易趋势见图 4-36。

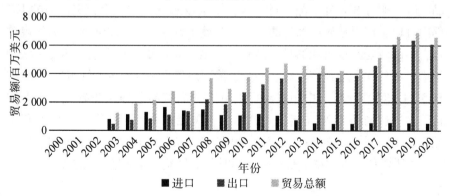

图 4-36 中国对印度尼西亚 ICT 产品贸易趋势

数据来源：UNCTADSTAT 数据库。

4.5.9 中国对澳大利亚 ICT 产品贸易现状

中国是澳大利亚最大的贸易伙伴、最大的出口目的地，澳大利亚是中国第七大贸易伙伴和第六大进口来源地。中国对澳大利亚 ICT 产品贸易呈现持续的贸易顺差趋势，贸易总额从 2000 年的 3.6 亿美元上升到 2020 年的 101.83 亿美元。2020 年，出口额与进口额分别是 100.72 亿美元、1.11 亿美元，出口额是进口额的 90 多倍。进口额从 2000 年的 0.37 亿美元增长到 2020 年的 1.11 亿美元，进口品类主要是通信设备。出口整体上呈现增长趋势，从 2020 年的 3.23 亿美元增长至 2020 年的 100.72 亿美元，增长了 30 倍。出口品类中占据绝对优势的是计算机及外围设备，2020 年出口额为 77.17 亿美元，其他分别为通信设备、消费性电子产品、电子元件、杂项。

中国对澳大利亚 ICT 产品贸易趋势见图 4-37。

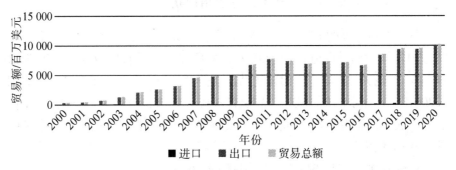

图 4-37　中国对澳大利亚 ICT 产品贸易趋势

数据来源：UNCTADSTAT 数据库。

4.5.10　中国对新西兰 ICT 产品贸易现状

作为第一个与中国签订自由贸易协定的西方发达国家，新西兰与中国有着密切的经济贸易关系。中国对新西兰 ICT 产品的贸易情况与澳大利亚相似，整体上呈现波动增长态势，一直保持着较大的贸易顺差。贸易总额从 2000 年的 0.56 亿美元增长到 2020 年的 6.26 亿美元。进口额从 2020 年的 0.11 亿美元增长至 2020 年的 6 亿美元，占据最高比率的是电子元件，2020 年进口额为 0.20 亿美元。出口在 21 年之间增长了 5.55 亿美元，出口品类以算机及外围设备为主，2020 年出口额达到了 3.26 亿美元，接近中国 ICT 产品出口总额的一半。

中国对新西兰 ICT 产品贸易趋势见图 4-38。

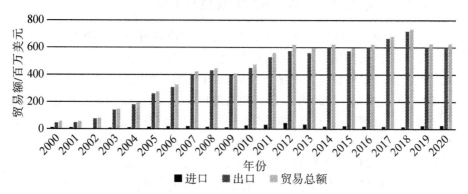

图 4-38 中国对新西兰 ICT 产品贸易趋势

资料来源：UNCTADSTAT 数据库。

4.5.11 中国对文莱 ICT 产品贸易现状

从中国对文莱的 ICT 产品贸易来看，从 2002 年的 0.01 亿美元出口开始，2013 年达到最高值 0.57 亿美元，之后波浪式增长后减少，2020 年出口额 0.21 亿美元。其中，出口商品以通信设备和消费性电子产品为主。到 2020 年，中国对文莱的 ICT 产品出口额中，计算机及外围设备为 0.04 亿美元、通信设备为 0.09 亿美元、消费性电子产品为 0.07 亿美元、电子配件为 0.01 亿美元。

中国对文莱 ICT 产品贸易趋势见图 4-39。

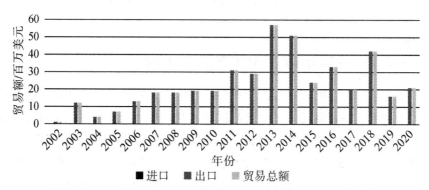

图 4-39 中国对文莱 ICT 产品贸易趋势

数据来源：UNCTADSTAT 数据库。

4.5.12　中国对柬埔寨 ICT 产品贸易现状

从 1993 年开始，随着柬埔寨国内和平与重建进程的不断推进，中柬经贸合作迎来了新的机遇。中国对柬埔寨的 ICT 产品贸易额从 2000 年的 0.11亿美元增加到 2020 年的 5.56 亿美元。出口产品以通信设备为主，从 2000年的 0.03 亿美元增加到 2020 年的 2.94 亿美元。电子元件紧随其后，从2007 年的 0.01 亿美元增长到 2020 年的 1.27 亿美元。2020 年，出口消费性电子产品 0.46 亿美元、计算机及外围设备 0.4 亿美元。在进口方面，2020 年，中国从柬埔寨的 ICT 产品进口额为 0.42 亿美元。

中国对柬埔寨 ICT 产品贸易趋势见图 4-40。

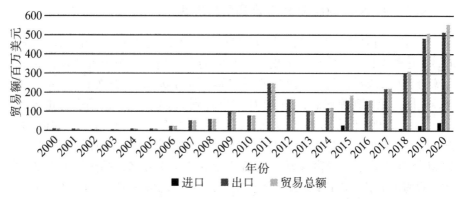

图 4-40　中国对柬埔寨 ICT 产品贸易趋势

数据来源：UNCTADSTAT 数据库。

4.5.13　中国对老挝 ICT 产品贸易现状

中国对老挝 ICT 产品贸易从 2000 年的 0.04 亿美元增长至 2013 年的5.39 亿美元达到顶峰后，2020 年骤减至 1.17 亿美元。出口以通信设备为主，从 2000 年的 0.03 亿美元增长到 2018 年的 1.45 亿美元达到顶峰后，2020 年骤减至 0.53 亿美元。2020 年，中国出口老挝计算机及外围设备0.19 亿美元、消费性电子产品 0.15 亿美元，电子零部件出口在 2013 年达到 4.97 亿美元的顶峰后，到 2020 年急剧减少到 0.01 亿美元。

中国对老挝 ICT 产品贸易趋势见图 4-41。

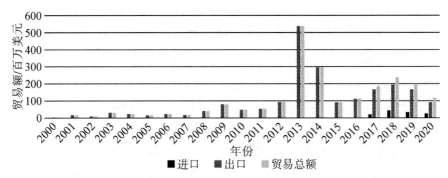

图 4-41 中国对老挝 ICT 产品贸易趋势

数据来源：UNCTADSTAT 数据库。

4.5.14 中国对缅甸 ICT 产品贸易现状

中国和缅甸的 ICT 产品贸易从 2000 年的 0.23 亿美元增长至 2014 年的 12.48 亿美元达到顶峰后，呈现了一个波动下降趋势，2020 年 ICT 产品贸易总额为 10.24 亿美元。出口额从 2000 年的 0.02 亿美元到 2018 年的 10.48 亿美元达到顶峰后，到 2020 年下降到 6.73 亿美元。消费性电子产品出口从 2000 年的 0.19 亿美元到 2016 年的 1.85 亿美元达到顶峰后，2020 年减少到 1.21 亿美元。2011 年，缅甸放宽了通信部门的限制和竞争，以 2018 年为基准，蜂窝移动签约者人数达 6 114 万名，超过了其总人口数。缅甸消费者可以比该地区其他许多国家更快地享受 4G 服务，并正在制定 5G 发展蓝图①。

中国对缅甸 ICT 产品贸易趋势见图 4-42。

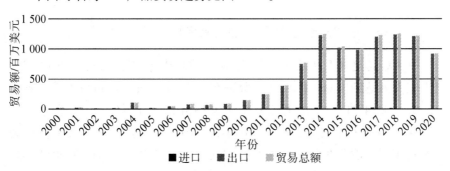

图 4-42 中国对缅甸 ICT 产品贸易趋势

数据来源：UNCTADSTAT 数据库。

---

① WTDC-21 亚太区域筹备会议（RPM-ASP）. 2021 年亚太地区的数字化趋势 [EB/OL]. https://www.itu.int/zh/Pages/default.aspx#/zh.

中国是 ICT 产品最大的生产国、最主要的贸易国，也是世界上 ICT 产品最大的消费国。中国的 ICT 产业具有稳定的发展基础，企业对 ICT 领域的投资意愿也有所增强，在国际市场上的地位和竞争力不断提升，为经济增长注入了活力，也为未来产业发展提供了可持续的发展动力。在全球信息化技术高速发展以及国内政策支持的双重刺激下，中国 ICT 产业发展呈现了高投入高产出的繁荣景象。然而，对外贸易形势低迷可能对中国 ICT产业的发展带来一定的挑战，需要密切关注并采取相应的应对政策和措施。

中国对世界 ICT 产品进出口呈现了快速增长的趋势，且出口量大于进口量，形成了较大的贸易顺差现象。在进口产品中，电子元件是主要的进口商品，其出口额和进口额占比在不同时期都双双呈现增长态势。尽管其他产品的进口总体上也实现了增长，其进口比重却普遍呈现不同程度的下降趋势。相对于进口而言，不同品类的 ICT 产品出口占比一开始较为均衡，但随着时间的推移，出口主导产品的结构发生了调整。从最初以计算机及外围设备和消费性电子产品为主导的出口结构，逐渐调整为以通信设备、电子元件以及计算机及外围设备为主的状态。

中国 ICT 产业与 RCEP 市场关系密切，中国的 ICT 产业除了在 RCEP地区的产业链组装加工环节具有较强竞争力外，还存在对日本和韩国的进口依赖。与中国对世界的出口情况类似，中国对 RCEP 国家的 ICT 产品进口也以电子元件为主，占据了出口总额的 71%，不过出口增速有所放缓。相对于进口而言，尽管出口占比相对均匀，但在不同时期中国对 RCEP 国家的主要出口产品呈现出不同的特点。初期以计算机及外围设备为主，中期转向以通信设备为主，而后期则以电子元件为主，出口结构逐渐转变。然而，与中国对世界 ICT 产品出口形成鲜明对比的是，中国对 RCEP 国家的 ICT 产品出口在 2000—2020 年持续呈现巨大的贸易逆差现象。

ICT 产业是中国与 RCEP 国家货物贸易的重要领域。中国 ICT 行业的货物贸易主要以加工贸易为主，约占行业出口总额的 55%。中国与 RCEP成员国在电子元件领域的贸易关系紧密，特别是与东盟国家中的马来西亚、越南和新加坡贸易来往频繁，对日本和韩国的进出口贸易规模较大，依存度较高。然而，在电子信息产业链中，中国仍然处于组装加工的环节，整体产业链、价值链和外贸进出口仍然主要依赖核心零部件的供应，因此仍然对国际产业链的深度合作和从外国进口依赖较大。

5 中国对 RCEP 国家 ICT 产品出口影响因素的恒定市场份额模型分析

中国 ICT 产业的快速发展有效促进了中国经济的高质量发展，加快了中国与世界市场的融合，提升了中国在区域高科技领域的地位。然而，随着经济全球化的加速发展，国际市场竞争日趋激烈。其中，RCEP 市场是中国 ICT 产品对外贸易的主阵地，2020 年，中国对 RCEP 市场贸易额占据了中国 ICT 贸易总额的 36%，有效对冲了外部的不确定性。然而，RCEP 国家经济发展迅速，其市场需求结构和消费特征也在快速演变，这必定会对中国 ICT 产业结构以及出口产生重大影响。

在前述章节中国对 RCEP 国家 ICT 产品贸易特征的分析基础上，本章采用国际流行的 CMS（恒定市场份额）模型对中国 ICT 产品出口影响因素进行科学的定量分解，以探析中国对 RCEP 国家 ICT 产品出口增长在多大程度上取决于 RCEP 国家的市场需求扩大、结构变化以及本国产品国际竞争力提升，希望以此为中国制定 ICT 产业发展和对外贸易政策提供理论依据。

5.1 恒定市场份额（CMS）模型理论基础

CMS（constant market share）模型是一个进行国际贸易分析的重要工具，常被用来解释商品出口增长和市场份额变化的影响因素[①]，常被用于

---

① AHMADI-ESFAHANI F Z. Constant market shares analysis: uses, limitations and prospects [J]. Australian Journal of Agricultural and Resource Economics, 2006, 50 (4): 510-526.

衡量一个国家相对于其他国家或地区在商品和服务贸易方面的出口竞争力[1][2]，在各类学术研究、企业出口战略研究、国家地区出口贸易政策研究、国际区域性组织研究以及全球市场研究中，CMS 模型都得到了广泛的应用[3]。基于对最初的恒定市场份额（CMS）模型进行修改和扩展，学者Chen K. Z.、Duan Y. 将加拿大和亚洲主要农产品出口国的竞争力水平应用于比较分析。其研究结果表明，贸易增长主要归因于亚洲对农产品的需求在此期间快速增长。他们还发现加拿大农产品在亚洲市场具有非常强的竞争力，仅次于中国，排名第二[4]。Braja M.、Gemzik-Salwach A. 结合恒定市场份额模型（CMS）评估了竞争力效应对欧盟成员国出口增长的影响。其研究结果表明，在 2012—2014 年这个分期，竞争力效应是促成高技术产品出口增长的一个重要因素。在随后的时期（2015—2017 年），产品效应对德国和荷兰的高科技出口增长产生了负面影响[5]。Kim J. S. 通过 CMS 分解发现，结构效应对中国市场出口变化的贡献最大，而且结构效应主要来自增长效应[6]。JiméNez N.、MartíN E. 采用恒定市场份额模型（CMS）分析了欧元区及其成员国市场份额的变化，结果表明产品市场结构效应是影响欧元区市场产品出口额增加的主要因素，科技含量较低的产品导致出口额减少[7]。国内学者较多利用 CMS 模型研究农产品出口规模波动的影响因素[8][9][10]。学者王正新、郑弘浩、胡稳权利用恒定市场份额模型（CMS）考察了中国尖端制造业出口贸易变动的影响因素。其研究结果表明，竞争力效应是影响高端制造业出口贸易额波动的主要因素，结构效应次之，交叉

① 帅传敏，程国强. 中国农产品国际竞争力的估计 [J]. 管理世界，2003（1）：97-104.

② NUDDIN A A, AZHAR A K M, GAN V B Y, et al. A new constant market share competitiveness index [J]. Malaysian Journal of Mathematical Sciences, 2018, 12（1）：1-23.

③ 孙笑丹. 国际农产品贸易的动态结构增长研究 [M]. 北京：经济科学出版社，2005.

④ CHEN K Z, DUAN Y. Competitiveness of Canadian agri-food exports against competitors in Asia：1980-1997 [J]. Journal of International Food & Agribusiness Marketing, 2001, 11（4）：1-19.

⑤ BRAJA M, GEMZIK-SALWACH A. Competitiveness of high-tech exports in the eu countries [J]. Journal of International Studies, （2071-8330），2020, 13（1）.

⑥ KIM J S. Research on cms decomposition of south korea's manufacturing exports to china [J]. IOP Conference Series：Earth and Environmental Science, 2021, 791（1）：012170.

⑦ JIMÉNEZ N, MARTÍN E. A constant market share analysis of the Euro Area in the period 1994-2007 [J]. Economic Bulletin, 2010（1）：1-15.

⑧ 帅传敏，程国强. 中国农产品国际竞争力的估计 [J]. 管理世界，2003（1）：97-104.

⑨ 张兵，刘丹. 美国农产品出口贸易的影响因素分析：基于恒定市场份额模型测算 [J]. 国际贸易问题，2012（6）：49-60.

⑩ 赵亮，穆月英. 东亚"10+3"国家农产品国际竞争力分解及比较研究：基于分类农产品CMS 模型 [J]. 国际贸易问题，2012（4）：59-72.

效应的影响程度相对较弱[1]。

5.2　恒定市场份额（CMS）模型的基本形式

恒定市场份额模型（CMS）最初由 Creamer 开发，由学者 Tyszynski H. 在 20 世纪 50 年代首次将其应用于出口分析[2]。初期的 CMS 模型有一些局限性和不足[3][4][5][6]。CMS 模型的分析基于一个核心假设：在一段研究时期内，一个国家或地区的市场份额在特定市场上应随着时间的推移保持不变[7]。Tyszynski H. 提到假设的现有市场份额和初始份额之间的差异是世界贸易结构变化引起的市场份额变化，即将市场份额变化作为竞争力分析[8][9][10]。

───────────────

①　王正新，郑弘浩，胡稳权. 高技术制造业出口贸易波动因素分解：基于恒定市场份额模型的实证分析 [J]. 中国科技论坛，2017（9）：46-55.

②　TYSZYNSKI H. World Trade in Manufactured Commodities [R]. The Manchester School, 1951, 19 (3): 272-304.

LEARNER E E, STEM R M. Quantitative international economics [M]. Boston: Allynhbaran, 1970.

JEPMA C J. Extensions and application possibilities of the constant market shares analysis: the case of the developing countries' export [M/OL]. https://research.rug.nl/en/publications/extensions-and-application-possibilities-of-the-constant-markets.

MILANA C. constant-market-shares analysis and index number theory [J]. European Journal of Political Economy, 1988, 4 (4): 453-478.

AHMADI-ESFAHANI F Z. Constant market shares analysis: uses, limitations and prospects [J]. Australian Journal of Agricultural and Resource Economics, 2006, 50 (4): 510-526.

③　HOUSTON D B. The shift and share analysis of regional growth [J]. A Critique' Southern Economic Journal, 1967, 33 (4): 577-581.

④　RICHARDSON J. Some sensitivity tests for a "Constant-Market-Shares" analysis of export growth [J]. The Review of Economics and Statistics, 1971, 53 (3): 300-304.

⑤　BOWEN H P, PELZMAN J. US export competitiveness: 1962-1977 [J]. Applied Economics, 1984, 16 (3): 461-473.

⑥　BONANO G. A note: constant market share analysis [R]. Munich Personal RePEc Archive Paper, 59997. Retrieved March 9, 2020.

⑦　SKRINER E. Competitiveness and specialisation of the Austrian export sector: A constant-market-shares analysis [R]. FIW Working Paper, 2009 (32), Retrieved March 9, 2020.

⑧　TYSZYNSKI H. World trade in manufactured commodities [R]. The Manchester School, 1951, 19 (3): 272-304.

⑨　FAGERBERG J, SOLLIE G. The method of constant market share analysis reconsidered [J]. Applied Economics, 1987, 19 (12): 1571-1583.

⑩　WIDODO T. Market dynamics in the EU, NAFTA, North East Asia and ASEAN: The method of constant market shares (CMS) analysis [J]. Journal of Economic Integration, 2010, 25 (3): 480-500.

在 CMS 分析中，特定行业、部门或整个经济的出口变化取决于产品构成、出口的地理分布和国际竞争力水平[①]。但是，作为一个整体考虑的许多因素之一，CMS 模型没有提供关于特定单一因素在多大程度上影响出口业绩的准确信息。相反，它从 CMS 框架内定义的总量角度解释了出口波动的原因[②]。之后由 Learner E. E.、Stem R. M.[③]、Jepma C. J.[④]、Milana C.[⑤]、Ahmadi-Esfahani F. Z.[⑥] 等多位学者对该模型进行了多次改进完善，在常规的一阶分解基础上进行了二阶分解，并在此基础上构建了修正的 CMS 模型。在二阶分解中，结构效应被细分为增长效应、市场效应、产品效应以及结构交叉效应。竞争力效应被细分为整体竞争力和具体竞争力效应。交叉效应被细分为净二阶效应和动态二阶效应，以更好地解释国际贸易的复杂性。具体参见图 5-1。

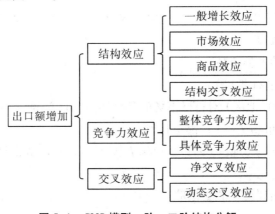

图 5-1　CMS 模型一阶、二阶结构分解

---

①　BUTURAC G, MIKULIĆ D, PALIĆ P. Sources of export growth and development of manufacturing industry: empirical evidence from Croatia [J]. Economic Research-Ekonomska Istraživanja, 2019, 32 (1): 101-127.

②　WANG Z X, ZHENG H H, PEI L L, et al. Decomposition of the factors influencing export fluctuation in China's new energy industry based on a constant market share model [J]. Energy Policy, 2017, 109 (C): 22-35.

③　LEARNER E E, STERN R M. Quantitative international economics [M]. Chicago: Aldine Transaction Editor, 1970.

④　JEPMA C J. Extensions and application possibilities of the constant market shares analysis: the case of the developing countries' export [M/OL]. https://research.rug.nl/en/publications/extensions-and-application-possibilities-of-the-constant-markets.

⑤　MILANA C. Constant-market-shares analysis and index number theory [J]. European Journal of Political Economy, 1988, 4 (4): 453-478.

⑥　AHMADI-ESFAHANI F Z. Constant market shares analysis: uses, limitations and prospects [J]. Australian Journal of Agricultural and Resource Economics, 2006, 50 (4): 510-526.

CMS 模型是根据统计学原理，在假设一国（地区）国际市场份额不变的基础上，一个国家或地区的出口贸易的增长可以从进口需求效应（世界贸易的一般增长）、出口贸易结构效应（商品结构和市场结构）以及出口竞争力效应三个方面来解释。假如一国（地区）出口增速高于世界贸易的平均增速，可能是如下几个原因导致的：第一，在那些需求增长较快的产品上，该国（地区）的出口集中度较高（商品结构因素）；第二，该国（地区）主要向那些需求快速增长的国家或地区（市场结构因素）出口；第三，该国（地区）能够同其他供给国家（地区）进行有效的竞争（竞争力因素）。CMS 模型的基本形式如下：

$$\Delta q = \sum_i \sum_j S_{ij}^{\ 0} \Delta Q_{ij} + \sum_i \sum_j Q_{ij}^{\ 0} \Delta S_{ij} + \sum_i \sum_j \Delta S_{ij} Q_{ij}$$
　　　　　（结构效应）　　　（竞争力效应）　　　（交叉效应）　　　（5.1）

符号说明如下：

i：出口的各类产品。

j：进口国家(地区)。

q：出口国(地区)对目标市场的某个产品出口总额。

Q_{ij}：目标市场 J 对 I 产品进口额。

S_{ij}：一个国家(地区)的目标市场 J 中产品 I 的市场额是目标市场 J 全部 I 产品进口额的比率。

Δ：从开始到结束的变化量。

0：基期。

学界普遍认为（5.1）式为 1 阶分解。

Δq：衡量一个国家（地区）在评估期间对目标市场上的出口总额的变化[①]。正值表明某一行业的出口扩张速度快于世界其他地区，而负值则表明相反[②③]。

$\sum_i \sum_j S_{ij}^{\ 0} \Delta Q_{ij}$(结构效应)：假设一国（地区）对目标市场出口份额

① DYADKOVA M, MOMCHILOW G. Constant market shares analysis beyond the intensive margin of external trade [R]. Bulgarian National Bank, Discussion Papers, 2014 (94).

② MILANA C. Constant-market-shares analysis and index number theory [J]. European Journal of Political Economy, 1988, 4 (4): 453-478.

③ BUTURAC G, MIKULIĆ D, PALIĆ P. Sources of export growth and development of manufacturing industry: empirical evidence from Croatia [J]. Economic Research-Ekonomska Istraživanja, 2019, 32 (1): 101-127.

不变，目标市场对某类产品进口规模和进口结构的变动导致一国（地区）该产品出口额的波动。

$\sum_i \sum_j Q_{ij}{}^0 \Delta S_{ij}$（竞争力效应）：假设目标市场进口规模不变，某国（地区）某一产品出口市场份额市场占有率的变化，导致该产品出口额的波动。

$\sum_i \sum_j \Delta Q_{ij} \Delta S_{ij}$（交叉效应）：一国（地区）出口产品受出口结构变动与目标市场进口额及进口结构变动的共同影响，导致其出口额发生变动。

具体 CMS 模型二阶分解公式如下：

$$\Delta q = S^0 \Delta Q + \left(\sum_i \sum_j S_{ij}{}^0 \Delta Q_{ij} - \sum_i S_i{}^0 \Delta Q_i \right) + \left(\sum_i \sum_j S_{ij}{}^0 \Delta Q_{ij} - \sum_j S_j{}^0 \Delta Q_j \right)$$
（一般增长效应）　　（市场效应）　　　（商品效应）

$$+ \left[\sum_i S_i{}^0 \Delta Q_i - S^0 \Delta Q - \left(\sum_i \sum_j S_{ij}{}^0 \Delta Q_{ij} - \sum_j S_j{}^0 \Delta Q_j \right) \right] + \Delta S Q^0$$
（结构交叉效应）　　（整体竞争力效应）

$$+ \left(\sum_i \sum_j \Delta S_{ij} Q_{ij} - \Delta S Q^0 \right) + \left(\frac{Q^t}{Q^0} - 1 \right) \sum_i \sum_j \Delta S_{ij} Q_{ij}{}^0$$
（具体竞争力效应）　　　（净交叉效应）

$$+ \left[\sum_i \sum_j \Delta Q_{ij} S_{ij} - \left(\frac{Q^t}{Q^0} - 1 \right) \sum_i \sum_j \Delta S_{ij} Q_{ij}{}^0 \right]$$
（动态交叉效应）　　　　　　　　　　　　　（5.2）

符号说明如下：

S：表示一个国家（地区）某产品在目标市场上的出口额和进口额的比率。

S_i：一个国家（地区）的产品 i 的出口额在目标市场 i 产品的进口额的比率。

S_j：一个国家（地区）出口商品的出口额在目标市场 j 的全部进口额的比率。

S_{ij}：一个国家（地区）的目标市场 j 中产品 i 的出口额是目标市场 j 全部 i 产品进口额的比率。

Q：一个国家（地区）的某个产品出口额。

Q：目标市场的进口额。

Q_i：目标市场产品 i 的进口额。

Q_j：目标市场 j 的进口额。

Q_{ij}：目标市场 j 对产品 i 的进口额。

Δ：从观察期到基期结束的变化量。

上标 0 代表期，下标 i 和 j 分别代表出口的商品品类和地区。

$$\sum_i \sum_j S_{ij}{}^0 \Delta Q_{ij} = S^0 \Delta Q + \left(\sum_i \sum_j S_{ij}{}^0 \Delta Q_{ij} - \sum_i S_i{}^0 \Delta Q_i \right) + \left(\sum_i \sum_j S_{ij}{}^0 \Delta Q_{ij} - \sum_j S_j{}^0 \Delta Q_j \right) + \left[\sum_i S_i{}^0 \Delta Q_i - S^0 \Delta Q - \left(\sum_i \sum_j S_{ij}{}^0 \Delta Q_{ij} - \sum_j S_{ij}{}^0 \Delta Q_{ij} \right) \right]$$

（结构效应）

$S^0 \Delta Q$ (增长效应)：假设一个国家（地区）商品在目标市场的出口占比不变，目标市场的进口规模变化而导致的一个国家（地区）出口额的变化。

$\left(\sum_i \sum_j S_{ij}{}^0 \Delta Q_{ij} - \sum_i S_i{}^0 \Delta Q_i \right)$ (市场效应)：假设一国（地区）产品的出口占比不变，一个国家（地区）的商品在不同的目标市场出口的分布所占比重变化带来的出口额的变化。它反映了一国（地区）出口市场分布与进口需求增长较快市场之间的匹配程度。如果该值为正值，表示出口国（地区）比目标市场更集中地向快速增长的市场出口该商品；如果该值为负值，表示出口国（地区）比目标市场更集中地向增速缓慢的市场出口该商品。

$\left(\sum_i \sum_j S_{ij}{}^0 \Delta Q_{ij} - \sum_j S_j{}^0 \Delta Q_j \right)$ (产品效应)：假设一个国家（地区）产品的出口占比不变，一个国家（地区）出口不同品类的产品在目标市场所占比重变化导致该国（地区）出口额的变化。它反映了一国（地区）出口产品与目标市场进口增长较快产品之间的匹配程度。如果该值为正值，表示出口国（地区）对世界市场或地区出口时，能更集中地出口快速增长的产品；如果该值为负值，表示一个国家（地区）比世界更集中地出口慢速增长的商品；

$\left[\sum_i S_i{}^0 \Delta Q_i - S^0 \Delta Q - \left(\sum_i \sum_j S_{ij}{}^0 \Delta Q_{ij} - \sum_j S_{ij}{}^0 \Delta Q_{ij} \right) \right]$ (结构交叉效应)：假设出口国（地区）在目标市场的出口份额以及目标市场的进口份额保持不变，由于具体商品效应和出口市场效应之间产生交叉作用，导致出口额波动。结构交叉效应的影响只是商品效应和市场效应的修正值。

$$\sum_i \sum_j Q_{ij}{}^0 \Delta S_{ij} = \Delta S Q^0 + \left(\sum_i \sum_j \Delta S_{ij} Q_{ij}{}^0 - \Delta S Q^0 \right) \quad （竞争力效应）$$

ΔSQ^0（整体竞争力）：假设目标市场进口规模不变，出口在市场的整体竞争力（份额）的变动而引起市场份额变动导致出口额变动，就是对出口增加的贡献程度。如果该值为正值，表示一个国家（地区）的出口额及出口比重会增加，反之相反。

$(\sum\limits_{i} \sum\limits_{j} \Delta S_{ij} Q_{ij}{}^0 - \Delta SQ^0)$（具体竞争力）：假设目标市场的进口规模以及进口结构不变，在目标市场上，一个国家（地区）出口中不同的商品占有率变化导致出口额的变化。若该值为正，意味着这一国家（地区）正在大量出口占有率高、增长速度快的商品，商品的出口结构在未来的趋势变化会对该商品出口有推动作用；若该值为负则表示不适应。

$$\sum\limits_{i} \sum\limits_{j} \Delta Q_{ij} \Delta S_{ij} = \left(\frac{Q^t}{Q^0} - 1\right) \sum\limits_{i} \sum\limits_{j} \Delta S_{ij} Q_{ij}{}^0 + \left[\sum\limits_{i} \sum\limits_{j} \Delta Q_{ij} \Delta S_{ij} - \left(\frac{Q^t}{Q^0} - 1\right) \sum\limits_{i} \sum\limits_{j} \Delta S_{ij} \Delta Q_{ij}{}^0 \right]（交叉效应）$$

$\left(\frac{Q^t}{Q^0} - 1\right) \sum\limits_{i} \sum\limits_{j} \Delta S_{ij} Q_{ij}{}^0$（净交叉效应）：假设目标市场产品的需求结构不变，一个国家（地区）出口份额的变化与目标市场进口规模的变化交互作用导致一个国家（地区）的出口额变化。如果变化为正值，表示出口国（地区）商品出口比重是适应世界出口水平的变化；如果为负值，则表示不适应。

$\left[\sum\limits_{i} \sum\limits_{j} \Delta Q_{ij} \Delta S_{ij} - \left(\frac{Q^t}{Q^0} - 1\right) \sum\limits_{i} \sum\limits_{j} \Delta S_{ij} \Delta Q_{ij}{}^0 \right]$（动态交叉效应）：一国（地区）对目标市场的产品出口结构变化和目标市场进口结构变化交互作用引起出口额的变化。如果该值为正，则说明一个国家（地区）的产品在目标市场上的出口比重增加较快，反之相反。

经过修正完善后的 CMS 两阶分解模型在国内、国际上已经被广泛应用。本书也将通过该模型分析中国 ICT 产品出口 RCEP 国家的影响因素。

5.3 数据说明

本书采用 CMS 模型进行研究时，所采用的数据均来源于 UNCTADSTAT 数据库，ICT 产品范围的界定参考 UNCTADSTAT 数据库分类标准，将 ICT 产品分为计算机及外围设备、通信设备、消费性电子产品、电子元件及杂项五种。

基于数据的可获得性以及完整性，本书所研究的数据样本周期选取了 2000 年至 2020 年，包括了 RCEP 其他 14 个国家和中国的 ICT 产品进出口贸易数据。为了分析不同时期中国 ICT 产品出口额变化与影响因素的关系，在划分时间段时，本书根据上一章的分析，将 2000—2020 年分为三个阶段，即跟随、突破阶段（2000—2005 年）、调整、变革阶段（2006—2013 年）和稳步增长阶段（2014—2020 年）。

5.4 实证分析

5.4.1 第一阶分解结果和分析

把数据代入公式（5.1），从结构效应、竞争力效应以及交叉效应三个维度，分阶段分析中国 ICT 产品出口的影响因素，分析结果见表 5-1。

表 5-1 CMS 模型一阶测算结果

变量	第一阶段：2000—2005 年		第二阶段：2006—2013 年		第三阶段：2014—2020 年	
	增加额/亿美元	贡献率/%	增加额/亿美元	贡献率/%	增加额/亿美元	贡献率/%
结构效应	64.63	18.41	501.23	71.93	505.13	103.35
竞争力效应	398.46	113.53	471.12	67.65	75.97	15.54
交叉效应	−112.15	−31.95	−275.54	−39.62	−92.35	−18.9
增长总额	350.95	100	696.40	100	488.75	100

数据来源：笔者计算整理。

从表 5-1 可以看出，2000—2020 年中国向 RCEP 国家 ICT 产品出口的增长做第一阶分解。从整体来看，近 20 年来在影响中国 ICT 产品出口的三种效应交互作用下，整体拉动出口总额增长了 1 536.1 亿美元。其中结构效应拉动中国 ICT 产品出口增长 1 071 亿美元，其出口贡献率在第一阶段为 18.41%，第二阶段增长至 71.93%，到第三阶段跃升为 103.35%。这意味着出口结构效应在中国对 RCEP 国家 ICT 产品出口增长中产生了积极重要的作用，并在第二阶段取代竞争力效应成为拉动中国 ICT 产品出口增长的主要因素。与之相反，竞争力效应则整体呈现一种快速下降趋势，从第一阶段拉动中国 ICT 产品出口增加 398.46 亿美元，增长贡献率为 113.53%，在出口增长中占据绝对主导地位，下降到第三阶段的 75.97 亿美元，其增长贡献率仅为 15.54%。尽管近年来中国 ICT 产品的竞争力整体呈现一种快速下降趋势，但也不能就此忽视竞争力效应在中国 ICT 产品出口增长中所发挥的重要作用，它仍然是拉动中国 ICT 产品出口增加的重要影响因素。与结构效应和竞争力效应不同，交互效应在三个阶段都阻碍了中国对 RCEP 国家 ICT 产品的出口，交叉效应对中国 ICT 产品出口增长的贡献率在第一阶段为 -31.95%，在第二阶段持续下降至 -39.62%，在第三阶段缓慢回升至 -18.9%。由此可以看出，它对出口额的负向影响也有所降低，从阻碍出口 112.15 亿美元，减少至第三期的 92.35 亿美元。这是由于在 ICT 产品竞争力效应缩小了的市场中的份额有所提高而导致交叉效应为负。通过以上分析，中国对 RCEP 国家 ICT 产品的结构效应的贡献度呈现快速增长趋势，说明出口对象国的需求呈现快速增长趋势逐渐转变成拉动中国 ICT 产品出口的主要因素。与之相反，中国对 RCEP 国家 ICT 产品的出口竞争力效应的贡献度越来越低，说明虽然中国 ICT 产品在 RCEP 市场上具有一定的竞争优势，但这种竞争优势是没有持续性的，这也暗示了中国出口的 ICT 产品不具备核心竞争力。

中国对 RCEP 国家 ICT 产品出口增长一阶分解结果见图 5-2。

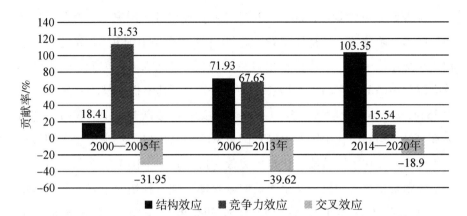

图 5-2　中国对 RCEP 国家 ICT 产品出口增长一阶分解结果

数据来源：笔者计算整理。

5.4.1.1　跟随、突破阶段（2000—2005 年）

在跟随、突破阶段（2000—2005 年），中国以加入 WTO 为契机，ICT 产业实现跨越式发展，结构效应、竞争力效应与交叉效应交互拉动中国对 RCEP 国家的 ICT 产品出口额从 2000 年的 107.18 亿美元增加到 2005 年的 458.12 亿美元，增长了 4 倍多，贡献了 350.9 亿美元的增幅。其中结构效应、竞争力效应表现为正向拉动作用，而交叉效应则产生负向阻碍作用。这一时期的竞争力效应是中国 ICT 产品出口贸易增长的绝对主要因素，带动出口增长 398.46 亿美元，对中国 ICT 产品出口 RCEP 国家出口增长贡献率达到了 113.53%。结构效应拉动出口增加 43.82 亿美元，出口贡献率为 18.41%。相反，交叉效应阻碍出口 112.15 亿美元，其对出口的贡献率为 −31.95%，说明中国的 ICT 产品出口对 RCEP 的市场变化还不适应，处于一个相互磨合的过程中。从以上分析可以看出，这一时期竞争力效应是中国 ICT 产品出口增加的绝对主要因素，RCEP 市场的 ICT 需求扩大也一定程度上拉动了中国 ICT 产品的出口增加，这说明中国在 2001 年加入 WTO 后，中国的招商引资等优惠政策以及巨大的人口红利，促使美国和日本将 ICT 产品的生产重心逐渐转移到中国，极大地促进了信息技术产业的发展，也降低了其产品成本，出口竞争力大大提高。

中国对 RCEP 国家 ICT 产品出口增长一阶第一阶段分解结果见图 5-3。

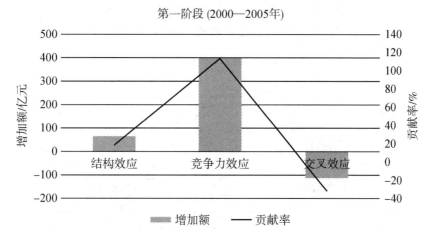

第一阶段 (2000—2005年)

图 5-3　中国对 RCEP 国家 ICT 产品出口增长一阶第一阶段分解结果
数据来源：笔者计算整理。

5.4.1.2　调整、变革阶段（2006—2013 年）

在调整、变革阶段（2006—2013 年），受国际金融危机影响，各国经济增长放缓，国内产业结构发生一定程度的变动，使中国原有的出口竞争优势下挫，中国 ICT 产品出口比第一阶段出口增速有所放缓，ICT 产业进入结构调整阶段。具体来看，中国 ICT 产品出口从 2006 年的 541.08 亿美元增加到 2013 年的 1 154 亿美元，7 年间增加了 696.4 亿美元。在此期间，结构效应贡献率由第一阶段的 18.41% 猛增至第二阶段的 71.93%，出口增加额达到了 501.23 亿美元，成为这一阶段拉动 ICT 产品出口的最重要因素。与此同时，竞争力效应的出口贡献率则快速下降，从第一阶段的 113.53% 下降到第二阶段的 67.65%，被同期的结构效应反超。尽管竞争力效应的贡献率下降迅猛，但仍拉动中国 ICT 产品出口额增加 471.12 亿美元，是影响中国 ICT 产品出口的重要影响因素。交叉效应的出口贡献率负向效果比第一阶段小幅扩大到-39.62%，这一时期 RCEP 市场对 ICT 产品的需求扩大成为中国 ICT 产品出口增长的最主要因素。结构效应成为在此期间拉动中国 ICT 产品出口增长的主要因素，这主要是在 2006 年国际电信联盟 ITU（The International Telecommunication Union）提出了全球 ICT 均衡发展目标，采取全球或地区性措施支持发展中国家的通信事业建设，特别是向不发达国家及封闭的岛屿国家进行 ICT 支援建设，使得 RCEP 市场对 ICT 产品的需求猛增，因此在第二阶段的结构效应也就是 RCEP 国家的进口需求增长，成为拉动中国 ICT 产品出口的一个主要因素。

中国对 RCEP 国家 ICT 产品出口增长一阶第二阶段分解结果见图 5-4。

第二阶段 (2006—2013年)

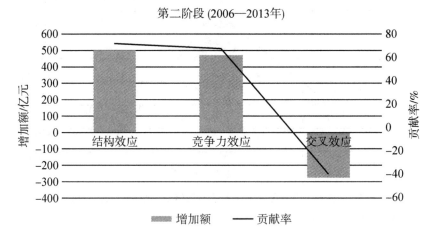

图 5-4　中国对 RCEP 国家 ICT 产品出口增长一阶第二阶段分解结果

数据来源：笔者计算整理。

5.4.1.3　稳步增长阶段（2014—2020 年）

在稳步增长阶段（2014—2020 年），中国 ICT 产业的发展进入了一个相对平稳的阶段。中国对 RCEP 国家 ICT 产品出口从 2014 年的 1 217 亿美元增加到 2020 年的 1 643 亿美元。在这一阶段的出口效应中，结构效应的贡献率增长至 103.35%，拉动出口增加了 505.13 亿美元，占据中国 ICT 出口增长的重要地位，说明了这一阶段 RCEP 市场对 ICT 产品进口需求的增长是拉动中国 ICT 产品出口增长的最重要因素。竞争力效应持续了第二阶段的大幅下跌趋势，其对 ICT 产品的出口贡献率下降至 15.54%，比第二阶段下降超过 40 个百分点，拉动中国 ICT 产品出口增加额为 75.97 亿美元。究其原因，是在此期间全球供应链发生了一定程度变动，受贸易战、疫情等影响，中国在 RCEP 市场 ICT 产品出口中的地位受到一定冲击，降低了中国 ICT 产品的出口竞争力。这一阶段的交叉效应较前期的不利影响有所改善，负面效应降低至 18.9%。这说明中国出口结构随着市场变化有所调整，但效果仍然不理想，依旧制约着中国 ICT 产品的出口增长。

中国对 RCEP 国家 ICT 产品出口增长一阶第三阶段分解结果见图 5-5。

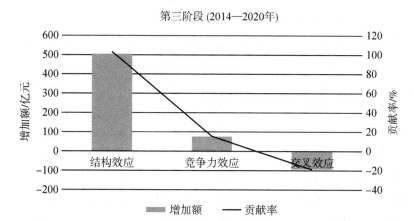

第三阶段 (2014—2020年)

图 5-5　中国对 RCEP 国家 ICT 产品出口增长一阶第三阶段分解结果
数据来源：笔者计算整理。

5.4.2　第二阶分解结果及分析

根据二阶 CMS 模型，在第一阶分解的基础上，本书将结构效应分解为增长效应、国别结构效应、产品结构效应以及需求结构交差效应；将竞争力效应进一步分解为整体竞争力效应、具体竞争力效应，将交叉效应分解为净交叉效应和动态交叉效应，分三个阶段对影响中国 ICT 产品出口的因素进行了测算。结果如表 5-2 所示。

表 5-2　CMS 模型二阶分解结果

变量	第一阶段：2000—2005 年		第二阶段：2006—2013 年		第三阶段：2014—2020 年	
	增加额/亿美元	贡献率/%	增加额/亿美元	贡献率/%	增加额/亿美元	贡献率/%
增长效应	21.14	6.02	349.92	50.25	350.78	71.77
国别结构效应	16.15	4.6	176.6	25.36	195.06	39.91
产品结构效应	23.63	6.73	−4.43	−0.64	89.57	18.33
需求结构交叉效应	3.71	1.06	−20.86	−3	−130.28	−26.66
整体竞争力效应	333.67	95.79	361.23	51.87	133.62	27.34
具体竞争力效应	64.79	18.46	109.89	15.78	−57.65	−11.8
净交叉效应	−11.03	−3.14	2.55	0.37	8.13	1.66
动态交叉效应	−101.12	−28.81	−278.49	−39.99	−100.48	−20.56
总额	350.94	100	696.40	100	488.75	100

数据来源：笔者计算整理。

5.4.2.1 结构效应二阶分解

增长效应反映了进口国 ICT 产品市场需求规模的扩大对中国 ICT 产品出口额的拉动作用。从 2000 年到 2020 年,中国对 RCEP 国家 ICT 产品出口增长效应的贡献率在三个阶段都呈现正向效用,其对中国对 RCEP 国家 ICT 产品出口增加的贡献率分别达到了 6.02%、50.25% 和 71.77%,呈现出快速增长的趋势,反映了 RCEP 国家对 ICT 进口规模的增大极大程度地拉动了中国对 RCEP 市场 ICT 产品出口的增长,并且在第三阶段成为拉动中国对 RCEP 市场 ICT 产品出口增长的关键性因素。其在三个阶段内整体拉动中国对 RCEP 国家 ICT 产品出口增加 721.84 亿美元,由第一阶段的 21.14 亿美元增长到第二阶段的 349.92 亿美元,第三阶段也拉动出口增长 350.78 亿美元。即中国 ICT 产品出口依靠 RCEP 市场 ICT 产品进口规模的快速增长而快速增加,是中国 ICT 产品出口增长的绝对主要因素。

国别结构效应反映了中国出口 ICT 产品是否集中在 RCEP 市场进口增速较快的国家上。国别结构效应增长的贡献率在三个阶段均为正值并呈现稳定增长态势,第一阶段为 4.6%,数值较小,对出口的拉动作用也不明显,但到第二阶段就快速增长到 25.36%,并持续稳步增长到第三阶段的 39.91%,其拉动中国 ICT 产品出口由 16.15 亿美元增长到第二阶段的 176.6 亿美元,第三阶段出口增加额有所放缓,为 195.06 亿美元,说明中国 ICT 产品的出口基本适应了 RCEP 市场进口需求的变化,出口国家结构分布比较合理,出口能主要集中在需求增长较快的国家。国别结构效应贡献率的稳步增长说明,中国产品出口市场的调整能力逐步提升,其拉动出口增长潜力还有一定的提升空间。

产品结构效应反映了中国出口 ICT 品种是否集中在 RCEP 市场进口增速较快的 ICT 品种上。从分析结果来看,三个阶段产品结构效应的贡献率呈下降再上升的产品结构调整趋势。其中,第一阶段的贡献率为 6.73%,数值不大,说明对产品出口的促进作用还不明显。第二阶段为 -0.64%,使中国 ICT 产品出口增加额由第一阶段的 23.63 亿美元到第二阶段的出口额减少 4.43 亿美元,说明中国 ICT 产品出口结构不太符合 RCEP 市场对 ICT 产品的需求,表明中国出口 RCEP 国家的 ICT 产品主要集中在那些市场需求增长慢于平均增长的产品上。但经过一定的调整后,到第三阶段出口贡献率为 18.33%,拉动中国出口增加 89.57 亿美元,表明中国 ICT 产品出口已经逐渐向 RCEP 市场进口快速增长的 ICT 产品靠拢,逐渐适应了进口需求结构的变化，成为促进中国 ICT 产品出口增长的重要影响因素。在过去的 21 年里，中国 ICT 产品出口总额大幅增加，产品结构效应对中国 ICT 产品出口的促进作用不一。

需求结构交叉效应呈现整体下降趋势，只有在第一阶段对中国 ICT 产品出口呈正向拉动作用，其出口增长贡献率为 1.06%，第二阶段需求结构交叉效应转化为负向抑制作用，负向的作用力度持续增强到第三阶段，其出口贡献率为 -26.66%，阻碍了中国 ICT 产品的出口增长，一定程度上抵消了其他正向因素的积极促进作用，并成为抑制中国 ICT 产品出口增长的最大因素。这说明中国 ICT 产品出口难以适应进口国别需求和产品需求的同时变动带来的影响。

根据具体的进出口统计数据，RCEP 国家对电子元件的需求量大，占 ICT 产品进口总量的 52%，而中国对 RCEP 国家的电子元件出口占比不足 1/5，仅占 17%。这说明中国尚未完全掌握 RCEP 国家对 ICT 产品的需求结构特征。今后 ICT 产品的出口重点应转移到电子元件上，加大对电子元件的开发创新，以增加其市场竞争力，并以此不断优化调整 ICT 产品的出口结构，以适应 RCEP 市场的需求结构特征。

结构效应二阶分解见图 5-6。

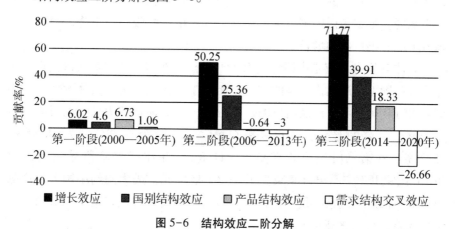

图 5-6　结构效应二阶分解

数据来源：笔者计算整理。

5.4.2.2　竞争力效应二阶分解

对中国 ICT 产品出口的研究，不仅要分析中国 ICT 产业出口结构变化带来的影响，还应该分析竞争力效应里的整体竞争力效应和具体竞争力效应。模型竞争力效应的分解结果如图 5-7 所示，2000—2020 年三个阶段的整体竞争力效应均为正值，并且是影响竞争力效应对出口增长贡献率的主要因素，但同时其对中国 ICT 产品出口的贡献率呈现快速下跌趋势。具体竞争力效应也呈现整体下降趋势，第一、二阶段的正向效应在第三阶段转变为抑制中国 ICT 产品出口的负面因素。

整体竞争力效应反映了中国 ICT 产品整体竞争力变化导致的中国 ICT 产品出口额变动。在过去 21 年里，中国对 RCEP 国家 ICT 产品出口的竞争力效应的贡献率在三个阶段均为正值的同时呈断崖式下降趋势，意味着中国对 RCEP 国家 ICT 产品出口的整体市场份额快速下降。其在第一阶段的出口贡献率为 95.79%，占据出口增长首要地位，说明在此期间中国出口的 ICT 产品还是比较受消费者青睐和市场肯定的，占据了相当可观的市场份额。到第二阶段，其出口贡献率降低至 51.87%，而在第三阶段仅为 27.34%，21 年间降低了近 70 个百分点。受整体竞争力的影响，中国对 RCEP 国家 ICT 产品的出口增加额从第一阶段的 333.67 亿美元下降超过 300 亿美元，到第三阶段竞争力效应出口增加额仅为 27.34 亿美元。虽然整体竞争力效应对中国 ICT 产品的出口增长仍有促进作用，但作用力度明显小于以往，表明中国 ICT 产品在 RCEP 市场中的出口贡献率不断下降，在此期间世界贸易的不确定性使得中国 ICT 产业在 RCEP 市场的竞争力进一步减弱，也就是说中国 ICT 产品在 RCEP 市场的吸引力下降，制约了中国 ICT 产品出口额的增长。

具体竞争力效应是中国特定 ICT 产品出口在 RCEP 市场所占比重的变化导致中国 ICT 产品出口额的变化。相较于整体竞争力，具体竞争力对中国对 RCEP 国家 ICT 产品出口的作用较小，且具体竞争力效应的贡献率也呈现整体下降的趋势，其贡献率在第一、二两个阶段分别为 18.46%、15.78%，在第三阶段由正转负为 -11.8%，并在第三阶段导致中国对 RCEP 国家 ICT 产品出口额减少了 57.65 亿美元，成为制约中国 ICT 产品出口的负向影响因素，说明出口竞争力的结构变化与出口对象国进口需求结构的差异呈现逐渐扩大趋势。

以上结果表明，整体竞争力与具体竞争力的贡献率双双呈现下降的趋势，意味着中国对 RCEP 国家 ICT 产品出口的整体市场份额下降，说明中国某些 ICT 产品特定品类的产品市场占有率不高。尤其是第三阶段的特别竞争力效应由正转负，说明中国 ICT 产品出口竞争力的结构变化还没有适应 RCEP 市场需求的变化，与需求结构的差距越来越大，制约了中国 ICT

产品的出口，从而对竞争力的提高造成了负面影响，并且这种趋势还在不断增强。

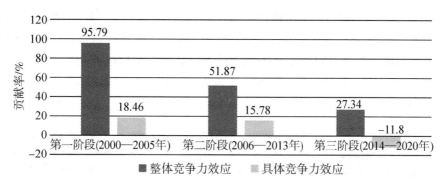

图 5-7　竞争力效应二阶分解

数据来源：笔者计算整理。

5.4.2.3　交叉效应二阶分解

为精确把握中国 ICT 产品出口增长原因，还需要我们进一步考察交叉效应的内部构成。

净交叉效应是中国出口 ICT 产品在 RCEP 市场所占比率变化和 RCEP 国家 ICT 产品进口规模的变化相互作用，导致中国 ICT 产品出口额的变化。在整个样本期间，净交叉效应的贡献率在第一阶段为-3.14%，导致中国 ICT 产品出口减少 11.03 亿美元，显示在此期间中国 ICT 产品出口竞争力的变化未能适应 RCEP 国家总体进口规模的变动。但从第二阶段开始，中国 ICT 产品竞争力逐渐适应了 RCEP 国家市场规模的调整，净交互效应的贡献率也有所好转，依次提升为第二、三阶段的 0.37% 和 1.66%。从而在第二阶段拉动中国对 RCEP 国家 ICT 产品出口额增加了 2.55 亿美元，在第三阶段持续促进中国 ICT 产品出口额增加了 8.13 亿美元，尽管增幅不大，但也表现出了持续扩大增长的趋势，表明出口竞争力变动逐渐与 RCEP 国家进口增长规模的快速变化方向匹配。

动态交叉效应是中国 ICT 产品在 RCEP 市场增长较快的产品上所占市场比重的变化与 RCEP 市场 ICT 产品需求结构的变化相互作用，导致中国 ICT 产品出口额的变化。动态结构效应的贡献率在三个阶段均呈现较强负向抑制效果，是制约中国 ICT 产品出口的主要因素。其中，动态效应在第一阶段引起中国对 RCEP 国家 ICT 产品出口减少 101.12 亿美元，其对出口额增长的贡献率为-28.81%。动态交叉效应在第二阶段对出口额增长的贡献率为-39.99%，导致中国 ICT 产品出口额减少了 278.49 亿美元，到了第三阶段，动态交叉效应贡献率回调至-20.56%，致使出口减少 100.48 亿美元。动态交叉效应在三个阶段都呈现较大的负向效应。负向的动态交叉效应表明中国在发展较慢的 ICT 产品市场中的出口份额增长较快。即中国 ICT 产品出口竞争力的变动还不能适应 RCEP 需求结构的变化，在需求增长较快的国家，中国 ICT 产品的出口市场份额快速减少。

交叉效应二阶分解见图 5-8。

图 5-8 交叉效应二阶分解

数据来源：笔者计算整理。

5.3.3 不同产品、国家分解结果及分析

为更进一步剖析中国对 RCEP 国家 ICT 产品出口的影响因素，本节分别从不同产品以及国家的角度对结构效应、竞争力效应以及交叉效应进行更深层次的分解。

5.3.3.1 不同产品、国家 ICT 出口结构效应分析

（1）不同产品结构效应分析

随着国际金融危机的爆发，RCEP 市场对 ICT 产品的需求结构发生了巨大的变化。在所有三个阶段中，计算机及外围设备、通信设备以及电子消费品的结构效应都为正值，不同的是计算机及外围设备和电子消费品对中国 ICT 产品出口 RCEP 国家结构效应的贡献率呈现下跌趋势，而通信设备的贡献率则呈现持续增长趋势。电子元件在第一阶段的结构效应为负值，在第二、三阶段转负为正，并呈现快速增长趋势。杂项在第一阶段以 37.26% 的出口贡献率成为结构效应增长额最多的产品品类，第二阶段拉低整体结构效应的贡献率，但在第三阶段又转负为正。

在第一阶段，除了电子元件外，其他品类的产品进口增长对中国 ICT 产品的出口增长均产生了正向促进作用，其中贡献率最高的是杂项，为37.26%，其次是计算机及外围设备，分别为 31.41% 和 30.58%，通信设备仅占 6.3%，说明 RCEP 国家对杂项以及计算机及外围设备有着巨大的市场需求。与其他产品不同，电子元件则对中国 ICT 产品的出口增长产生了负向作用，其贡献率为 -5.55%，但由于 ICT 产业的规模效应正向作用较大，抵消了电子元件产生的负向效应，使整体 ICT 产品在第一阶段的结构效应依然为正值。第二阶段，RCEP 市场电子元件出口贡献率由负转正，并且成为对整体 ICT 产品出口增长结构效应贡献最大的产品，占到了46.06%，其次是通信设备占据了 36.22% 的贡献率，而其他三类商品均呈现大幅下跌趋势，说明此阶段 RCEP 市场需求处于快速调整中。在第三阶段，RCEP 市场对通信设备的需求增长持续刺激中国通信设备的出口增长，对整体 ICT 产品出口结构规模效应的贡献为 56.22%，其次是电子元件较第二阶段又有所下降，出口贡献率为 27.21%，其他三类产品的贡献率均不足 10%，对中国整体 ICT 产品出口的影响不大。从 2000—2020 年的整体情况来看，通信设备对 ICT 产品出口增长规模效应的贡献最大，占到了98.74%，其次是电子元件、计算机及外围设备，分别占到 67.72%、52.69%，杂项与消费性电子产品的贡献率相似，分别只有 41.04%、40.42%，说明 RCEP 市场对通信设备和电子元件进口规模的扩大在中国 ICT 产品出口增长的规模结构效应中起到了主要作用，分别有 98.74%、67.72% 得益于 RCEP 市场通信设备和电子元件进口规模的持续扩大。

ICT 产品层的结构效应见表 5-3。

表 5-3 ICT 产品层的结构效应

变量	第一阶段：2000—2005 年		第二阶段：2006—2013 年		第三阶段：2014—2020 年	
	增加额/亿美元	贡献率/%	增加额/亿美元	贡献率/%	增加额/亿美元	贡献率/%
计算机及外围设备	20.30	31.41	63.84	12.74	40.12	7.94
通信设备	4.07	6.30	181.52	36.22	283.96	56.22
消费性电子产品	19.77	30.58	29.51	5.89	19.94	3.95
电子元件	-3.59	-5.55	230.87	46.06	137.46	27.21

表5-3(续)

变量	第一阶段：2000—2005 年		第二阶段：2006—2013 年		第三阶段：2014—2020 年	
	增加额/亿美元	贡献率/%	增加额/亿美元	贡献率/%	增加额/亿美元	贡献率/%
杂项	24.08	37.26	-4.52	-0.90	23.64	4.68
合计	64.63	100.00	501.23	100.00	505.13	100.00

数据来源：笔者计算整理。

（2）不同国家结构效应分析

从 2000—2020 年的国家层结构效应的整体情况来看，对中国 ICT 产品出口增长结构效应贡献份额较大的市场是韩国与日本，分别占到 81.2% 和 71.88%。其次是新兴市场越南，其出口贡献率为 40.68%。这说明中国对 RCEP 市场 ICT 产品出口结构效应的增长集中在这几个国家的需求增长上。

把 2000—2020 年划分为三个阶段后可以看出来，在第一阶段，对中国 ICT 产品出口增长整体规模结构效应贡献份额较大的是日本（62.36%），其次是马来西亚（21.71%）与韩国（20.43%），而文莱、缅甸、新加坡市场的贡献份额为负，意味着其市场需求相对疲软以及中国对其出口预期（进口需求）结构有所不适应。剩下的其他市场的出口贡献率均不足 10%，对结构效应贡献相对较小。在第二阶段，对中国 ICT 产品出口结构效应贡献份额超过 10% 的市场有新加坡（51.58%）、印度尼西亚（11.68%）以及越南（10.89%），菲律宾是唯一的贡献率为负值的国家，其贡献率为 -0.27%，其他市场的贡献份额则较小，对出口增长的促进作用较小。在第三阶段，对中国 ICT 产品出口增长整体规模结构效应贡献份额最大的市场是韩国，占据 51.62%，其次是越南，占据 28.1%，说明两国具有强劲增长的市场规模。文莱、老挝市场的贡献份额则为负值，这可能是其市场经济发展规模较小，导致其市场 ICT 产品进口增长较慢，对中国 ICT 产品的出口增长产生了负向作用。

不同国家结构效应见表 5-4。

表 5-4　不同国家结构效应

结构效应	第一阶段: 2000—2005 年		第二阶段: 2006—2013 年		第三阶段: 2014—2020 年	
	增加额 /亿美元	贡献率/%	增加额 /亿美元	贡献率/%	增加额 /亿美元	贡献率/%
澳大利亚	6.31	9.76	10.88	2.17	9.22	1.83
文莱	-0.09	-0.14	0.20	0.04	-0.04	-0.01
柬埔寨	0.10	0.16	0.78	0.16	1.79	0.36
印度尼西亚	2.57	3.98	58.55	11.68	1.52	0.30
日本	40.30	62.36	45.37	9.05	2.36	0.47
韩国	13.20	20.43	45.84	9.15	260.73	51.62
老挝	0.00	0.00	0.73	0.15	-1.11	-0.22
马来西亚	14.03	21.71	7.45	1.49	2.21	0.44
缅甸	-0.24	-0.37	2.79	0.56	37.42	7.41
新西兰	0.80	1.24	1.32	0.26	0.24	0.05
菲律宾	1.14	1.76	-1.34	-0.27	23.94	4.74
新加坡	-20.52	-31.7	258.53	51.58	19.79	3.92
泰国	5.93	9.18	15.55	3.10	5.12	1.01
越南	1.09	1.69	54.57	10.89	141.93	28.10
合计	64.63	100.00	501.23	100.00	505.13	100.00

数据来源:笔者计算整理。

5.3.3.2　不同产品、国家出口竞争力效应分析

（1）不同产品竞争力效应分析

从整体上看,在三个阶段中的五类产品的竞争力效应对中国 ICT 产品出口表现为正向作用,只有通信设备在第三阶段以及杂项在第二阶段显示为负值。

第一阶段,从整体来看,所有类别的产品出口竞争力效应的贡献率均为正。这一特征主要归因于中国 ICT 产品出口份额的变化能较好地适应 RCEP 市场进口需求的变化。其中,计算机及外围设备以及电子元件出口竞争力效应的贡献份额占据了 45.61% 以及 33.74%,其他产品的出口竞争力贡献份额均不足 10%。第二阶段,通信设备对竞争力贡献份额为 50.14%,超过其他所有品类产品出口竞争力贡献的总和,促进中国 ICT 产

品增加 236.22 亿美元，成为在此期间维持中国 ICT 产品出口竞争力贡献份额的关键因素。在其他产品中，计算机及外围设备、电子元件的贡献率虽然为正，但较第二阶段呈现快速下降趋势，而杂项在这一阶段的贡献率为负。以上几种产品出口竞争力的快速下降是导致此阶段竞争力效应下降的主要因素。第三阶段，通信设备出口竞争力由正转负，其贡献率为-218.1%，是此期间中国 ICT 产品出口竞争力下降的主要因素，也对中国 ICT 产品出口增长构成极大阻碍。究其原因，在这一阶段，中美贸易纷争造成世界市场的不稳定性增加，导致 RCEP 市场对中国通信设备的需求减少，尤其是某些特定国家的通信设备进口禁令，导致中国通信设备出口竞争力大幅降低。同期，随着中国高新技术企业的快速发展，电子元件出口竞争力效应快速提升，逐渐成为影响中国 ICT 产品出口竞争力增长的主要因素，占据了 ICT 产品出口贡献份额的 263.27%（200/75.97=2.63），拉动出口增长200 亿美元，在一定程度上抵消了 RCEP 市场对通信设备需求下降带来的损失。计算机及外围设备的出口贡献率回升至 51.43%，其他产品的贡献率相对较小，对竞争力的变化影响不大。

中国对 RCEP 国家不同阶段不同产品的竞争力效应见表 5-5。

表 5-5 中国对 RCEP 国家不同阶段不同产品的竞争力效应

变量	第一阶段：2000—2005 年		第二阶段：2006—2013 年		第三阶段：2014—2020 年	
	增加额/亿美元	贡献率/%	增加额/亿美元	贡献率/%	增加额/亿美元	贡献率/%
计算机及外围设备	181.75	45.61	121.78	25.85	39.07	51.43
通信设备	28.24	7.09	236.22	50.14	-165.71	-218.1
消费性电子产品	37.16	9.33	43.80	9.30	0.30	0.40
电子元件	134.45	33.74	92.49	19.63	200.00	263.27
杂项	16.85	4.23	-23.17	-4.92	2.30	3.03
合计	398.46	100.00	471.12	100.00	75.97	100.00

数据来源：笔者计算整理。

（2）不同国家竞争力效应分析

从 2000—2020 年不同国家的竞争力效应对中国 ICT 产品出口的影响来看，整体上中国 ICT 产品出口增长竞争力效应贡献率在不同国家的三个阶段有一定程度的变动，并整体呈现下降趋势。

在第一阶段，仅缅甸的出口贡献率为负，且数值不大，仅为-0.06%，其他 RCEP 国家对竞争力的出口贡献率均为正值，其中新加坡的竞争力效应贡献是 49.75%，占据了中国 ICT 产品出口增长的绝对主力地位。其次是日本（23.65%）和韩国（12.74%），而马来西亚、泰国、越南、澳大利亚等国家市场的贡献则相对较小，说明整体上中国对 RCEP 国家 ICT 产品的出口具备一定的竞争力，但是其作用程度不是很明显。在第二阶段，韩国、日本的出口贡献率明显上升，两个市场对中国 ICT 产品出口增长竞争力效应的贡献超过 75%，分别占到 51.69%、26.05%，其他国家对出口增长的整体贡献虽然不高，但整体呈现正向发展趋势。在此期间，只有新加坡从第一阶段的贡献份额最大下降到第二阶段的-5.31%，成为这一阶段最大的负面影响因素，意味着中国对新加坡 ICT 产品出口的整体市场占比大幅下滑。这可能是中国对 ICT 产业进行了一系列的提质升级，国内人工费用大幅提升，部分位于产业链低端的代工产业转移到东南亚，导致中国对新加坡市场的出口竞争力减弱。随着中国 ICT 产业技术日渐成熟，在第三阶段，新加坡以及越南、马来西亚、菲律宾、泰国等新兴市场对中国 ICT 产品出口竞争力效应的贡献大幅增长，占据较高的出口竞争力贡献份额，分别为 44.75%、115.93%、82.68%、41.86%、37.59%。与之相反，日、韩等传统市场的出口贡献率急剧下降至-33.2%、-243.20%，是第三阶段中国对 RCEP 国家 ICT 产品出口整体竞争力下降的主要因素。这可能是中国 ICT 技术日渐成熟，同质竞争日趋激烈以及中美贸易摩擦导致中国 ICT 产品在日、韩等市场的竞争力下滑。

中国对 RCEP 各个国家不同阶段的竞争力效应见表 5-6。

表 5-6　中国对 RCEP 各个国家不同阶段的竞争力效应

国家	第一阶段：2000—2005 年		第二阶段：2006—2013 年		第三阶段：2014—2020 年	
	增加额/亿美元	贡献率/%	增加额/亿美元	贡献率/%	增加额/亿美元	贡献率/%
澳大利亚	14.52	3.64	27.78	5.90	21.45	28.24
文莱	0.01	0.00	0.05	0.01	-0.25	-0.32
柬埔寨	0.02	0.01	1.10	0.23	5.03	6.63
印度尼西亚	1.04	0.26	7.49	1.59	21.94	28.88
日本	94.25	23.65	122.73	26.05	-25.22	-33.20

表5-6(续)

国家	第一阶段：2000—2005 年		第二阶段：2006—2013 年		第三阶段：2014—2020 年	
	增加额/亿美元	贡献率/%	增加额/亿美元	贡献率/%	增加额/亿美元	贡献率/%
韩国	50.75	12.74	243.51	51.69	−185.28	−243.90
老挝	0.00	0.00	1.36	0.29	3.00	3.95
马来西亚	20.38	5.12	30.90	6.56	62.81	82.68
缅甸	−0.24	−0.06	4.57	0.97	−10.08	−13.27
新西兰	1.20	0.30	2.62	0.56	0.15	0.19
菲律宾	8.73	2.19	21.85	4.64	31.80	41.86
新加坡	198.25	49.75	−25.03	−5.31	34.00	44.75
泰国	8.46	2.12	18.86	4.00	28.56	37.59
越南	1.07	0.27	13.32	2.83	88.07	115.93
合计	398.46	100.00	471.11	100.00	75.97	100.00

数据来源：笔者计算整理。

5.3.3.2 不同产品、国家出口交叉效应分析

（1）不同产品交叉效应分析

交叉效应反映了出口市场份额变动与进口需求波动的协调性。CMS 模型分析结果如表5-7所示，在第一阶段，通信设备和杂项出口增长的二阶交叉效应均为正值，说明其出口份额调整与 RCEP 市场进口需求波动的协调性较好，但数值不大，分别为 0.94% 和 3.51%，对整体交叉效应的贡献不大。而计算机及外围设备、电子消费品以及电子元件出口增长的交叉效应为负值。在此期间，中国通信设备和杂项对中国 ICT 产品出口的贡献率分别在其进口规模扩大了的市场中的份额有所提高，而其他类产品出口的贡献率则在其进口规模扩大了的市场中的份额有所下降。在第二阶段，只有杂项的贡献率为正，而计算机及外围设备、通信设备、电子消费品以及电子元件出口增长的二阶交叉效应都为负值，说明在此阶段计算机及外围设备、通信设备、电子消费品以及电子元件的出口分别在其进口规模扩大了的市场中的份额有所降低，与 RCEP 市场需求不匹配。在第三阶段，电子元件的出口贡献率由负转正，其贡献率达到 20.69%，拉动出口增长 19.11 亿美元，其他四类产品的出口增长交叉效应都为负值，说明在此阶

段除电子元件外的其他四类产品须调整其出口在其进口规模扩大了的市场中的份额，提高与 RCEP 市场需求的匹配度。从 2000—2020 年的整体情况来看，所有品类产品的交叉效应均为负值，通信设备是对 ICT 产品出口增长最大的阻碍因素，占到了 −112.23%，其次是电子元件，占据了 −104.09%，其他产品的交叉效应也均产生了不同程度的负向影响，说明中国 ICT 产品的出口分别在其进口规模扩大了的市场中旳份额有所降低，出口结构亟待调整。

表 5-7　中国对 RCEP 国家产品层交叉效应分解

变量	第一阶段：2000—2005 年		第二阶段：2006—2013 年		第三阶段：2014—2020 年	
	增加额/亿美元	贡献率/%	增加额/亿美元	贡献率/%	增加额/亿美元	贡献率/%
计算机及外围设备	−38.10	−33.97	−57.97	−21.04	−5.49	−5.95
通信设备	1.05	0.94	−50.23	−18.23	−87.68	−94.94
电子消费品	−2.91	−2.59	−15.39	−5.58	−9.74	−10.54
电子元件	−76.14	−67.89	−156.77	−56.89	19.11	20.69
杂项	3.94	3.51	4.81	1.75	−8.55	−9.26
合计	−112.15	100.00	−275.55	100.00	−92.36	100.00

数据来源：笔者计算整理。

（2）不同国家交叉效应分析

交叉效应是出口的重要影响因素，反映了出口竞争力份额调整与进口市场需求变化的协同交叉作用。如表 5-8 所示，从 2000—2020 年的整体国别交叉效应来看，对中国 ICT 产品出口增长交叉效应产生正向影响的国家分别是越南和澳大利亚，分别占到 18.49% 和 4.68%，而其他国家的贡献份额均为负值，其中新加坡与韩国的贡献率分别达到了 −181.24% 以及 −82.81%。把 2000—2020 年划分为三个阶段后可以看出来，在第一阶段，中国出口新加坡和柬埔寨的交叉效应为负值，其他 RCEP 市场的交叉效应均为正值，但数值不大，说明在此阶段，中国 ICT 产品的出口没有很好地适应 RCEP 市场对 ICT 产品进口需求的增长。在第二阶段，中国出口各个国家市场的交互效应大都为负值，并且新加坡在此阶段的贡献份额产生了较大的抑制效果，占 −66.863%。它说明在此期间，中国 ICT 产品的出口还不能适应各 RCEP 国家市场 ICT 产品进口需求的增长。越南则相反，其交叉效应为正值，并呈现持续增强的趋势。在第三阶段，中国出口越南、澳大利亚、日本和新西兰市场的二阶交互效应均为正值，其余 RCEP 市场的交叉效应为负值，说明在此期间，中国 ICT 产品的出口与越南、澳大利亚、日本和新西兰市场人造板产品进口的增长的协调性有所增强。而其他如韩国、缅甸等国家在此阶段对中国 ICT 产品出口增长整体交叉效应的贡献份额产生了较大的抑制效果，分别占-67.03%以及-27.31%。从 2000—2020 年国家层面交叉效应的分析来看，中国对大部分 RCEP 国家出口没有很好地适应 ICT 产品进口需求的增长。

表 5-8　中国对 RCEP 国家国家层交叉效应分解

国家	第一阶段：2000—2005 年		第二阶段：2006—2013 年		第三阶段：2014—2020 年	
	增加额/亿美元	贡献率/%	增加额/亿美元	贡献率/%	增加额/亿美元	贡献率/%
澳大利亚	1.66	1.48	4.10	1.49	1.58	1.71
文莱	0.08	0.07	−0.12	−0.04	−0.09	−0.10
柬埔寨	−0.13	−0.11	−0.95	−0.35	−2.72	−2.94
印度尼西亚	4.81	4.29	−36.41	−13.21	−0.81	−0.88
日本	−2.04	1.82	4.32	1.57	2.43	2.63
韩国	1.44	1.28	−47.02	−17.06	−61.90	−67.03
老挝	0.00	0.00	3.28	1.19	−6.40	−6.93
马来西亚	0.53	0.47	−9.95	−3.61	1.61	1.74
缅甸	0.43	0.38	0.26	0.10	−25.22	−27.31
新西兰	0.16	0.14	−0.96	−0.35	0.04	0.04
菲律宾	−0.16	0.14	−12.68	−4.60	−9.72	−10.53
新加坡	−124.52	−107.03	−184.21	−66.86	−3.09	−3.35
泰国	1.03	0.92	0.32	0.12	−3.55	−3.84
越南	0.08	0.07	4.49	1.63	15.50	16.79
合计	−112.15	100	−275.54	100	−92.35	100.00

数据来源：笔者计算整理。

本章首先对 CMS 模型的理论基础进行了梳理，并运用 CMS 模型对 2000—2020 年中国对 RCEP 国家 ICT 产品出口贸易变动影响因素进行了分解分析。

本章通过对 CMS 模型第一阶分解发现，其竞争力效应与结构规模效应在三个阶段均为正值，是拉动中国 ICT 产品出口增长的关键因素。不同之处是，竞争力效应在第一阶段是影响中国 ICT 产品出口的绝对主要因素，但在其后的两个阶段呈现飞速下跌趋势，说明虽然中国 ICT 产品在 RCEP 市场上具有一定的竞争优势，但这种竞争优势没有持续性，这也暗示了中国出口的 ICT 产品的核心竞争力有待提升。与之相反，需求结构效应则呈现出快速增长趋势，并在第二阶段超过竞争力效应成为影响中国 ICT 产品出口增长的绝对主要因素，说明中国对 RCEP 国家的 ICT 产品出口在很大程度上取决于 RCEP 国家的整体经济发展状况，证明中国 ICT 产品出口发展不足，自身增长能力有限。交叉效应在三个阶段均对中国 ICT 产品的出口呈现不同程度的负面影响，说明中国 ICT 产品出口竞争力变化未能适应总体进口规模的变动，一定程度上制约了中国 ICT 产品出口的增长。

本章通过对 CMS 模型的第二阶分解发现，在过去 20 多年里，RCEP 国家对 ICT 产品需求的持续快速增长，已成为促进中国 ICT 产品出口增长的绝对原动力，国别结构效应与产品结构效应整体呈现增长趋势，尤其是国别效应贡献率的增长大于产品结构效应，是影响中国 ICT 产品出口的重要因素。而需求结构交叉效应则呈现快速下跌趋势，是制约中国 ICT 产品出口的最大障碍，说明中国 ICT 产品出口难以适应 RCEP 国家需求和产品需求的同时变动，出口结构亟待进一步调整和优化，以适应 RCEP 国家对 ICT 产品的需求。整体竞争力以及具体竞争力在三个阶段均呈现持续下跌趋势，且其具体竞争力在第三阶段阻碍了中国 ICT 产品的出口。尽管净交叉效应呈现持续增长趋势，但数值较小，对中国 ICT 产品出口的影响不大。动态交叉效应在三个阶段均呈现出负向效应，是制约中国 ICT 产品出口的重要影响因素。

本章通过对不同产品的分析发现，所有产品的结构效应在第三阶段都为正值，并呈现快速增长趋势。通信设备的结构效应呈断崖式下跌趋势，而电子元件的竞争力效应呈井喷式增长趋势，其他产品的竞争力效应在三个阶段的变化相对不大。交叉效应中只有电子元件的竞争力效应在第三阶段转负为正，其他产品的交叉效应在大部分时间为负值。国别结构效应中贡献率最高的是日本和韩国，前者的出口贡献率呈现快速下跌趋势，而后者呈现快速增长趋势。在国别竞争力效应中，韩国、日本呈快速下跌趋势，而越南、菲律宾、印度尼西亚等呈稳步增长趋势。国别交叉效应显示，大部分国家对中国 ICT 产品出口带来负面影响，但随着时间的推移，这种负向影响作用在减弱。

　　总之，在过去的 20 多年里，RCEP 国家对 ICT 产品需求的持续快速增长，已成为促进中国 ICT 产品出口增长的重要因素。但过分依赖 RCEP 成员国的市场需求增长拉动中国 ICT 产品的出口，可能会导致我国 ICT 产品出口对抗市场不确定性风险的能力减弱。另外，中国 ICT 产品出口结构也在一定程度上不完全契合 RCEP 市场对 ICT 产品结构的需求，因此，我们的产品出口结构亟待进一步调整和优化。

6 中国对 RCEP 国家 ICT 产品出口影响因素的扩展贸易引力模型分析

6.1 引力模型理论基础

在过去的 30 年里，引力模型（gravity model）作为经济学中阐释双边贸易流量的最成功的模型之一，自 20 世纪 60 年代提出以来，已被广泛运用于国际经济学的实证研究、贸易理论研究以及政策研究等各个领域。引力模型应用原理简单，使用成熟、稳定，备受学者们青睐。

在最初的引力模型中，贸易国家之间的双边贸易流量主要是根据各国的经济规模和相互空间距离两个因素决定的。引力模型根据经济规模和距离变化，其回归系数结果有惊人的稳定性，成为经济领域最常用的经验方程之一。之后，学者们对其理论不断研究和完善，引力模型在其深入分析双边或者多边之间的贸易行为中，显示出高适用性和灵活性，其分析结果的可信度也极高，能够全面深入地解析双边贸易行为的本质，因此被认为是 20 世纪以来最为成功的贸易实证分析工具①。此外，引力模型所需的大部分数据可以通过官方网站获得，数据的获取相对便利，数据的可信度也得到有效保障。

引力模型的理论基础源自牛顿在物理学领域提出的万有引力定律。根

---

① ANDERSON J E. A theoretical foundation for the gravity equation ［J］. The American Economic Review，1979，69（1）：106-116.

据这一定律，两个物体之间的相互引力与这两个物体的质量的乘积成正比，与它们之间距离的平方成反比。具体模型如式（6.1）所示。

$$F_{ij} = G(M_i M_j) / D_{ij}^2 \qquad (6.1)$$

F_{ij}：万有引力。

G：常数项。

$M_i M_j$：两个物体的质量。

D_{ij}^2：两个物体之间的距离。

引力方程在很久以前就已被应用于经济学领域。早在 1889 年，学者 Ravenstein E. G. 就曾用类似牛顿引力定律方程解释移民现象[1]，Reilly W. J. 则提出类似"零售引力法则"[2]。而在 20 世纪，Zipf G. K. 用简单的经验引力方程，完全仿照牛顿引力理论构建模型，分析了两个城市之间电话、铁路以及其他交流模式的效用[3]。荷兰经济学家 Tinbergen J. 被认为是首先将引力模型应用于国际贸易领域研究的学者。他指出，国家之间双边贸易流动规模与其经济总量正相关，而与它们之间距离负相关[4]。他在模型中设定国家 i 与国家 j 之间的贸易额为因变量，各国 GDP 与地理距离为自变量。基本贸易引力模型如式（6.2）所示。

$$T_{ij} = C(Y_i \times Y_j) / D_{ij} \qquad (6.2)$$

T_{ij}：i 国和 j 国之间的贸易规模。

C：常数项。

Y_i：出口国国内生产总值。

Y_j：进口国国内生产总值。

D_{ij}：i 国到 j 国之间的地理距离（通常为两国首都之间的距离）。

Pöyhönen P. 利用引力模型分析国家之间贸易往来，并取得了与学者 Tinbergen J. 相似的研究结果[5]。其中，出口国 GDP 反映潜在供给能力，进

---

① RAVENSTEIN E G. The laws of migration [J]. Journal of the Royal Statistical Society, 1889, 52 (2)：241-305.

② REILLY W J. The law of retail gravitation [M]. New York：Knickerbocker Press, 1931.

③ ZIPF G K. The psychology of language [M] // Encyclopedia of psychology. Philosophical Library, 1946：332-341.

④ TINBERGEN J. Shaping the world economy [J]. The International Executive, 1963, 5 (1)：27-30.

⑤ PÖYHÖNEN P. A tentative model for the volume of trade between countries [M]. Weltwirtschaftliches Archiv. Berlin：Springer Nature, 1963：93-100.

口国 GDP 反映潜在需求能力，将对两国贸易往来产生积极影响，两国之间的物理距离代表贸易交易中的运输成本，成为两国贸易往来的障碍，对两国贸易会产生负面影响。也就是说，经济规模越大、距离越近的国家，相互之间贸易流量就越大；经济规模越小、距离越远的国家，相互贸易量也就越少。

为了数据更加平稳，削弱模型的共线性、异方差性，提升实证分析的准确性，一般对引力方程应用自然对数形式进行线性化，并增加误差项。采用自然对数形式的引力模型如式（6.3）所示。

$$\ln EX_{ijt} = \beta_0 + \beta_1 \ln Y_{it} + \beta_2 \ln Y_{jt} + \beta_3 \ln D_{ij} + \mu_{ijt} \qquad (6.3)$$

以式（6.2）为基础分析的预测系数 $\beta_1 > 0$、$\beta_2 > 0$、$\beta_3 < 0$，即两国之间的贸易量与经济规模成正比，与距离成反比。

$\ln EX_{ijt}$：t 年度两国之间贸易流量的自然对数。

β_0：常数项。

β_1, β_2, β_3：相应变量的回归系数。

$\ln Y_{it}$，$\ln Y_{jt}$：t 年度 i 国与 j 国的国民生产总值（GDP）的对数。

$\ln D_{ij}$：i 国到 j 国的首都之间的距离。

μ_{ijt}：t 年度误差项。

式（6.3）代表了传统的引力模型，可以被相对简单地应用于估计贸易现象并得出结果。然而，仅仅依赖这些因素往往难以完全解释复杂的贸易现象。因此，在国际贸易领域的研究中，之后的许多学者不断地对引力模型进行拓展，引入新的变量以求对相关的贸易现象得到一个更全面的解释。其中最典型的代表是学者 Linnemann H.，他在原有引力模型的基础上，考虑到两国之间的人口对贸易规模的影响，认为人口多少与贸易规模正相关。他同时将引力模型应用于自由贸易区研究，将两国是否签署优惠贸易协定引入引力模型，验证其对贸易流量的影响，为引力模型的应用发展做出了巨大贡献[①]。

模型具体形式如式（6.4）所示。

$$X_{ij} = \beta_0 + \beta_1 Y_i + \beta_2 Y_j + \beta_3 PR + \beta_4 POP_i + \beta_5 POP_j - \beta_6 D_{ij} \qquad (6.4)$$

Y_i，Y_j：i 国、j 国的 GDP 总额。

PR：虚拟变量，表示两国之间是否签订优惠贸易协定。签订 = 1，没有

① LINNEMANN H. An econometric study of international trade flows [M]. Amsterdam：North-Holland Press，1966.

签订=0。

POP$_i$，POP$_j$：i 国、j 国的人口总数。

D_{ij}：国家之间的地理距离。

Aitken N. D. 利用引力模型分析了贸易集团之间的贸易创造效果，将欧洲经济共同体（EEC）和欧洲自由贸易区联盟（EFTA）视为引力模型中一个贸易集团的虚拟变量，如果两国之间有共同边界，那么两国之间的贸易可能应该更加便利，将两国之间是否接壤作为虚拟变量引入引力模型[1]。Aitken 的研究在国际贸易领域具有重要影响，这种基于引力模型的分析方法帮助我们理解了为什么一些国家之间的贸易更加频繁、规模更大以及贸易集团的形成如何影响贸易模式。这种方法也为贸易政策制定者提供了有关如何推动贸易增长的意见。

学者李阳认为 Anderson 之前的引力模型更多的是基于经验得来，并没有形成完整的理论框架。在传统的引力模型中，贸易流量取决于国家之间的经济规模和距离，以及其他控制变量[2]。Anderson 在前人研究的基础上，讨论了结构引力模型，并引入了常数而不是弹性需求函数，以研究贸易中的微观基础理论。研究假设结合了引力模型的一般框架，展现了贸易引力模型一个更丰富的特征。模型假设贸易自由，不存在贸易摩擦以及贸易成本，考虑了消费者的不同国别以及不同偏好和需求，这使得模型更接近实际情况[3]。这是首次从理论层面推导出贸易引力模型，研究突出了贸易模式的一些微观基础，为理解国际贸易的驱动因素提供了更深入的洞察，为研究人员提供了一个更丰富的工具，以更准确地解释国际贸易现象，它也是后来很多模型的研究基础。具体模型如下：

$$M_{ij} = K \frac{Y_i Y_j}{YT_{ij}} \tag{6.5}$$

学者 Bergstrand 首先建立了一个一般均衡贸易模型，并在此基础上构造了局部均衡模型并推导出引力模型。Bergstrand 同样假设一国只生产一种产品，并通过在消费者和生产者两方假设不变替代弹性（costant elasticity

① AITKEN N D. The effect of the EEC and EFTA on european trade：A temporal cross-section analysis [J]. The American Economic Review, 1973, 63（5）：881-892.

② 李阳. 基于引力模型的云南咖啡出口贸易潜力研究 [D]. 北京：对外经济贸易大学, 2018.

③ ANDERSON J E. A theoretical foundation for the gravity equation [J]. The American Economic Review, 1979, 69（1）：106-116.

of substitution，CES）效用函数和不变转移弹性生产函数构造了需求函数和供给函数。这样，价格作为外生变量被纳入贸易方程，改变了价格在贸易量研究中仅仅充当平衡供求工具的传统认识，并解决了影响国际贸易流量的诸多因素是否需要以及如何纳入模型的问题。

模型通过假设被考察的 i、j 两国之间的贸易总量较其他 $N^2 - 1$ 个市场更小，使得由 $4N^2 + 3N$ 个方程构建的一般均衡系统简化为由 N^2 个局部均衡子系统和三个约束方程构成的联立方程组构建的一般均衡贸易模型。

Bergstrand 进一步完善了引力模型，试图在引力模型、人均收入和传统及新贸易理论之间建立有机联系。为了反映 H-O 理论关注不同国家之间的生产要素差异，即一国相对于另一国拥有不同禀赋的劳动和资本，将两国的人均 GDP 引入引力模型替换人口数量指标，用来间接度量一个国家的资本密集程度①。Bergstrand 就根据效用最大化条件下的价格和利润最大化（或成本最小化）条件下的数量构造了一个贸易引力模型。Bergstrand 的研究突出了引力模型在考虑生产要素差异和不同贸易模式时的适用性，以及与新贸易理论的联系，有助于更全面地理解国际贸易的复杂性。

Deardorff A. 被认为是最早的在 H-O 框架下对引力方程进行推导的学者。他反驳了很多人对 H-O 模型与引力方程无法相容的论断，在无摩擦以及包含了摩擦的情形下讨论了 H-O 模型中引力方程的推导，指出简单的贸易引力模型可以从标准的贸易理论中导出。在无贸易阻力的假设下，无贸易壁垒和运输成本，两国生产的产品、消费者和生产者无差别，在此情况下推导出的引力方程同支出法得到的一样。在有贸易阻力的情况下，各国的消费者拥有相同的消费函数，用不变替代弹性（CES）效用函数代表；各国的生产者具有相同的生产函数，各国专业化于不同的产品生产②，由此推导出以下贸易引力方程：

$$M_{ij} = Y_i Y_j (1 + c_{ij})^{1-\sigma} (1 + t_{ij})^{1-\sigma} p_j^{-\sigma} p_i^{\sigma-1} \qquad (6.6)$$

式中，M_{ij} 为 i 国从 j 国的进口总额，Y_i、Y_j 分别为 i、j 两国的国民收入，σ 为 i 国消费者所有产品的替代弹性，c_{ij} 为运输成本，t_{ij} 为关税，p_j 为 j 国商品的国内市场价格，p_i 为 i 国的消费者价格指数。

① BERGSTRAND J H. The generalized gravity equation, monopolistic competition, and the factor-proportions theory in international trade [J]. The Review of Economics and Statistics, 1989：143-153.

② DEARDORFF A. Determinants of bilateral trade：does gravity work in a neoclassical world? [M] // The Regionalization of The World Economy. Chicago：University of Chicago Press, 1998：7-32.

同样，基于垄断竞争、规模经济等新贸易理论，也可以推导出具有对数线性形式的贸易引力方程。Deardorff A. 指出，几乎所有的贸易模型都可以导出类似的引力方程。

后来的学者 Helpman E.、Krugman P.（1987）、Bergstrand J. H.（1989）、Deardorff（1995）、Wei（1996）、Soloaga I.、Winters A.（1999）、Limao N.、Venables A. J.（2001）、Martínez-Zarzoso I.、Nowak-Lehmann F.（2003）[①] 等进行了一系列不断扩展和完善引力模型的实证研究和理论框架建设，对现有的解析变量进行了提炼，并加入了新的变量，研究了世界各区域经济一体化，如欧盟、北美自由贸易区、东盟等贸易集团。在扩展引力模型的方程中，添加的变量通常有两种，一种是在贸易引力模型的初始扩展中添加的虚拟变量，主要是引入共同语言、同一种族、共同的宗教、共同的边界、共同的历史背景（减小成本）以及世界各区域经济一体化（减小成本）如欧盟、北美自由贸易区、东盟等贸易集团。另一种是增加制度质量指标变量，如财产权、贸易自由、政府诚信、立法效力、商业自由、投资自由等。随着新制度经济学的蓬勃发展和对国家体制转型研究的兴起，制度质量因素开始被广泛引入贸易引力模型，如全球治理指标中的政府效率、监管质量、法律规制等具体量化指标以衡量制度因素对双边及多边贸易的影响，国外权威机构也开始发布制度质量相关指数。这时方程可以加入多个虚拟变量，方程扩展为：

$$\ln F_{ij} = \beta_0 + \beta_1 \ln Y_i Y_j + \beta_2 \ln P_i P_j + \beta_3 \ln D_{ij} + \beta_4 DG_{ij} + \beta_5 WTO + \beta_6 APEC + \cdots + \varepsilon_{ij} \tag{6.7}$$

① HELPMAN E, KRUGMAN P. Market structure and foreign trade: Increasing returns, imperfect competition, and the international economy [M]. Cambridge: MIT Press, 1987.

BERGSTRAND J H. The generalized gravity equation, monopolistic competition, and the factor-proportions theory in international trade [J]. The Review of Economics and Statistics, 1989: 143-153.

DEARDORFF A V. Determinants of Bilateral Trade: Does Gravity Work in a Neoclassic World [R]. National Bureau of Economic Research Working Paper, 1995: 5377.

WEI S J. Intranational versus international trade: how stubborn are nations in global integration? [R]. Working Paper 6631. National Bureau of Economic Research, Aprial 1996.

SOLOAGA I, WINTERS A. How Has Regionalism in the 1990s Affected Trade Policy? [R]. World Bank Policy Research Working Paper, 1999: 2156.

LIMAO N, VENABLES A J. Infrastructure, geographical disadvantage, transport costs, and trade [J]. The World Bank Economic Review, 2001, 15 (3): 451-479.

MARTÍNEZ-ZARZOSO I, NOWAK-LEHMANN F. Augmented gravity model: An empirical application to Mercosur-European Union trade flows [J]. Journal of Applied Economics, 2003, 6 (2): 291-316.

$\ln F_{ij}$：i国对j国的贸易流量。

β_0：常数项。

Y_i，Y_j：i国和j国的国民生产总值。

D_{ij}：i国到j国的地理距离。

X_{ij}：帮助解释两国之间双边贸易流的其他变量的向量集。其包括了人口、收入差距、物流绩效、区域经济组织、外部环境和国家政策等变量。

β_0，β_1，β_2，β_3，β_4，β_5，β_6：回归系数。

ε_{ij}：误差项。

Anderson 和 Van Wincoop（2003）的研究，在不变替代弹性支出系统的基础上发展了实用性较强的引力模型。这个模型为贸易引力模型提供了更坚实的理论支持，并帮助解释了实证应用中出现的问题和差异，从而使贸易引力模型逐渐摆脱了之前的"理论基础不足"的质疑。该研究的主要贡献在于建立了一种基于不变替代弹性支出系统的理论框架，该框架允许研究者更精确地分析不同因素对国际贸易的影响。这种模型更实用，可以更好地解释实际情况中的变化。

在之后的研究中，学者们对贸易引力模型进行了进一步的扩展和应用。根据他们研究的重点，他们可以引入不同的解释变量来分析双边贸易流量的影响因素。这些变量可能涵盖经济规模、地理距离、共同语言、贸易政策等。通过分析这些因素的影响机制和影响程度，研究者可以更好地理解国际贸易的模式和趋势，并衡量不同国家之间的贸易潜力。

作为解释国际贸易模式的工具，引力模型在经过学者们的不断发展和改进后，已经可以很好地解释实际贸易数据，贸易双方经济总量和距离已经能对贸易数据做基本度量，加入更多变量可以让拟合优度提升，可以解释贸易数据的80%以上。引力方程最基本的拟合参数可以相当好地集中在一个比较小的范围，而且长时期保持稳定性，已经成为当今国际贸易研究的一个重要理论框架，有助于我们更好地解释国际贸易的复杂性和多样性。本书研究中国对 RCEP 国家 ICT 产品出口影响因素，并在实证得出的拟合方程的基础上测算分析这些影响因素对中国 ICT 产品出口的作用程度。

6.2 数据选择、来源和说明

为了得到更全面可信的结果，我们基于面板数据进行分析，这样将大大增加样本数量。本书分别以中国 ICT 产品总出口以及 5 个分类产品（计算机及外围设备、通信设备、消费性电子产品、电子元件、杂项）为主要研究对象，数据来源于 UNCTADSTAT 数据库并按以下原则选取：一是基于数据的可获得性，抽样选取了 2007—2020 年中国大陆（内地）与 32 个出口对象国或地区（RCEP14 个国家和其他 18 个国家和地区，分别有发达国家或地区，即美国、法国、德国、意大利、荷兰、西班牙、瑞典、英国、中国香港和中国台湾等，发展中国家有巴西、印度、墨西哥和南非等，新兴经济体有爱尔兰、波兰、葡萄牙和俄罗斯等）作为研究对象。之所以选择这些国家或地区，是因为 RCEP 成员国只有 14 个国家，实证分析样本数据过少，很难具备全面性（across-the-board），从而导致分析结果的不确定性。中国对这些国家或地区的 ICT 出口占中国向世界出口额的 90%，具有充分的代表性，有利于中国对各国（地区）出口的影响因素和出口潜力的测定和分析。而且这些国家或地区因经济、文化、社会制度及生活水平不同而具有代表性。二是在 2007—2020 年这一时期，中国与 RCEP 国家 ICT 产品出口量虽有所增加，但出口增长率呈现连年下降的趋势，ICT 产品贸易自身逆差比较大，有必要深探其中的原因。三是采集 2007—2020 年中国和 RCEP14 个国家以外的 18 个国家或地区的 ICT 产品数据样本，数据集最终界定为中国对 32 个国家或地区 14 年的面板数据。

6.2.1 因变量

本书中的因变量是中国和出口对象国（地区）的出口总额（lnex）及各分类产品［计算机及外围设备（lnict1）、通信设备（lnict2）、消费性电子产品（lnict3）、电子元件（lnict4）及杂项或其他（lnict5）］的出口额数据①。

---

① https://unctadstat.unctad.org/wds/ReportFolders/reportFolders.aspx? sCS_ChosenLang=en.

6.2.2 自变量

6.2.2.1 中国及出口对象国 GDP（lncgdp，lngdp）

中国及出口对象国 GDP（lncgdp，lngdp）是衡量国家当前经济形势的重要综合统计指标，能间接反映出口国的供给能力和进口国的需求能力。

RCEP 国家的经济规模（lngdp）越大，意味着国民的购买力水平越高，贸易活动也就越活跃，对 ICT 产品的需求越强，越有利于中国 ICT 产品的户口。出口国 GDP（lncgdp）越大，国内生产力水平越高，可生产的商品数量和质量越高，产品出口竞争力也会得到相应的提升，越有可能提高与其他国家的潜在出口能力。因此，本书假设双方的经济规模对双边贸易流量会产生一个正向效应，系数符号为正。本书采用世界银行数据库（WBD）公布的各国年度 GDP 数据[①]。

6.2.2.2 中国与东道国首都之间的地理距离（lndis）

两国之间的地理距离（lndis）是贸易引力模型的核心变量，距离会对两国之间的贸易流量产生反作用。距离越远，从一个国家向另一个国家出口运输货物所需的时间、人力、资金以及其他的一些费用就越高，导致出口受阻。在过去 40 多年的实证研究中，引力方程中距离项回归系数不但没有降低，反而还有升高的趋势。学者 Disdier A. C.、Head K. 对比分析了 103 篇研究地理距离与贸易关系的文献，得出了地理距离抑制贸易发展的结论[②]。二战结束以后，学者 Cairncross F. 认为随着运输方式的大力改善以及通信技术的革命，运输成本和信息成本大幅度降低，距离因素对国际贸易的阻碍大大下降，有些学者甚至认为国际贸易中的距离在消亡（death of distance）。Anderson J. E.、Van Wincoop E. 则认为，即使除去贸易政策壁垒，甚至在高度一体化的经济体之内，交易成本仍然很高，所谓的"距离消亡"是夸大其辞的说法[③]。Pandey P.、Choubey M. 利用引力模型证明了地理距离与贸易额存在负相关关系[④]。因此，本书预计中国与出口对象之

---

① https://data.worldbank.org.cn/.

② DISDIER A C, HEAD K. The puzzling persistence of the distance effect on bilateral trade [J]. The Review of Economics and statistics, 2008, 90（1）: 37-48.

③ ANDERSON J E, VAN WINCOOP E. Trade costs [J]. Journal of Economic Literature, 2004, 42（3）: 691-751.

④ PANDEY P, CHOUBEY M. An analysis of determinant factors in agricultural trade between india and asean [J]. Indian Journal of Economics and Development, 2021, 17（2）: 314-320.

间的距离对中国 ICT 产品出口存在负相关关系，系数符号预测为负。本书利用 CEPII（法国国际经济研究所）数据库采集中国与东道国之间地理距离数据①。

6.2.2.3　中国对海（境）外东道国直接投资（lnofdi）

海（境）外直接投资（Outward Foreign Direct Investment，OFDI）是一个国家参与国际分工的重要途径。一般来说，进行海（境）外直接投资的企业具有很高的贸易指向性，因此能有效促进母国与被投资国之间的贸易流量。但是，海（境）外直接投资对两国之间的贸易也可能产生一定替代性或者互补性，因此不能直接认定为海（境）外直接投资一定会促进东道国与被投资国之间的贸易流量②。Mundell R. A. 研究认为，随着国家之间的海（境）外直接投资增加，跨国公司在不同国家之间投资和生产，国家之间的生产要素（例如劳动力和资本）的差异将逐渐减少。这将导致国家之间的生产条件趋于一致，进而减少要素差异产生的贸易需求③。但是，也有可能对海（境）外直接投资后，需要很多与生产相关的中间材料，因此可能会起到贸易补充效果。因此，本书中该指标的测定系数符号有可能为正，也有可能为负。本书中 OFDI 数据来自中国商务部官方网站中国境外投资报告④。

6.2.2.4　人民币对美元汇率（直接标价法）（lnra）

汇率是被用于财务风险、相对价格、购买力评价的一个指标。很多研究认为汇率波动是影响两国贸易流向的最重要因素。如果用作结算货款的美元的汇率变动增大，出口价格就会变得不稳定。一般来说，汇率的上涨将提高进口价格，成为减少进口产品需求的因素。Pick D. H. 分析发现，美国对发达国家的农产品出口受汇率的影响并不显著，而美元汇率的变化对发展中国家农产品出口的影响较大，这种影响主要是发展中国家的贸易方式、金融体系和商品市场不完善造成的⑤。Cho G.、Sheldon I. M.、McCor-

---

①　http://www.cepii.fr/CEPII/en/welcome.asp.

②　남광희, 윤성훈. 우리국가 FDI 정책의 문제점과 개선방안［M］. 서울: 한국은행 금융경제연구원, 2006.

③　MUNDELL R A. International trade and factor mobility［J］. The American Economic Review, 1957, 47（3）: 321-335.

④　http://hzs.mofcom.gov.cn/article/date/201512/20151201223578.shtml.

⑤　PICK D H. Exchange rate risk and us agricultural trade flows［J］. American Journal of Agricultural Economics, 1990, 72（3）: 694-700.

riston S. 研究发现，汇率不稳定对农产品贸易有显著的负面影响，而且影响程度比对其他部门贸易更大。对汇率波动对贸易量的影响进而对贸易收支的影响的研究也有不同的结论①。Greenaway D.、Kneller R.、Zhang X. 认为实际汇率升值使国内公司生产的商品和服务的外国出口价格更加昂贵，但也使进口投入更加便宜。进口目的地加权实际有效汇率对出口销售有显著的负面影响，而进口中间投入加权汇率对出口销售有抵消作用②。因此本书假设汇率波动会对中国 ICT 产品出口产生负面影响，回归系数为负。本书人民币对美元汇率数据采用 IMF 网站提供的各国汇率数据③。

6.2.2.5 固定宽带（lnbr）和移动宽带加入量（lnpb）

固定宽带的加入能有效反映出口目标国内部的技术发展状况。固定宽带的普及能有效提升人们对互联网高科技产品的需求，是提升中国 ICT 产品出口的动力之一。

移动宽带加入量（lnpb）是加入公共互联网的标准移动宽带和专用移动宽带加入的总和。它不针对潜在用户，而是针对实际用户。东道国的 ICT 基础设施越完善，国内信息化水平就越高，当地居民对 ICT 产品的需求越高，有助于中国 ICT 产品的出口。因此，本书预计出口对象国的固定宽带和移动宽带加入量对中国 ICT 产品出口会带来一个正向的影响，回归的系数为正值。本书研究数据来自 ITU 数据库④。

6.2.2.6 贸易依存度

对外贸易依存度是通过计算进出口总额除以该国的 GDP 比值得到的，该指标可以反映一个国家或地区的市场对外开放水平，以及它们对国际市场的参与情况。该国的贸易额在 GDP 中所占的比重越大，对相关国家的贸易依存度越高，对中国 ICT 产品的潜在需求可能就越大。因此，本书预计东道国贸易依存度对中国 ICT 产品出口起到正向的促进作用。因此，本书中贸易依存度回归系数符号预期为正。东道国的进出口额通过联合国贸易和发展会议（UNCTAD）数据库收集，该国的 GDP 采用世界银行数据库

---

① CHO G, SHELDON I M, MCCORRISTON S. Exchange rate uncertainty and agricultural trade [J]. American Journal of Agricultural Economics, 2002, 84 (4): 931-942.

② GREENAWAY D, KNELLER R, ZHANG X. The effect of exchange rates on firm exports: the role of imported intermediate inputs [J]. The World Economy, 2010, 33 (8): 961-986.

③ https://data.imf.org/regular.aspx? key=61545850.

④ https://www.itu.int/en/ITU-D/Statistics/Pages/stat/default.aspx.

（WBD）公布的各国年度 GDP 数据[①]，贸易依存度由笔者计算得出。

6.2.2.7　产权保护（lnpr）

Obstfeld M.、Rogoff K. 研究显示，所有主要的国际宏观经济难题都和贸易成本有关，对衡量贸易成本的来源和大小非常关键[②]。产权保护从根本上决定了一个国家的经济效益，有效的产权保护制度有利于推动形成技术进步、资本积累和高效的市场结构。进口国产权保护程度越高，政府对私有财产保护程度越高，市场主体的合法权益就越能得到保障。另外，营商环境越好，经营期待和财富稳定感越高，贸易效率越高，对中国 ICT 产品的出口越有利。因此，本书预期产权保护的回归系数符号为正。该指标采用世界经济自由度指数（Index of Economic Freedom，IEF）中的产权保护指标[③]。

6.3　研究模型的导出

通过前期研究，结合 RCEP 国家特点及 ICT 产品特点，本书引入市场需求及产业供给与需求（中国的 GDP、进口国的 GDP）、基础设施（固定宽带加入量、移动宽带加入量）、成本因素（距离、汇率）、经营环境（产权保护、贸易依存度、中国境外直接投资）等作为研究变量。扩展的引力模型如下：

$$\ln ex_{ijt} = \beta_0 + \beta_1 \ln gdp_{jt} + \beta_2 \ln cgdp_{it} + \beta_3 \ln dis_{ij} + \beta_4 \ln ofdi_{ijt} +$$
$$\beta_5 \ln cra_{it} + \beta_5 \ln pb_{jt} + \beta_5 \ln br_{jt} + \beta_5 \ln pr_{jt} + \beta_5 \ln of_{jt} + \mu_i + \nu_t + \varepsilon_{ijt}$$

（ICT 总产品）   (6.8)

$$\ln ict1_{ijt} = \beta_0 + \beta_1 \ln gdp_{jt} + \beta_2 \ln cgdp_{it} + \beta_3 \ln dis_{ij} + \beta_4 \ln ofdi_{ijt} +$$
$$\beta_5 \ln cra_{it} + \beta_5 \ln pb_{jt} + \beta_5 \ln br_{jt} + \beta_5 \ln pr_{jt} + \beta_5 \ln of_{jt} + \mu_i + \nu_t + \varepsilon_{ijt}$$

（计算机及外围设备）   (6.9)

$$\ln ict2_{ijt} = \beta_0 + \beta_1 \ln gdp_{jt} + \beta_2 \ln cgdp_{it} + \beta_3 \ln dis_{ij} + \beta_4 \ln ofdi_{ijt} +$$
$$\beta_5 \ln cra_{it} + \beta_5 \ln pb_{jt} + \beta_5 \ln br_{jt} + \beta_5 \ln pr_{jt} + \beta_5 \ln of_{jt} + \mu_i + \nu_t + \varepsilon_{ijt}$$

（通信设备）   (6.10)

---

① https://data.worldbank.org.cn/.

② OBSTFELD M, ROGOFF K. New directions for stochastic open economy models [J]. Journal of International Economics, 2000, 50 (1): 117-153.

③ https://www.heritage.org/index/explore.

$$\begin{aligned}
\text{lnict3}_{ijt} = {}& \beta_0 + \beta_1 \text{lngdp}_{jt} + \beta_2 \text{lncgdp}_{it} + \beta_3 \text{lndis}_{ij} + \beta_4 \text{lnofdi}_{ijt} + \\
& \beta_5 \text{lncra}_{it} + \beta_5 \text{lnpb}_{jt} + \beta_5 \text{lnbr}_{jt} + \beta_5 \text{lnpr}_{jt} + \beta_5 \text{lnof}_{jt} + \mu_i + \nu_t + \varepsilon_{ijt}
\end{aligned}$$

（消费性电子产品） (6.11)

$$\begin{aligned}
\text{lnict4}_{ijt} = {}& \beta_0 + \beta_1 \text{lngdp}_{jt} + \beta_2 \text{lncgdp}_{it} + \beta_3 \text{lndis}_{ij} + \beta_4 \text{lnofdi}_{ijt} + \\
& \beta_5 \text{lncra}_{it} + \beta_5 \text{lnpb}_{jt} + \beta_5 \text{lnbr}_{jt} + \beta_5 \text{lnpr}_{jt} + \beta_5 \text{lnof}_{jt} + \mu_i + \nu_t + \varepsilon_{ijt}
\end{aligned}$$

（电子元件） (6.12)

$$\begin{aligned}
\text{lnict5}_{ijt} = {}& \beta_0 + \beta_1 \text{lngdp}_{jt} + \beta_2 \text{lncgdp}_{it} + \beta_3 \text{lndis}_{ij} + \beta_4 \text{lnofdi}_{ijt} + \\
& \beta_5 \text{lncra}_{it} + \beta_5 \text{lnpb}_{jt} + \beta_5 \text{lnbr}_{jt} + \beta_5 \text{lnpr}_{jt} + \beta_5 \text{lnof}_{jt} + \mu_i + \nu_t + \varepsilon_{ijt}
\end{aligned}$$

（杂项） (6.13)

本章相关研究变量的定义、说明、预期符号、来源见表 6-1。

表 6-1　变量的定义、说明、预期符号、来源

变量	定义	说明	预期符号	来源
lnex_{ijt}	中国的 ICT 产品出口总量	因变量		UNCTAD
lnict1_{ijt}	计算机及外围设备			
lnict2_{ijt}	通信设备			
lnict3_{ijt}	消费性电子产品			
lnict4_{ijt}	电子元件			
lnict5_{ijt}	杂项			
lngdp_{jt}	t 年度 j 国的 GDP	反映 j 国家 t 年度的市场需求规模,也就是说经济规模越大,市场需求越大,潜在的进口需求就越大	+	WDI
lncgdp_{it}	t 年度 i 国的 GDP	中国的经济总量越大代表中国的制造能力越强,潜在的出口能力就越强	+	
lndis_{ij}	i 国与 j 国首都之间的地理距离	反映贸易成本,一般双方距离越远,风险越大,贸易成本越高,阻碍贸易发展	−	
lnofdi_{ijt}	中国对外直接投资	中国对外直接投资,对两国之间的贸易可能产生替代性或者补充性效应,因此对中国出口可能产生正面影响,也可能产生负面影响	+或−	中国商务部
lncra_{it}	人民币对美元汇率	一般情况下中国的汇率上升能有效促进中国 ICT 产品的出口	+	IMF

表6-1（续）

变量	定义	说明	预期符号	来源
$lnbr_{jt}$	固定宽带	j 国的固定宽带使用量越多，越有利于中国 ICT 产品的出口	+	ITU 数据库
$lnpb_{jt}$	移动宽带	j 国使用移动宽带的人越多，对 ICT 产品的需求也会相应增多，有利于中国 ICT 产品的出口	+	
$lnpr_{jt}$	产权保护	j 国的产权保护政策越完善，越有利于中国 ICT 产品的出口	+	THF
$lnof_{jt}$	贸易依存度	j 国对贸易的依存度越高，说明其市场的开放度越高，越有利于中国 ICT 产品的出口	+	UNCTAD 数据库，笔者计算得出
μ_i	国家固定			
ν_t	时间固定			
ε_{ijt}	误差项			

6.4　实证分析

6.4.1　各变量基础统计量

本书首先从引力模型中取各变量自然对数，然后利用 STATA15.1 分析中国 ICT 产品向 RCEP 国家出口的影响因素，并对各个影响因素对 ICT 产品出口的作用程度进行分析。在进行实证分析之前，为了解用于分析的主要变量的特征，并对具体解释变量做出相关判断，需进行描述性统计分析。描述性统计分析结果见表 6-2。

描述性统计分析中使用的变量在原资料和取自然对数的材料中均被证明没有正态分布问题，并总结了自然对数后的变量的基础统计量。通过统计变量的均值、标准差、最大值和最小值来反映数据情况，可以得出面板数据的技术统计量。从标准差的角度来看，样本数据的波动性较小，呈现为较平缓的趋势，符合本书研究需要的样本特征。因此，可以认为本书所选指标具有合理性。

表 6-2　描述性统计

变量	（1）样本量	（2）均值	（3）标准差	（4）最大值	（5）最小值
lnex	448	12.88	1.916	7.378	16.79
lndis	448	8.568	0.671	6.862	9.738
lncgdp	448	29.80	0.437	28.90	30.32
lngdp	448	26.97	1.686	22.24	30.69
lnofdi	448	12.00	2.217	2.197	18.78
lncra	448	1.895	0.055	1.815	2.029
lnbr	448	15.08	2.167	7.034	18.61
lnpb	448	16.12	2.567	2.639	20.40
lnof	448	−0.433	0.720	−1.760	1.496
lnpr	448	3.990	0.632	1.609	4.589
lnict1	448	11.60	2.270	4.605	15.71
lnict2	448	11.73	1.774	6.215	15.73
lnict3	448	10.71	2.003	4.605	14.55
lnict4	443	10.49	2.524	3.912	15.90
lnict5	439	9.336	1.903	4.605	13.30

6.4.2　相关性及多重共线性检验

本书接下来基于贸易引力模型对中国向 RCEP 国家出口的影响因素进行实证分析。在展开分析前，本书首先利用皮尔逊系数法测量变量之间的相关性以大致了解变量之间的相关系数，若结果显示独立变量与独立变量之间有较大的相关性，则表明本书的模型设置是有意义的，与此同时，若结果显示独立变量之间相关系数过大，则表明模型设置可能存在多重共线性。

6.4.2.1　多重共线性检验

多重共线性是指在回归模型中，自变量之间存在高度线性相关性，导致模型难以准确估计各自变量的系数。当存在多重共线性时，自变量的固有解释力可能下降，模型在进行预测和推断时可能会出现精度下降问题。这是因为多重共线性会使得模型对自变量的贡献难以分辨，系数估计变得不稳定，并且系数的标准误差可能会变大，影响系数的显著性检验和置信区间的计算。

表6-3是皮尔逊相关系数检验结果。其中，纵横两两相对变量之间对应的数值即为变量之间的相关系数，相关系数值位于-1至1之间，其绝对值越接近于1，意味着两个变量之间的相关程度越高。通过皮尔逊相关系数矩阵检验可知，独立变量和独立变量之间的相关系数大多显著，且各变量之间存在一定相关性，粗略估计结果与本书预期相符。

表6-3　皮尔逊相关系数检验

变量	(1)	(2)	(3)	(4)	(5)	(6)	(7)	(8)	(9)	(10)
(1) lnex	1.000									
(2) lngdp	0.751	1.000								
(3) lncgdp	0.138	0.078	1.000							
(4) lndis	-0.084	0.352	0.025	1.000						
(5) lnofdi	0.505	0.269	0.504	-0.090	1.000					
(6) lncra	-0.317	-0.376	-0.076	-0.199	-0.233	1.000				
(7) lnpb	0.471	0.537	0.548	0.281	0.401	-0.262	1.000			
(8) lnbr	0.788	0.729	0.172	0.240	0.212	-0.280	0.577	1.000		
(9) lnof	0.122	-0.446	0.001	-0.470	0.039	0.273	-0.242	-0.235	1.000	
(10) lnpr	0.506	0.555	0.154	0.283	0.065	-0.117	0.289	0.600	0.050	1.000

6.4.2.2　VIF（方差膨胀因子）检验

此外，从表6-3我们也看到，个别变量之间存在高度线性相关的情况，有可能存在多重共线性。对此，本书为检验多重共线性问题，进行方差膨胀因子（VIF）检验。VIF（方差膨胀因子）检验是一种检验多重共线性的统计方法。它可以衡量回归模型中自变量之间线性关系的强度。VIF的值越高，表示自变量与其他自变量之间的相关性更高，可能存在多重共线性问题。

VIF检验结果（表6-4）显示，没有发现任何解释变量的VIF值超过10，而且平均VIF值为3.26，意味着变量之间的线性关系并不强，这表明模型中不存在多重共线性问题。因此，模型具有较好的稳定性和解释性。

表 6-4　方差膨胀因子检验

变量	VIF	1/VIF
lngdp	8.59	0.119 252
lnibr	5.67	0.176 418
lnof	2.92	0.342 285
lnpb	2.47	0.404 502
lncgdp	2.41	0.363 411
lnofdi	2.24	0.445 891
lnpr	2.16	0.462 099
lndis	1.60	0.623 414
lncra	1.25	0.798 222
平均 VIF	3.26	

6.4.3　回归模型检验

本书样本数据的时间维度（18）小于横截面维度（32），属于短面板数据，因此本书不对样本进行单位根检验和协整检验①。在面板数据回归分析中，通常会建立静态计量模型，以确定出口的影响因素和出口贸易潜力。在面板数据中，最常被用于估计引力模型的方法包括混合回归模型（pool-ols）、固定效应模型（fixed effect model）和随机效应模型（randomeffect model）②。

6.4.3.1　混合回归

混合回归模型假设模型中不存在个体效应，并将所有面板数据合并以进行最小二乘法回归。混合回归模型假设所有个体的回归方程相同，因此无法充分考虑每个个体所具有的特性。当未观察到的个体效应同时影响自变量和因变量时，可能会引发内生性问题，即自变量与误差项之间存在相关性。在这种情况下，混合回归模型的估计结果可能会出现偏差。为解决这一问题，可以采用固定效应模型或随机效应模型。这些模型通过引入代表个体效应的常数项误差项来解决未观察到的样本异质性问题。

---

① 陈强. 高级计量经济学及 Stata 应用 [M]. 北京：高等教育出版社，2010：641-644.
② GUL N. The Trade Potential of Pakistan：An Application of the Gravity Model Nazia Gul and Hafiz M. Yasin [J]. Lahore Journal of Economics, 2011, 16 (1)：23-62.

6.4.3.2   固定效应回归

固定效应模型在面板数据分析中是一种常见的方法，通常用于处理自变量与不可观测个体效应相关的情况。在固定效应模型中，个体固定效应被纳入回归模型中，以控制个体特有的影响，从而减轻内生性问题对估计结果的影响。固定效应模型适用于自变量与未观测到的个体效应相关的情况，其中个体固定效应被视为需要估计的参数，以控制其对估计结果的影响。即使自变量与误差项相关，固定效应模型也能提供一致的估计结果。

固定效应模型也存在一些局限性。例如，它无法捕捉到不随时间变化的影响因素，如距离、共同语言、共同边界等因素。这是因为固定效应模型的设计假设个体固定效应与自变量无关，因此不适用于分析这些不随时间变化的影响因素。对于这种情况，可能需要考虑其他模型或方法来分析它们对贸易流动等现象的影响。

6.4.3.3   随机效应回归

随机效应模型在处理面板数据时假设个体效应与自变量无关，且个体效应是随机的，即来自某种概率分布，并且与自变量无关。在这种模型中，常数项和误差项被视为概率变量。因此，随机效应模型要求自变量与误差项之间无相关性，只有在这种情况下，才能获得一致的估计结果。随机效应模型假设个体效应随某种概率分布而变化，而误差项与自变量是独立的。然而，如果这些假设不成立，可能会导致模型的识别问题，特别是在存在未观察到的变量（缺失变量）时，可能会导致估计结果出现偏差。

在某些情况下，随机效应模型可以更有效地处理面板数据，尤其是在个体效应与自变量无关的情况下。然而，在使用随机效应模型时，必须严格验证模型假设，以确保模型的可靠性和合理性。如果个体效应与自变量之间存在相关性，或者其他假设不成立，那么随机效应模型的结果可能会失真。

通过以上分析可知，在选择模型和进行分析时，了解模型假设的适用性至关重要。对此，为了确定中国对 RCEP 国家 ICT 产品出口的决定性影响因素，并寻找最合适的模型估计方法，本书进行了多重检验，包括 F 检验、LM 检验、HAUSMAN 检验和 SARGAN - HANS 检验。首先，通过 POOLED-OLS 回归分析了一个包含九个自变量的扩展贸易引力模型。分析结果表明，出口对象国 GDP（LNGDP）、中国 GDP（LNCGDP）、中国和出口对象国首都之间的距离（LNDIS）、中国的境外直接投资（LNOFDI）、人民币对美元汇率（LNCRA）、移动宽带（LNPB）、固定宽带（LNBR）以及贸易依存度（LNOFF）均呈现出显著性。仅出口对象国的财产权保护（LNPR）未能通过显著性检验。

本书对于确定中国对 RCEP 国家 ICT 产品影响因素的解释，进行了 F 检验以比较固定效应模型与混合回归模型的适用性。F 检验结果显示 P 值为 0.000，拒绝了原假设，表明固定效应模型较混合回归模型更适合于对中国 ICT 产品出口影响因素和潜力的估计。随后，本书进行了 LM 检验，以确定混合回归分析和随机效应回归中哪个模型能够更有效地估计本书的扩展引力模型。结果显示 P 值为 0.000，表明随机效应模型相对于混合回归模型具有更好的估计效果。对此，本书进一步进行了 HAUSMAN 检验，以确定固定效应模型和随机效应模型中哪种估计方法更适合于模型的评估分析。HAUSMAN 检验结果显示 P-VALUE 为 0.000，拒绝了原假设，证明固定效应模型较随机效应模型更有效。考虑到传统的 HAUSMAN 测验不适用于异质性分析，本书进行了 SARGAN-HANSEN 测试以检验 HAUSMAN 测试的稳健性。检验结果显示 P 值为 0.000，驳回随机效应模型，进一步支持了采用固定效应模型进行分析的有效性。

考虑到本书存在不可观测的变量只随时间变化，而上述方法解决不了不随个体变化的情况，故本书采用了双向固定效应模型 LSDV 法以有效解决上述分析方法的不足。

个体固定效应指的是"不随时间而变，但随个体而变"的效应。时间固定效应指的是"不随个体而变，但随时间而变"的效应。双向固定效应模型（two-way fe）包含个体固定效应和时间固定效应，分别代表不随时间而变但随个体而变以及不随个体而变但随时间而变的效应。通常使用最小二乘虚拟变量来估计时间固定效应模型。

6.4.4 模型估计结果与分析

本书采用具有国家固定和年份固定效应的面板数据进行分析。

6.4.4.1 中国向 RCEP 国家出口 ICT 产品的影响因素估计结果分析

根据 LSDV 模型回归结果，本书分析了中国对 RCEP 国家 ICT 产品出口总额的影响因素。分析结果显示，与出口对象国的 GDP 和中国 GDP 成正比，与彼此距离成反比的引力模型基本假设一致，且扩展引力模型拟合优度达到 98.4%，证明模型对中国 ICT 产品出口贸易的解释力非常强。

引力模型回归结果表明，中国 ICT 产品出口中出口对象国 GDP（LNG-DP）回归系数为 1.195，在 1% 的显著水平上正相关，说明 RCEP 国家的经济发展水平能有效提升中国 ICT 产品的出口，与预期符号一致，即 RCEP 国家的经济规模越大，ICT 产品贸易就越活跃，对中国 ICT 产品进口需求就会越大。出口对象国的 GDP 每上升（下跌）1%，中国对 RCEP 国家的 ICT 产品出口增加（减少）1.195%，其回归系数非常高，从而成为中国 ICT 产品出口 RCEP 国家的主要影响因素。中国的 GDP（LNCGDP）也在 10% 的水平上显著，对中国 ICT 产品出口 RCEP 国家产生了正向的影响，与预期符号一致，说明中国 GDP 的增加带动了国内 ICT 产品的供给能力的提升。中国的 GDP 每增加（减少）1%，中国对 RCEP 国家的 ICT 产品出口额将增加（下跌）0.178%。

中国和出口对象国之间的地理距离（LNDIS）对中国 ICT 产品出口在 1% 的显著水平上存在着负相关关系，其回归系数为 -0.562，与预期符号一致。如果中国和出口对象国之间的距离增加（减少）1%，中国 ICT 产品出口额将减少（增加）约 0.562%，双方之间的地理距离成为中国 ICT 产品出口的最大制约因素。这与学者 Disdier A. C.、Head K. 对比分析了 103 篇研究地理距离与贸易关系的文献后得出的地理距离抑制贸易发展的结论一致①。

移动宽带加入量（LNPB）系数为 0.078，通过了 1% 的显著性检验，与预期符号一致，对中国 ICT 产品出口的影响为正。出口对象国的移动宽带加入量增加（减少）1%，中国的 ICT 产品出口额将增加（减少）0.078%。移动宽带加入量有效提高了当地人对 ICT 产品的需求，对中国 ICT 产品出口产生了积极影响。相反，固定宽带的情况与预想符号不符，在 10% 的水平上显著，对中国 ICT 产品的出口产生了负向影响。也就是说，固定宽带的加入量每增长（减少）1%，意味着中国 ICT 产品出口会减少（增加）约 0.13%。固定宽带的增加可能导致了市场竞争的加剧，竞争对手的产品可能具有更好的性能、更低的价格或更广泛的市场覆盖，从而降低了中国产品的竞争力，影响了与固定宽带相关的 ICT 产品出口。另外，固定宽带的普及可能伴随着出口目标国加强对 ICT 产品的贸易限制或监管。在这种情况下，中国的 ICT 产品可能面临更多的贸易壁垒，从而减

---

① DISDIER A C, HEAD K. The puzzling persistence of the distance effect on bilateral trade [J]. The Review of Economics and statistics, 2008, 90（1）：37-48.

少了对这些国家的出口量。

贸易依存度（LNOF）与中国 ICT 产品出口存在显著的正相关关系，并在 1%的显著水平上通过检验，实测符号与预期符号一致。具体来看，出口对象国贸易依存度与中国 ICT 产品出口系数为 0.76。出口对象国的贸易依存度每增加（减少）1%，中国对 RCEP 国家的 ICT 产品出口将增加（减少）0.76%，是中国 ICT 产品出口 RCEP 国家的重要影响因素之一。贸易依存度可以有效反映出一国对外贸易的开放程度及该国对国际市场的参与情况。对外贸易的依存度较高，说明其贸易政策更开放，而开放的贸易环境自然有助于中国 ICT 产品对其出口，因此呈现出一个正相关关系。

RCEP 国家的财产权保护（LNPR）对中国 ICT 产品出口的影响系数为 0.258，回归结果通过了 5%的显著性检验，符号为正，与预期一致，对中国 RCEP 国家的 ICT 产品出口起到了一定的促进作用。也就是说，出口对象国的财产权保护越严格，将拉动中国对 RCEP 国家的 ICT 产品出口。由此可见，出口对象国良好的经商环境，可以有效提升交易双方互信度，提高获得贸易利益的适当预期，促进中国 ICT 产品出口。

中国对 RCEP 国家的投资与人民币对美元汇率的波动不具有统计学意义，也就意味着在统计学上，汇率波动不是影响中国 ICT 出口的决定性因素。对外直接投资的出口扩散效应与互补效应存在共存的现象，相互抵消了对外直接投资对中国 ICT 产品出口产生的影响。这与陈培如、冼国明[1]的实证研究结果相似。而人民币对美元的汇率波动研究结果与李娟娟、邱立成、刘奎宁、王自锋关于东南亚经济体的汇率变化对区域贸易的影响并不明显的结果一致[2][3]。

中国 ICT 产品出口总额统计结果见表 6-5。

---

① 陈培如，冼国明. 中国对外直接投资的出口效应：对"替代"和"互补"效应并存的一种解释 [J]. 当代财经，2018 (9)：102-113.

② 李娟娟. 人民币汇率波动对中国向"一带一路"国家出口贸易的影响研究 [D]. 西安：西北大学，2020.

③ 邱立成，刘奎宁，王自锋. 东道国城镇化与中国对外直接投资 [J]. 国际贸易问题，2016 (4)：143-154.

表 6-5　中国 ICT 产品出口总额统计结果

变量	(1) P-OLS lnex	(2) RE lnex	(3) FE lnex	(4) LSDV lnex
lngdp	0.853*** (11.72)	1.091*** (14.56)	1.086*** (11.84)	1.195*** (8.78)
lncgdp	-0.600*** (-6.41)	-0.028 (-0.39)	0.090 (1.20)	0.178* (1.86)
lndis	-0.596*** (-11.96)	-0.883*** (-5.47)	—	-0.562*** (-6.65)
lnofdi	0.215*** (12.06)	0.022 (1.16)	-0.013 (-0.63)	-0.010 (-0.47)
lncra	-0.466*** (-5.28)	0.015 (0.07)	0.350 (1.23)	0.383 (0.81)
lnpb	0.084*** (5.20)	0.078*** (6.50)	0.077*** (6.25)	0.078*** (4.73)
lnbr	0.096** (1.97)	-0.068 (-1.42)	-0.081 (-1.59)	-0.131* (-1.75)
lnof	1.125*** (17.97)	0.814*** (7.78)	0.594*** (4.74)	0.760*** (4.27)
lnpr	0.078 (1.27)	0.243*** (3.44)	0.266*** (3.45)	0.258** (2.55)
Constant	8.510** (2.51)	-9.275*** (-3.03)	-20.398*** (-6.55)	-20.108*** (-4.19)
Obs.	448	448	448	448
R^2/Adj. R^2	0.951 / 0.948	—	—	0.984 / 0.982
F-Stat.	625.5***	—	—	1 287***
F Test	(31, 408) = 72.69***			
LM Test	chibar2 (01) = 1 403.15***			
H-Test	chi2 (6) = 1 257.60***			
S-Hansen	Statistic = 33.051***			
Year FE			YES	YES
Country FE			YES	YES

Robust t-statistics in parentheses

注:

(1) ***、**、* 为 1%、5%、10% 显著性水平。

(2) F-test: p = 0.000 0。

(3) LM-test: p = 0.000 0。

(4) H-test: p = 0.000 0。

(5) S-test: p = 0.000 0。

6.4.4.2 对中国 RCEP 国家 ICT 分类产品出口的影响因素对比分析

在前文出口结构分析的基础上，本节根据 UNCTADSTAT 数据库 ICT 产品的分类标准，分别汇总了计算机及外围设备、通信设备、消费性电子产品、电子元件以及杂项的出口面板数据。由于不同 ICT 品类出口具有异质性，本节从出口结构层面对不同品类的 ICT 产品出口贸易展开实证研究。

依据上一节的模型检验方法，本节分别对五类商品面板数据进行了回归，结果均选择固定效应模型，考虑到本书存在不可观测的变量只随时间变化，而上述方法解决不了不随个体变化的情况，故采用了双向固定效应模型 LSDV 法。回归结果如表 6-6 所示。

从总体结果来看，各个回归方程调整后的拟合优度均大于 0.9，表明本书贸易引力模型的设定合理，对现实具有较强的解释力。我们通过表 6-5 分析了中国对 RCEP 国家整体的 ICT 产品出口后，现在对各分类产品出口的影响因素进行详细的相互比较和逐一分析。

影响因素中出口对象国的 GDP 对所有产品的出口造成的影响都与预期符号一致，并且在 1% 的水平上显著，对各分类 ICT 产品的出口产生了正向的影响。出口对象国的 GDP 增长（降低）1%，意味着中国计算机及外围设备、通信设备、消费性电子产品、电子元件以及杂项等出口额分别增长（减少）约 0.833%、0.739%、1.138%、2.13%、0.982%。此外，对比其他影响因素，出口对象国 GDP 的回归系数非常高，可视为影响中国 ICT 产品对 RCEP 国家出口的主要因素。以上结果表明中国不同品类的 ICT 产品出口与出口对象国的经济发展水平息息相关。回归系数最高的产品是电子元件，这意味着该地区居民对电子元件的需求弹性比其他品类的 ICT 产品更大，也可以推断 RCEP 市场对电子元件的需求相对更为敏感，或者说对其价格变动反应更为迅速，这反映了电子元件在 RCEP 地区的市场份额较大。

统计分析结果显示，中国 GDP 对中国大部分 ICT 分类产品出口产生了正向的影响。其中对电子元件，其回归系数为 0.95，并且在 1% 的水平上显著。这说明如果中国 GDP 上升（降低）1% 意味着中国电子元件出口额增加（减少）约 0.95%。其次是通信设备，回归系数为 0.528，在 1% 的水平上显著；杂项的系数为 0.39，在 5% 的水平上显著。相反，消费性电子产品的出口在 10% 的显著性水平上产生负面影响，也就是说中国的 GDP 每增长（降低）1%，中国的电子消费品出口额就会相应减少（增加）

0.17%。对计算机的出口显示正向影响但并没有达到相应的统计学水平，不具有统计学意义。这是因为随着中国经济的发展，政府部门持续支持高科技产业发展，相关 ICT 产业发展迅速，提升了高科技生产供应能力，促使中国通信设备和电子元件等高科技产品出口增长。而本国经济增长的同时，提升了人们的生活水平，也刺激了本国国民对高科技消费品的需求。国内需求市场的扩大，可能会减少消费性电子产品出口到国外市场的数量，一定程度上影响了对 RCEP 国家消费性电子产品的出口供给。

中国与出口对象国之间的地理距离与预期符号基本一致，在 1% 的水平上显著为负，即如果两国之间的地理距离增加（减少）1%，计算机及外围设备、通信设备、电子元件以及杂项出口分别减少（增加）约 0.588%、0.528%、0.592%、0.303%，是中国 ICT 产品出口的最大障碍因素。这表明进出口国家双方距离的增加会引起出口贸易国对出口对象国 ICT 出口贸易额一定程度的减少。但对消费性电子产品出口，没有达到统计学上的水平。这是由于部分 ICT 产品比较昂贵，对运输的要求比较严格，部分产品甚至需要空运，运输成本较高，在相当程度上制约了其出口贸易的开展。而消费性电子产品回归系数为正但没有达到统计学要求的显著性水平，因此不具有统计学意义。

在对外直接投资方面，尽管近几年中国对外投资显著增加，但研究结果表明，中国对外直接投资对中国 ICT 产品出口影响不大，只有消费性电子产品出口在 10% 的显著水平上产生正向影响，也就是说，中国对 RCEP 国家投资会促进中国消费性电子产品的出口量。与此同时，境外投资在 1% 的水平上显著，对杂项出口产生负向影响，表明境外投资会导致中国杂项产品出口减少。而在计算机及外围设备、通信设备以及电子元件上，回归系数虽然为负，但并没有通过显著性检验，因此不构成对其产品出口的决定因素。这与 Vernon R.、Buckley P. J.、Casson M. [①]的研究结果一致，即跨国企业到海（境）外投资，可能会产生大量进口母国生产产品的补充效应；相反，在当地销售当地生产的产品，从而产生代替母国产品出口的替代效应。

---

① VERNON R. International investment and international trade in the product cycle［M］// International economic policies and their theoretical foundations. New York：Academic Press，1992：415-435.

BUCKLEY P J, CASSON M. A long-run theory of the multinational enterprise［M］// The future of the multinational enterprise. London：Palgrave Macmillan，1976：32-65.

BUCKLEY P J, CASSON M. The optimal timing of a foreign direct investment［J］. The Economic Journal，1981，91（361）：75-87.

人民币兑美元的汇率波动对中国计算机及外围设备出口产生了正向的影响，通过了10%的显著性水平检验。出口国汇率上升导致本币贬值有利于出口，不利于进口。人民币兑美元的汇率波动对中国消费性电子产品出口在5%的水平上显著为负，回归系数为-1.473，是影响消费性电子产品出口的决定性因素。这可能是由于汇率波动使本国产品在国际市场上的价格变得不稳定从而降低了竞争力。而汇率波动对通信产品以及电子元件的出口产生了正向影响，但没有通过显著性水平检验，不具有统计学意义。该结果与 Sato K.、Shimizu J.、Shrestha N.、Zhang S. 关于汇率波动对不同行业及贸易商品特性影响不同的研究结果一致①。

移动宽带加入率对所有品类产品的出口都有正向的影响，但大部分产品没有通过显著性检验，不具有统计学意义。只有通信设备以及消费性电子产品在10%的水平上显著为正，即如果移动宽带加入率提高（降低）1%，中国的通信设备和消费性电子产品出口将分别增加（减少）0.077%和0.041%。固定宽带加入与计算机及外围设备在10%的水平上显著为正，中国电子元件等产品的出口在5%的水平上显著为负。这说明出口对象国固定宽带加入量增加（下降）1%，能有效促进中国计算机及外围设备出口增加（减少）0.166%，相反，促使电子元件出口减少（增加）0.405%。但固定宽带加入量与其他产品的出口系数没有通过显著性检验，不构成影响中国其他产品出口的影响因素。

RCEP 国家的贸易依存度对除计算机及外围设备以及杂项以外的所有产品的出口均在1%的水平上显著，对电子元件、消费性电子产品以及通信设备产生 1.301、1.23 以及 0.903 的正向的影响。这意味着出口对象国贸易依存度每提高（降低）1%，中国的电子元件、消费性电子产品、通信设备出口额将分别增加（或减少）1.301%、1.230%、0.903%。我们还可以看出，贸易依存度回归系数较高，是促进中国电子元件、消费性电子产品及通信设备等出口的重要的正向影响因素。计算机及外围设备和杂项没有通过显著性检验，不具备统计学意义。

在财产权保护方面，所有回归系数都对各类产品的出口产生正向的影响，但通信设备及消费性电子产品没有通过显著性检验。这说明产权保护力度每提升（降低）1%，中国计算机及外围设备、电子元件和杂项的出

---

① SATO K, SHIMIZU J, SHRESTHA N, et al. Industry-specific exchange rate volatility and intermediate goods trade in asia [J]. Scottish Journal of Political Economy, 2016, 63 (1): 89-109.

口将增长（减少）0.222%、0.383%、0.355%。这说明进口国产权保护制度越完善，政府对私有产权保护程度越高，市场主体的合法权益越能得到保障，经营预期和财富安全感越高，越能促进贸易的高效发展，对中国ICT 产品出口有积极作用。刘宏曼、王醒梦[①]的研究结果一致。

表6-6　中国不同品类ICT 产品出口的统计结果

变量	(1) LSDV lnict1	(2) LSDV lnict2	(3) LSDV lnict3	(4) LSDV lnict4	(5) LSDV lnict5
lngdp	0.833***	0.739***	1.138***	2.130***	0.982***
	(4.19)	(4.28)	(6.33)	(6.92)	(5.24)
lncgdp	0.138	0.528***	−0.176*	0.950***	0.390**
	(1.12)	(3.80)	(−1.28)	(3.45)	(2.47)
lndis	−0.588***	−0.528***	0.163	−0.592***	−0.303***
	(−5.78)	(−4.35)	(1.58)	(−2.65)	(−2.67)
lnofdi	−0.025	−0.030	0.048*	−0.066	−0.132***
	(−1.10)	(−1.07)	(1.94)	(−1.55)	(−5.61)
lncra	0.720*	1.061	−1.473**	2.544	−0.833
	(1.71)	(1.43)	(−2.22)	(0.94)	(−0.63)
lnpb	0.020	0.077***	0.041*	0.059	0.017
	(0.98)	(2.90)	(1.73)	(1.58)	(0.77)
lnbr	0.166*	−0.151	0.136	−0.405**	−0.169*
	(1.89)	(−1.58)	(1.25)	(−2.11)	(−1.77)
lnof	0.237	0.903***	1.230***	1.301***	0.159
	(1.05)	(4.21)	(5.66)	(2.93)	(0.63)
lnpr	0.222**	0.214	0.090	0.383*	0.355***
	(2.08)	(1.57)	(0.70)	(1.73)	(2.64)
Constant	−15.222**	−19.451***	−16.063**	−69.267***	−21.255***
	(−2.30)	(−3.03)	(−2.24)	(−4.62)	(−2.60)
Obs.	448	448	448	443	439
R^2	0.982	0.963	0.974	0.929	0.965
Time FE	YES	YES	YES	YES	YES
Country FE	YES	YES	YES	YES	YES

Robust t-statistics in parentheses。

注：***、**、*分别表示1%、5%、10%的显著性水平。

――――――――――

① 刘宏曼，王梦醒. 制度环境对中国与"一带一路"沿线国家农产品贸易效率的影响［J］. 经济问题，2017（7）：78-84.

本章运用贸易引力模型，基于产品和国家层面，对中国出口的ICT产品总额以及五个分类产品贸易数据进行实证检验。对ICT产品总额及其分类产品的模型进行了OLS混合回归、随机效应回归、固定效应回归，并根据分析需求选取了LSDV双固定效应模型估计回归，且模型回归方程拟合度优良。

本章研究发现，出口对象国的GDP对ICT产品总额以及五类ICT产品均产生了显著的正向影响，且回归系数较大，是决定中国ICT产品出口的主要因素。中国的经济规模仅对中国ICT出口总量、通信产品、电子元件以及杂项出口产生了显著的正向影响，双方地理距离对ICT出口总量、计算机及外围设备、通信设备、电子元件以及杂项均产生了抑制双边ICT产品出口贸易量的结果。这或许与其对运输方式要求严苛有关联，这也基本和理论模型的建立原理一致，是影响中国ICT产品出口的主要因素。中国的对外投资对消费性电子产品产生了正向的影响，却对杂项出口产生了负向的影响。计算机及外围设备、通信设备以及电子元件没有通过显著性检验，不具有统计学意义。人民币对美元的汇率波动对计算机及外围设备产生了正向影响，对消费性电子产品产生了负向影响。出现这种现象可能是因为我国的计算机及外围设备的需求弹性较小，人民币实际有效汇率升高造成的价格提升并没有影响到中国计算机及外围设备的出口额。而消费性电子产品面临日、韩等其他国际的激烈竞争，价格弹性低于人民币实际有效汇率提升造成的负向影响。移动宽带加入量对总出口以及通信设备和消费性电子产品产生了正向影响，也就是说移动宽带加入促进了中国通信设备以及消费性电子产品的出口流量。固定宽带加入量对计算机及外围设备产生了正向影响，促进了中国ICT产品对RCEP国家的出口。但同时也应注意到，固定宽带的加入量拉低了中国电子元件的出口量，与预期符号不符。有必要进一步对此展开深入研究。出口对象国外贸依存度对中国ICT产品出口RCEP国家的总量以及其他五种分类产品均产生了正向影响，但计算机及外围设备和杂项没有通过显著性检验，因此不构成其产品出口的决定因素。但外贸依存度对总出口、通信设备、消费性电子产品以及电子元件的回归系数非常高，因此在其他条件不变的前提下，出口对象国的贸易依存度是这些产品出口非常重要的影响因素。出口对象国的产权保护是出口总量、计算机及外围设备、电子元件、杂项出口的显著影响因素，良好的营商环境也将促进中国对RCEP国家的ICT产品出口。

7 中国对 RCEP 国家 ICT 产品出口潜力测算

7.1 贸易潜力理论

"潜力"通常指的是某个事物或个体在未来发展中所能展现的潜在能力或可能性。在经济学研究中，引力模型是衡量贸易潜力的常用方法，能够较好地分析传统理论无法解释的贸易现象。

贸易潜力的测度是建立一个引力模型，利用模型估计结果进行样本内预测，然后将理论值与实际值进行比较，探索贸易潜力。到目前为止，此评价体系有两种。一种是将实际值与理论值对比，实际值低于理论值称为"贸易不足"，实际值大于理论值称为"贸易过度"。即以"1"为基准，"1"是最佳贸易状态，继续保持这种状态即可。小于"1"意味着"不充分的贸易"或"巨大的潜力"，说明市场尚未饱和。大于1意味着"贸易过度"或"潜力重塑"，需要新的竞争点来促进贸易的持续发展[1][2]。另一种测定标准最为常用的是以"0.8 和 1.2 为测度基准"，依此标准将贸易潜力分为三种类型。即实际值与预测值之比计算结果为 1.2 以上（P>1.2）称为"潜力再造型"，又称过度交易，意味着双边贸易关系非常成熟，并且市场空间趋于饱和状态，需要进行市场空间再造，找到新的贸易市场增

---

① 盛斌，廖明中. 中国的贸易流量与出口潜力：引力模型的研究 [J]. 世界经济，2004（2）：3-12.

② BI Y R, SHI B. The Analysis and Testing of Trade Potentialities between China and Central Asia Countries: Empirical Study by RCA and Trade Gravity Model [J]. Asia-Pacific Economic Review, 2010 (3): 47-51.

加点。实际值与预测值之比计算结果为 0.8~1.2 为"潜力开拓型",两个贸易伙伴之间的贸易关系日益密切,贸易空间不断扩大,意味着应继续保持这种发展趋势。实际值和预测值的比率计算结果低于 0.8,则属于"潜力巨大型",两国贸易中处于松散的状态,意味着某些因素阻碍了贸易的发展,双边贸易基本处于未开发状态,相应的市场潜力巨大[①]。本书采用 0.8 和 1.2 为基准,测定中国与 RCEP 国家之间的出口潜力。中国和 RCEP 国家之间 ICT 产品出口潜力的计算模型如下:

$$P_{ijt} = \text{EX}_{ijt} / \text{EXP}_{ijt}^* \qquad (7.1)$$

在式(7.1)中,EX_{ijt} 和 EXP_{ijt}^* 分别是 t 年度国家 i 对国家 j ICT 产品实际出口额及国家 i 对国家 j 模型推定的理论出口额,P_{ijt} 指 t 年度国家 i 和国家 j 推定的 ICT 产品出口潜力值,意味着实际 ICT 产品出口潜力和测量的 ICT 产品出口潜力 P 值呈现相反方向的变化,潜力越大潜力值 P 越小,潜力越小潜力值 P 越大。

贸易潜力指标说明见表 7-1。

表 7-1　贸易潜力指标说明

贸易潜力计数范围	贸易关系评估	贸易潜力的类型	意义
$P>1.2$	贸易过度	潜力再造型	双方贸易关系密切,贸易潜力开发殆尽,需要开发新的增长因素
$0.8<P<1.2$	贸易稳定	潜力开拓型	双方的贸易关系越来越密切,潜力没有充分显现,还有扩张空间
$P<0.8$	贸易过少	潜力巨大型	双方贸易关系松散,双方贸易潜力巨大,应消除双方贸易壁垒,排除关键阻碍

7.2　贸易潜力的估算与结果分析

本章根据扩展引力模型得到中国 ICT 总产品以及各分类产品出口回归方程,代入样本数据中包含的变量数据,计算引力模型中中国 ICT 总产品

[①] 刘青峰,姜书竹. 从贸易引力模型看中国双边贸易安排 [J]. 浙江社会科学, 2002 (6): 17-20.

以及各分类产品出口理论值与贸易实际值的比值，估算出中国各年份对各个 RCEP 国家的出口贸易潜力值。也就是说，使用扩展引力模型估计的参数，通过出口潜力方程估计中国和 RCEP 国家之间的 ICT 产品出口潜力值。

7.2.1 中国对 RCEP 国家 ICT 产品总额出口潜力以及分析

7.2.1.1 中国对 RCEP 国家 ICT 产品总额出口潜力的变化趋势分析

对各国的出口潜力变化趋势进行深度分析，有效识别潜在的市场增长规律，能及时调整出口策略，把握市场机会。中国 ICT 产品出口总额平均潜力值的波动（图 7-1）反映了 RCEP 整体的市场动态。中国对 RCEP 国家 ICT 产品出口总额平均潜力值波动不大，从 2007 年的 1.04（潜力开拓型）至 2013 年达到 1.30（潜力再造型）之后，2020 年潜力值重回 1.01，再次向潜力开拓型转变，出口市场整体趋于稳定发展状态。由此看来，中国 ICT 企业在与 RCEP 国家保持良好贸易关系的前提下，关注各国 ICT 市场的发展动态以及政策，及时调整出口策略，确保了对不同市场的变化做出及时反应。

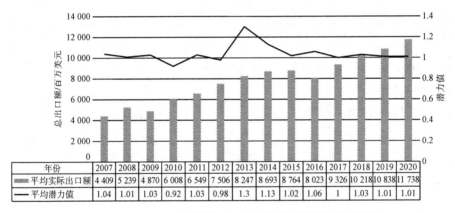

图 7-1 2007—2020 年中国 ICT 产品总出口平均实际出口额

数据来源：笔者计算整理。

7.2.1.2 中国对 RCEP 国家 ICT 产品总额出口潜力的最新动态

从 2020 年中国对 RCEP 国家 ICT 产品最新的出口潜力测定结果（表 7-2 和图 7-2）可以看出，在所有 RCEP 国家中，出口潜力最大的国家是老挝，出口潜力值为 0.36，紧随其后的是文莱、韩国，其出口潜力值都小于 0.8，有待开发的市场空间巨大。相反，越南的出口潜力值为 1.69，新加坡为 1.41，都大于 1.2，处于过度贸易的状态。尽管越南的出口潜力较小，但其与我国交界，经贸关系密切，中国可以优化在越南市场的竞争策略，加快产品迭代更新速度，挖掘新的贸易增长点，以保持足够的市场竞争力。

表 7-2　2020 年中国对 RCEP 国家 ICT 产品出口潜力值

国家	实际出口额/百万美元	理论出口额/百万美元	出口潜力值
澳大利亚	10 072	8 703	1.16
缅甸	919	1 120	0.82
文莱	21	34	0.62
柬埔寨	515	493	1.05
印度尼西亚	6 070	5 297	1.15
日本	33 315	31 953	1.04
韩国	33 692	46 184	0.73
老挝	91	255	0.36
马来西亚	13 801	12 103	1.14
新西兰	600	720	0.83
菲律宾	919	1 120	0.82
新加坡	6 712	4 753	1.41
泰国	8 638	8 017	1.08
越南	32 032	18 922	1.69

数据来源：笔者计算整理。

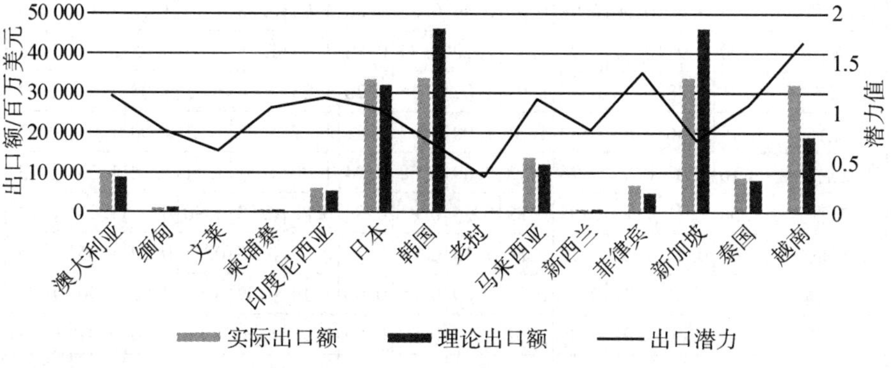

图 7-2　2020 年中国对 RCEP 国家 ICT 产品出口的实际出口额、理论出口额以及出口潜力值趋势

数据来源：笔者计算整理。

7.2.1.3 2007—2020 年中国对 RCEP 国家 ICT 产品总额出口潜力的变化趋势分析

从 RCEP 国家的出口潜力变化趋势（表 7-3）来看，澳大利亚、柬埔寨、菲律宾、泰国和越南对中国和 RCEP 国家 ICT 产品出口呈下降趋势。特别是越南的潜力值从 2007 年的 0.54 到 2020 年的 1.69，呈现快速上升的趋势。而对老挝、文莱、韩国、新西兰、新加坡、柬埔寨、马来西亚、印度尼西亚等国家，中国 ICT 产品出口潜力呈上升趋势，其中印度尼西亚出口潜力值从 2007 年的 1.16 略微下降到 2020 年的 1.15，文莱从 2007 年的潜力值 1.24（潜力再造型）下降到 2020 年的潜力值 0.62（潜力巨大型）。可以看出，随着全球数字化技术的发展，对 ICT 产品的需求随之扩大，且中国产品在品质、性价比等方面具有竞争优势，得到了消费者的青睐，应趁此机会提升品牌知名度和美誉度，以保持市场占有率。中国对老挝 ICT 出口潜力值从 2007 年的 0.70 下降到 2020 年的 0.36，一直处于贸易未开发状态，潜力巨大。对此，政府与企业应合力深化两国的交流，打破贸易壁垒，针对老挝市场需求，调整产品定位，优化产品组合，提高产品的竞争力和适应性，填补其市场空白。

表 7-3 2007—2020 年中国对 RCEP 国家出口潜力值

国家	2007年	2008年	2009年	2010年	2011年	2012年	2013年	2014年	2015年	2016年	2017年	2018年	2019年	2020年
越南	0.54	0.47	0.72	0.74	0.80	0.95	1.31	1.29	1.15	1.10	1.29	1.33	1.57	1.69
菲律宾	0.99	1.19	1.21	1.09	0.86	0.82	0.76	0.94	1.01	0.90	0.82	0.94	1.27	1.41
澳大利亚	1.05	0.92	0.96	0.98	0.95	0.89	0.80	0.88	1.04	0.98	1.14	1.17	1.17	1.16
泰国	1.00	0.99	0.91	0.92	1.11	1.10	0.84	0.82	1.18	1.15	1.07	0.95	0.97	1.08
日本	0.81	0.78	0.78	0.86	0.91	1.02	1.15	1.20	1.23	1.14	1.15	1.05	1.02	1.04
缅甸	0.79	0.56	0.63	0.83	1.01	1.15	1.43	1.61	1.27	1.37	1.21	1.00	1.08	0.82
印度尼西亚	1.16	1.03	0.91	0.76	0.78	0.89	0.88	0.94	1.00	1.11	1.11	1.18	1.26	1.15
马来西亚	1.58	1.31	1.22	0.95	0.89	0.94	0.81	0.83	0.88	0.82	0.90	0.97	1.04	1.14
柬埔寨	1.06	0.85	1.64	1.12	2.56	1.15	0.72	0.72	0.79	0.75	0.78	0.79	1.05	1.05
新加坡	1.31	1.21	1.27	0.97	0.89	0.89	0.85	0.90	1.14	0.99	0.95	0.85	0.90	1.04
新西兰	1.15	1.09	1.07	0.98	1.02	1.08	0.90	0.89	0.98	1.06	1.08	1.06	0.87	0.83
韩国	1.22	1.49	1.20	1.08	0.91	1.12	1.06	0.98	1.06	0.93	0.87	0.79	0.82	0.73
文莱	1.24	0.89	1.12	0.83	0.99	0.70	1.44	1.38	1.01	1.85	0.86	1.47	0.49	0.62
老挝	0.70	1.32	2.19	0.80	0.74	1.18	5.32	2.44	0.54	0.67	0.75	0.82	0.67	0.36

数据来源：笔者计算整理。

7.2.2 ICT 分类产品出口潜力测算与分析

为进一步分析 ICT 产品出口潜力，为不同品类的 ICT 企业寻求匹配市场，本小节将分别分析计算机及外围设备、通信设备、消费性电子产品、电子元件和杂项出口潜力，根据扩展引力模型的分类产品出口回归方程的理论与实际出口的比率得出中国对 RCEP 国家不同类别 ICT 产品的出口潜力。

7.2.2.1 计算机及外围设备

（1）中国对 RCEP 国家计算机及外围设备出口平均潜力趋势分析

为了使中国企业能够灵活调整计算机及外围设备出口战略，本小节统计分析了 2007—2020 年 RCEP 市场整体潜力变化趋势以及各国计算机及外围设备出口潜力的变化趋势，详见图 7-3。

从中国对 RCEP 市场平均潜力来看，整体呈现较为稳定的发展态势。2007 年出口额 16.91 亿美元，潜力值为 1.20，意味着中国对 RCEP 国家计算机及外围设备出口趋于饱和。2019 年，市场平均出口额增至 26.21 亿美元，但出口潜力值上升至 1.42 的过度贸易状态。2020 年，出口额增长至 68.67 亿美元，出口潜力值降低至 1.01 的稳定贸易状态。由此可以看出，近年来，RCEP 国家经历数字化转型的同时，对计算机及外围设备的需求增加，出口市场空间随之增大。在此背景下，中国应持续进行产品创新和升级，确保产品能够满足 RCEP 国家对计算机及外围设备的需求，以提高产品的市场竞争力。

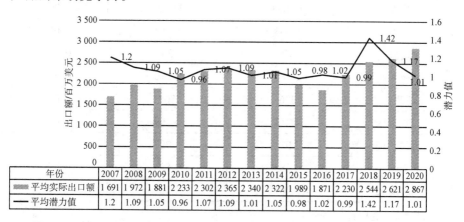

年份	2007	2008	2009	2010	2011	2012	2013	2014	2015	2016	2017	2018	2019	2020
平均实际出口额	1 691	1 972	1 881	2 233	2 302	2 365	2 340	2 322	1 989	1 871	2 230	2 544	2 621	2 867
平均潜力值	1.2	1.09	1.05	0.96	1.07	1.09	1.01	1.05	0.98	1.02	0.99	1.42	1.17	1.01

图 7-3　2007—2020 年计算机及外围设备平均实际出口额以及平均潜力值趋势
资料来源：笔者计算整理。

（2）2020 年中国对 RCEP 国家计算机及外围设备出口潜力的最新动态

从表 7-4 和图 7-4 中国计算机及外围设备 2020 年出口到 RCEP 国家的实际出口额、理论出口额和潜力的测定结果可以看出，除柬埔寨外，其他国家均留有扩大出口潜力的空间，其中老挝为 0.54，是出口潜力值最大的国家，而出口贸易量最大的东道国家是日本，其次是韩国和新加坡，不同之处是对日本的计算机及外围设备出口处于过度贸易状态，市场开发空间有限，而对韩国和新加坡处于稳定贸易状态，需要在保持现有贸易的状态下，提升产品质量以及服务水平，维持一个持续的市场竞争力。柬埔寨是出口潜力最小的国家，潜力值为 1.59。中国对泰国、马来西亚、印度尼西亚等市场处于过少贸易状态，贸易潜力巨大。为此，我们应深入了解这些国家的市场需求和消费者偏好，以便调整产品定位和推广策略，确保ICT 产品能够满足其市场需求。

表 7-4　2020 年中国对 RCEP 国家计算机及外围设备出口潜力

国家	实际出口额/百万美元	理论出口额/百万美元	出口潜力值
澳大利亚	4 417	3 875	1.14
缅甸	71	93	0.76
文莱	4	3	1.14
柬埔寨	40	25	1.59
印度尼西亚	1 279	1 612	0.79
日本	13 638	11 331	1.20
韩国	6 864	6 484	1.06
老挝	19	35	0.54
马来西亚	1 982	2 510	0.79
新西兰	326	305	1.07
菲律宾	1 214	1 199	1.01
新加坡	5 914	5 727	1.03
泰国	2 285	2 850	0.80
越南	2 081	1 762	1.18

数据来源：笔者计算整理。

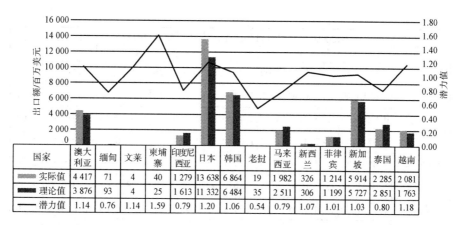

国家	澳大利亚	缅甸	文莱	柬埔寨	印度尼西亚	日本	韩国	老挝	马来西亚	新西兰	菲律宾	新加坡	泰国	越南
实际值	4 417	71	4	40	1 279	13 638	6 864	19	1 982	326	1 214	5 914	2 285	2 081
理论值	3 876	93	4	25	1 613	11 332	6 484	35	2 511	306	1 199	5 727	2 851	1 763
潜力值	1.14	0.76	1.14	1.59	0.79	1.20	1.06	0.54	0.79	1.07	1.01	1.03	0.80	1.18

图 7-4　2020 年中国对 RCEP 国家计算机及外围设备的实际出口额、理论出口额以及出口潜力值趋势

数据来源：笔者计算整理。

（3）中国对 RCEP 国家计算机及外围设备出口潜力趋势分析

从潜力值的总体变化趋势（见表 7-5）来看，柬埔寨、日本、越南、澳大利亚、文莱、新西兰、韩国、菲律宾、印度尼西亚等国对中国和 RCEP 国家计算机及外围设备出口呈上升趋势，但从中我们也看到除柬埔寨 2007 年潜力值从 0.58 上升至 2020 的 1.59，贸易空间消失殆尽外，其他国家潜力均属于"潜力开拓型"或"潜力巨大型"，出口市场空间还很大。新加坡、泰国、马来西亚、缅甸、老挝等国 ICT 产品出口潜力呈增长趋势，其中中国对新加坡的计算机及外围设备出口潜力一直保持稳定，潜力值从 2007 年的 1.04 到 2020 年的 1.03，缅甸、老挝从 2007 年的 1.78、2.15 到 2020 年的 0.76、0.54，待开发潜力巨大。通过以上分析可以看出，随着 RCEP 国家对数字经济发展越来越重视，中国的计算机及外围设备出口潜力也呈现相应的增长趋势。

表 7-5　2007—2020 年中国对 RCEP 国家计算机及外围设备出口潜力变化趋势

国家	2007年	2008年	2009年	2010年	2011年	2012年	2013年	2014年	2015年	2016年	2017年	2018年	2019年	2020年
柬埔寨	0.58	0.20	1.25	0.68	1.61	0.92	1.07	1.47	0.88	1.57	1.64	1.16	1.01	1.59
日本	1.09	0.99	0.85	0.79	0.84	0.89	1.08	1.14	1.07	0.99	1.03	0.98	1.16	1.20
越南	0.67	0.59	0.86	1.12	1.35	0.86	1.21	1.47	1.11	1.18	1.01	0.79	1.01	1.18
澳大利亚	1.07	0.86	0.82	0.97	0.99	0.85	0.96	1.02	1.14	0.97	1.10	1.07	1.11	1.14

表7-5（续）

国家	2007年	2008年	2009年	2010年	2011年	2012年	2013年	2014年	2015年	2016年	2017年	2018年	2019年	2020年
文莱	0.52	0.39	0.45	0.70	1.09	0.76	1.61	1.68	1.25	0.55	0.80	7.42	1.51	1.14
新西兰	1.02	0.90	0.85	0.94	0.93	1.00	0.95	1.02	1.13	1.03	1.08	1.05	1.07	1.07
韩国	0.92	1.43	1.26	1.22	0.88	0.78	0.80	0.73	0.87	1.06	1.10	1.09	1.05	1.06
菲律宾	0.97	1.08	1.02	1.21	1.01	1.00	0.95	0.95	0.96	1.14	0.90	0.89	0.96	1.01
印度尼西亚	0.66	0.92	1.04	1.14	1.15	1.19	1.15	0.89	1.03	1.23	1.08	0.94	0.99	0.79
新加坡	1.04	1.13	1.45	0.98	0.85	0.86	0.90	0.94	1.04	1.08	1.06	0.93	0.86	1.03
泰国	1.36	1.20	1.14	1.11	1.16	1.31	1.03	0.93	1.02	0.90	0.80	0.72	0.79	0.80
马来西亚	2.92	2.30	1.87	1.14	0.91	0.77	0.70	0.57	0.77	0.78	0.77	0.86	0.82	0.79
缅甸	1.78	1.43	1.15	1.23	1.34	0.93	0.81	1.01	0.97	0.91	0.91	0.65	0.69	0.76
老挝	2.15	1.87	0.80	0.25	0.82	3.11	0.95	0.92	0.44	0.83	0.64	1.32	3.33	0.54

数据来源：笔者计算整理。

7.2.2.2 通信设备

（1）中国对 RCEP 国家通信设备出口潜力的变化趋势分析

从图7-5可以看出，2007—2020年中国对 RCEP 国家通信设备的平均出口额总体呈快速增长趋势，出口潜力却一直维持在1.07左右的"潜力开拓型"。随着 RCEP 国家对数字经济的发展日益重视，2017年、2018年中国对 RCEP 国家通信设备的出口额以及出口潜力双双达到顶峰。但随后受美国对中国通信产业的打压影响，市场产生了对中国通信设备的不确定性，2019—2020年中国对 RCEP 国家的出口潜力随之下降。但整体也能看出，2007年的平均潜力值为1.10，而2020年的平均潜力值为1.08，一直保持着稳定的"潜力开拓型"市场，存在一定的出口空间。对此，我们应积极促进政府和企业参与 RCEP 国家与中国之间的贸易谈判和合作，减少贸易壁垒。

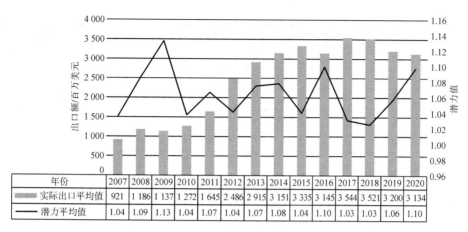

图 7-5　2007—2020 年中国对 RCEP 国家通信设备实际平均出口额以及平均潜力值趋势

数据来源：笔者计算整理。

（2）中国对 RCEP 国家通信设备出口潜力的最新动态

由表 7-6 和图 7-6 可以看出，2020 年，中国对韩国通信设备出口潜力值为 0.31，老挝潜力值为 0.46，文莱、柬埔寨等国处于贸易未开发状态，市场潜力巨大。相反，菲律宾、新加坡、印度尼西亚、泰国以及澳大利亚的出口市场潜力值呈现饱和状态，市场开发空间有限。中国对越南、日本、马来西亚等国家的通信设备出口处于稳定发展状态，存在部分市场空间。在此背景下，我们应不断进行研发和创新，推出具有竞争力的新产品，以保持在市场上的领先地位。目前中国对 RCEP 国家实际出口市场最大的国家是日本，越南紧随其后。

表 7-6　2020 年中国对 RCEP 国家通信设备产品出口潜力值

国家	实际出口额/百万美元	理论出口额/百万美元	出口潜力值
澳大利亚	2 897	2 201	1.32
缅甸	673	641	1.05
文莱	9	17	0.51
柬埔寨	294	330	0.89
印度尼西亚	3 473	2 324	1.49
日本	9 409	8 464	1.11
韩国	5 623	18 408	0.31
老挝	53	116	0.46
马来西亚	2 463	2 131	1.16

表7-6(续)

国家	实际出口额/百万美元	理论出口额/百万美元	出口潜力值
新西兰	130	216	0.60
菲律宾	2 299	1 059	2.17
新加坡	4 338	2 821	1.54
泰国	3 553	2 398	1.48
越南	8 657	7 985	1.08

数据来源：笔者计算整理。

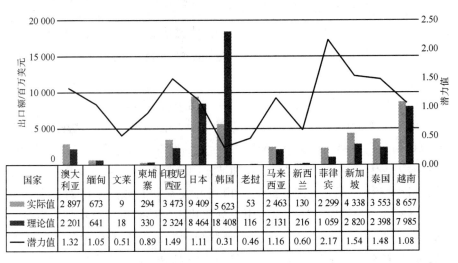

国家	澳大利亚	缅甸	文莱	柬埔寨	印度尼西亚	日本	韩国	老挝	马来西亚	新西兰	菲律宾	新加坡	泰国	越南
实际值	2 897	673	9	294	3 473	9 409	5 623	53	2 463	130	2 299	4 338	3 553	8 657
理论值	2 201	641	18	330	2 324	8 464	18 408	116	2 131	216	1 059	2 820	2 398	7 985
潜力值	1.32	1.05	0.51	0.89	1.49	1.11	0.31	0.46	1.16	0.60	2.17	1.54	1.48	1.08

图7-6　2020年中国对RCEP国家通信设备的实际出口额、理论出口额
以及出口潜力趋势

数据来源：笔者计算整理。

（3）中国对RCEP国家通信设备出口潜力的变化趋势分析

由表7-7可知，2020年，中国对RCEP国家通信设备出口潜力值中，菲律宾、印度尼西亚、泰国、澳大利亚、日本、越南、缅甸呈上升趋势，其中对菲律宾、印度尼西亚、泰国、澳大利亚的出口逐渐趋于市场饱和状态，但日本、越南、缅甸出口潜力值呈"潜力开拓型"，说明中国与这些国家通信贸易关系紧密，这些国家对中国通信设备的需求还在不断增长。对此，中国应通过创新提供更先进、功能更强大的通信设备，以满足这些市场对通信设备不断升级的需求，确保中国产品在竞争中具备更强的吸引力。对韩国的出口潜力起伏波动较大，存在巨大的市场空间。

表 7-7 2007—2020 年中国对 RCEP 国家通信设备出口潜力变化趋势

国家	2007年	2008年	2009年	2010年	2011年	2012年	2013年	2014年	2015年	2016年	2017年	2018年	2019年	2020年
菲律宾	0.66	0.88	1.14	0.86	0.84	0.86	0.69	1.02	0.94	0.93	0.94	1.11	1.73	2.17
印度尼西亚	1.09	1.09	0.84	0.80	0.72	0.76	0.81	0.96	0.98	0.95	1.04	1.28	1.60	1.49
泰国	0.83	0.81	0.63	0.65	0.84	0.81	0.80	0.73	1.44	1.53	1.53	1.29	1.41	1.48
澳大利亚	1.03	0.94	0.89	0.87	0.67	0.96	0.77	0.87	1.06	1.13	1.32	1.13	1.32	1.32
日本	0.45	0.46	0.64	0.72	0.85	1.35	1.50	1.33	1.45	1.48	1.41	1.27	1.07	1.11
越南	0.61	0.61	1.00	0.87	0.74	0.83	1.53	1.38	1.23	1.02	1.28	1.20	1.11	1.08
缅甸	0.55	0.26	0.34	0.56	0.86	1.20	2.09	2.31	1.51	1.48	1.47	1.37	1.55	1.05
老挝	0.85	1.57	3.42	1.31	1.04	1.16	0.92	0.75	0.77	0.90	1.17	1.17	0.46	0.46
韩国	0.99	1.43	1.33	1.18	1.08	1.69	1.73	1.46	1.25	0.93	0.84	0.65	0.51	0.31
新加坡	2.19	1.39	0.83	0.59	0.66	0.73	0.66	0.85	1.17	0.99	0.95	0.95	1.57	1.54
马来西亚	1.18	1.22	1.02	1.03	1.09	1.02	0.89	0.99	0.95	0.92	0.84	0.87	0.91	1.16
柬埔寨	1.06	0.97	1.99	1.43	2.90	1.28	0.68	0.59	0.70	0.58	0.67	0.80	1.18	0.89
新西兰	0.99	0.97	1.15	1.18	1.07	1.07	0.93	0.85	0.95	1.29	1.25	1.22	0.76	0.60
文莱	2.88	2.02	2.20	1.82	1.41	0.94	0.85	0.40	0.73	2.28	0.62	0.59	0.31	0.51

数据来源：笔者计算整理。

7.2.2.3 消费性电子产品

（1）中国对 RCEP 国家消费性电子产品出口潜力的变化趋势分析

从图 7-7 可见，2007—2020 年中国对 RCEP 国家消费性电子产品实际平均出口额总体呈较小的波浪式增长趋势，平均潜力值从 2007 年的 1.07 下降到 2020 年的 0.96，说明中国对 RCEP 国家消费性电子产品出口呈现整体稳定的发展态势。2016 年到 2020 年出口快速增长的同时，市场空间也快速扩大，表明随着 RCEP 国家市场需求的扩大，中国在此领域的技术、价格以及服务等在 RCEP 市场都极具竞争力，引起 RCEP 国家对中国消费性电子产品需求的增长，产业发展前景光明。

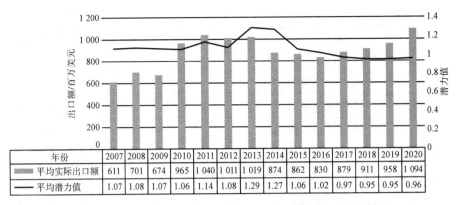

图 7-7　2007—2020 年中国对 RCEP 国家消费性电子产品的平均实际出口额
以及平均潜力趋势

数据来源：笔者计算整理。

（2）中国对 RCEP 国家消费性电子产品出口潜力最新动态

从表7-8和图7-8可以看出，2020年，缅甸以0.41的出口贸易潜力值成为中国电子消费产品出口市场空间最大的国家，其次是文莱，潜力值为0.69。与之相反，菲律宾、柬埔寨以及泰国出口潜力值普遍大于1.2，出口市场趋于饱和状态。基于此，中国相关企业应与当地的分销商、零售商和合作伙伴建立紧密联系，以更好地了解当地市场需求，开拓新的市场增长点。中国对 RCEP 国家消费性电子产品出口份额较大的国家有日本、越南以及澳大利亚，并且其潜力值都处于1.12~1.5之间的"贸易潜力开拓型"，还存在不小的市场开拓空间。

表 7-8　2020 年中国对 RCEP 国家消费性电子产品的出口潜力

国家	实际出口额/百万美元	理论出口额/百万美元	出口潜力值
澳大利亚	1 633	1 552	1.05
缅甸	121	296	0.41
文莱	7	10	0.69
柬埔寨	46	38	1.22
印度尼西亚	725	699	1.04
日本	5 367	4 811	1.12
韩国	1 653	1 970	0.84
老挝	15	15	0.98

表7-8(续)

国家	实际出口额/百万美元	理论出口额/百万美元	出口潜力值
马来西亚	931	1 037	0.90
新西兰	120	129	0.93
菲律宾	858	674	1.27
新加坡	662	900	0.74
泰国	971	809	1.20
越南	2 207	2 039	1.08

资料来源：笔者计算整理。

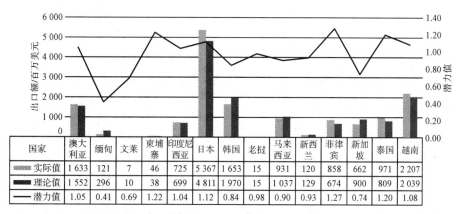

国家	澳大利亚	缅甸	文莱	柬埔寨	印度尼西亚	日本	韩国	老挝	马来西亚	新西兰	菲律宾	新加坡	泰国	越南
实际值	1 633	121	7	46	725	5 367	1 653	15	931	120	858	662	971	2 207
理论值	1 552	296	10	38	699	4 811	1 970	15	1 037	129	674	900	809	2 039
潜力值	1.05	0.41	0.69	1.22	1.04	1.12	0.84	0.98	0.90	0.93	1.27	0.74	1.20	1.08

图7-8 2020年中国对RCEP国家消费性电子产品的实际出口额、理论出口额以及出口潜力

数据来源：笔者计算整理。

（3）中国对RCEP各国消费性电子产品出口潜力的变化趋势分析

从中国对RCEP国家的出口潜力趋势（表7-9）来看，尽管中国对菲律宾、柬埔寨、泰国、日本、越南、马来西亚、文莱消费性电子产品出口潜力呈上升趋势，但也可以看出，日本、越南、马来西亚等消费性电子产品进口需求较大国家的出口在2011年前后达到了饱和状态。从整体上看，随着时间的推移，这些国家对消费性电子产品需求产生了一定程度的变化，加之中国ICT产业升级等带来的影响，市场潜力呈现逐年增强趋势。就整体RCEP市场来看，随着RCEP国家的经济不断发展，其市场需求也在不断增加，随着中国与RCEP国家贸易政策以及合作机制的健全，以及中国ICT技术的不断创新等多重因素的共同作用，中国对澳大利亚、印度尼西亚、老挝、新西兰、韩国、新加坡、缅甸等国家的潜力呈增长趋势，应持续保持良好的贸易关系。

表 7-9　2007—2020 年中国对 RCEP 国家消费性电子产品出口潜力变化趋势

国家	2007年	2008年	2009年	2010年	2011年	2012年	2013年	2014年	2015年	2016年	2017年	2018年	2019年	2020年
菲律宾	0.73	0.76	0.80	0.95	1.12	0.90	0.87	0.98	1.16	1.24	1.23	1.12	1.11	1.27
柬埔寨	0.35	0.51	0.45	0.38	0.92	0.84	2.17	2.40	1.53	1.38	1.52	1.38	1.50	1.22
泰国	1.06	1.01	0.92	0.95	1.00	0.93	0.91	1.06	1.04	0.90	0.94	1.04	1.08	1.20
日本	0.81	0.86	1.01	1.53	1.45	1.01	1.00	0.83	0.80	0.84	0.99	0.99	1.03	1.12
越南	0.44	0.38	0.89	1.24	1.56	1.90	2.10	1.04	0.98	0.95	0.82	0.95	1.08	1.08
马来西亚	0.73	1.05	1.14	0.96	1.08	1.12	1.19	1.15	1.31	1.05	0.74	0.77	1.03	0.90
文莱	0.54	0.40	0.40	0.49	1.07	1.01	3.24	3.69	1.54	1.36	1.55	1.17	0.71	0.69
澳大利亚	1.32	1.35	1.53	1.03	0.92	0.73	0.72	0.78	1.01	0.97	0.95	1.02	0.93	1.05
印度尼西亚	1.21	1.01	0.75	0.64	0.77	0.88	1.10	1.21	1.03	1.17	1.19	1.15	1.12	1.04
老挝	1.45	1.09	1.56	1.42	0.80	1.47	0.78	0.90	0.70	0.85	0.78	0.97	0.79	0.98
新西兰	1.70	1.68	1.48	0.85	1.02	0.83	0.83	0.82	0.88	0.80	0.88	0.91	0.91	0.93
韩国	2.09	1.85	1.26	1.16	1.01	1.16	0.90	0.69	0.89	0.81	0.67	0.70	0.85	0.84
新加坡	1.66	1.86	1.46	1.37	1.20	0.97	0.96	0.87	1.02	0.81	0.63	0.59	0.75	0.74
缅甸	0.93	1.25	1.28	1.82	1.97	1.42	1.27	1.31	1.00	1.15	0.67	0.55	0.45	0.41

数据来源：笔者计算整理。

7.2.2.4　电子元件

（1）中国对 RCEP 国家电子元件出口潜力的变化趋势分析

从中国对 RCEP 国家电子元件的平均实际出口额以及出口潜力整体趋势（见图 7-9）来看，2007—2020 年电子元件平均实际出口额总体呈快速增长趋势，但平均潜力值从 2007 年的 1.12（潜力开拓型）上升到 2020 年的 1.21（潜力再造型）。可以看出，中国对 RCEP 国家电子元件的出口市场已经趋于饱和状态，意味着中国的电子元件出口已经很难满足 RCEP 市场的需求了，而电子元件的核心产品是半导体，说明中国应加大对半导体产业的技术创新，提升其在 RCEP 国家的市场竞争力。

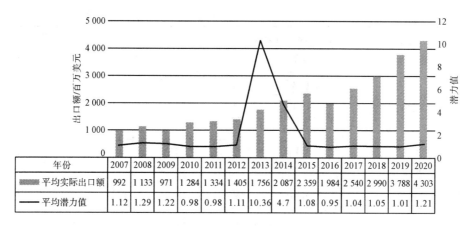

年份	2007	2008	2009	2010	2011	2012	2013	2014	2015	2016	2017	2018	2019	2020
平均实际出口额	992	1 133	971	1 284	1 334	1 405	1 756	2 087	2 359	1 984	2 540	2 990	3 788	4 303
平均潜力值	1.12	1.29	1.22	0.98	0.98	1.11	10.36	4.7	1.08	0.95	1.04	1.05	1.01	1.21

图 7-9 2007—2020 年中国对 RCEP 国家电子元件的平均实际出口额

以及平均出口潜力趋势

数据来源：笔者计算整理。

（2）中国对 RCEP 国家电子元件出口潜力的最新动态

通过对 2020 年中国对 RCEP 国家电子元件实际出口额、理论出口额和潜力值的测定结果（表 7-10 和图 7-10）可以看出，2020 年，中国对老挝的电子元件出口潜力值最大，为 0.08，其次是对印度尼西亚、日本、新西兰、新加坡的出口潜力值，都小于 0.8，说明市场潜力巨大，应对其市场进行重点开发。相反，柬埔寨的出口潜力值为 3.74，成为出口潜力最小的国家。越南和澳大利亚的出口潜力值均大于 1.2，意味着市场趋于饱和状态。其中对越南的出口潜力值为 2.86，处于绝对的贸易饱和状态，实际出口额是理论出口额的三倍多。应维护好当前贸易关系，同时加大对半导体市场的投入，以构建新的市场增长点。中国对韩国的电子元件出口，不仅实际出口额巨大，也还存在不小的市场开发空间。

表 7-10 2020 年中国对 RCEP 国家电子元件出口潜力

国家	实际出口额/百万美元	理论出口额/百万美元	出口潜力值
澳大利亚	1 045	776	1.35
缅甸	40	37	1.09
文莱	1	0.84	0.84
柬埔寨	127	34	3.74
印度尼西亚	221	347	0.64

表7-10(续)

国家	实际出口额/百万美元	理论出口额/百万美元	出口潜力值
日本	4 180	6 053	0.69
韩国	18 657	18 929	0.99
老挝	1	12	0.08
马来西亚	7 641	6 961	1.10
新西兰	15	21	0.72
菲律宾	2 142	2 097	1.02
新加坡	6 803	9 339	0.73
泰国	1 471	1 330	1.11
越南	17 893	6 262	2.86

数据来源:笔者计算整理。

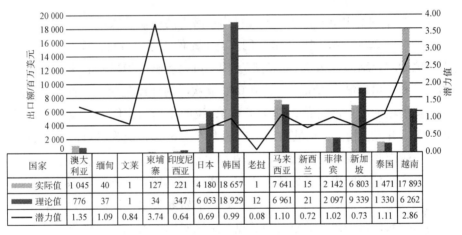

国家	澳大利亚	缅甸	文莱	柬埔寨	印度尼西亚	日本	韩国	老挝	马来西亚	新西兰	菲律宾	新加坡	泰国	越南
实际值	1 045	40	1	127	221	4 180	18 657	1	7 641	15	2 142	6 803	1 471	17 893
理论值	776	37	1	34	347	6 053	18 929	12	6 961	21	2 097	9 339	1 330	6 262
潜力值	1.35	1.09	0.84	3.74	0.64	0.69	0.99	0.08	1.10	0.72	1.02	0.73	1.11	2.86

图 7-10　2020 年中国对 RCEP 国家电子元件的实际出口额、理论出口额
以及出口潜力

数据来源:笔者计算整理。

（3）中国对 RCEP 国家电子元件出口潜力的变化趋势分析

从中国对 RCEP 国家电子元件的出口潜力发展趋势（见表7-11）来看，中国对柬埔寨、越南、澳大利亚、泰国、缅甸的电子元件出口潜力呈整体下降趋势。应透过中国对这些国家出口潜力的历史演变路径，观察影响中国对这些国家电子元件出口的市场影响因素，改善与其贸易关系。潜力呈增长趋势的国家包括马来西亚、菲律宾、韩国、文莱、新加坡、日

本、印度尼西亚、老挝等国家，说明中国对这些国家电子元件的出口随着时间的推移出口空间有所提升，应重点关注这些国家的具体市场需求，制定相关战略政策，优先开发这些市场。

表 7-11   2007—2020 年中国对 RCEP 国家电子元件出口潜力趋势

国家	2007年	2008年	2009年	2010年	2011年	2012年	2013年	2014年	2015年	2016年	2017年	2018年	2019年	2020年
柬埔寨	0.69	0.51	1.37	1.42	2.42	0.35	0.49	0.52	0.57	1.23	1.25	1.13	1.81	3.74
越南	0.35	0.26	0.25	0.48	0.64	1.49	1.35	1.51	1.05	1.36	1.91	2.32	2.67	2.86
澳大利亚	0.17	0.30	0.92	1.70	1.80	1.31	0.72	0.79	0.94	0.94	1.58	2.61	1.91	1.35
泰国	1.00	0.95	1.04	0.85	1.12	0.99	0.81	0.83	1.45	1.20	1.05	1.04	0.76	1.11
缅甸	0.53	0.37	0.36	1.01	1.39	2.33	2.32	1.52	1.41	1.38	1.33	0.46	0.93	1.09
马来西亚	1.73	1.20	1.29	0.86	0.71	0.91	0.76	0.86	0.87	0.80	1.12	1.17	1.04	1.10
菲律宾	1.90	2.49	2.31	1.35	0.70	0.64	0.72	0.96	1.04	0.57	0.50	0.73	0.98	1.02
韩国	1.97	1.87	1.30	0.86	0.74	0.77	0.63	0.70	1.00	1.00	0.99	0.97	1.03	0.99
文莱	—	1.37	1.94	1.16	0.68	0.54	1.15	0.67	1.35	—	—	—	—	0.84
新加坡	1.65	1.69	1.71	1.05	0.89	0.88	0.81	0.83	1.23	1.01	0.96	0.76	0.58	0.73
新西兰	0.81	2.83	1.07	0.52	0.52	1.65	1.48	1.06	0.98	1.21	1.01	0.66	0.66	0.72
日本	1.22	0.90	0.74	0.64	0.64	0.81	1.20	1.74	1.83	1.36	1.25	1.02	0.79	0.69
印度尼西亚	2.57	1.58	1.38	0.63	0.59	0.86	0.75	0.80	0.94	1.04	1.34	1.33	0.84	0.64
老挝	1.16	1.79	1.39	1.14	0.84	1.98	131.77	53.04	0.48	0.27	0.30	0.10	0.08	0.08

数据来源：笔者计算整理。

注："—"表示没有当年的交易数据。后同。

7.2.2.5 杂项

（1）中国对 RCEP 国家杂项出口潜力的变化趋势分析

从图 7-11 来看，中国对 RCEP 国家杂项的整体平均出口潜力值变化不大，从 2007 年到 2020 年的实际平均出口额呈现波动增长的趋势，潜力值呈现波动下降的趋势，从 2007 年的 1.11 微降至 2020 年的 1.16，出口潜力有所下降，但仍保持"潜力开拓型"。

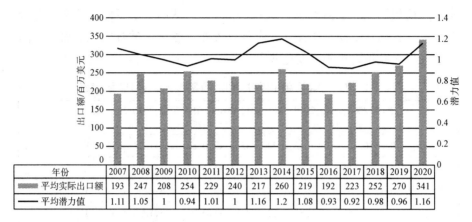

图 7-11　2007—2020 年中国对 RCEP 国家杂项平均实际出口额以及平均潜力值趋势

数据来源：笔者计算整理。

（2）中国对 RCEP 国家杂项出口潜力的最新动态

表 7-12 和图 7-12 是 2020 年中国对 RCEP 国家杂项实际出口额、理论出口额和潜力的测定结果。可以看出，老挝出口潜力值最小 0.36，其次是日本，潜力值为 0.58。相反，马来西亚的出口潜力值为 2.46，成为出口潜力最小的国家，越南出口潜力值为 2.06，紧随其后。2020 年，中国对越南的实际出口额为 11.96 亿美元，是目前中国对 RCEP 国家中杂项最大的出口市场。市场开发重点应锁定日本、韩国，其市场开发空间相对较大。

表 7-12　2020 年中国对 RCEP 各国杂项出口潜力

国家	实际出口额/百万美元	理论出口额/百万美元	出口潜力值
澳大利亚	80	76	1.06
缅甸	—	—	—
文莱	8	5	1.47
柬埔寨	372	220	1.69
印度尼西亚	721	1 249	0.58
日本	895	1 108	0.81
韩国	1	3	0.36
老挝	784	319	2.46
马来西亚	14	13	1.05
新西兰	9	10	0.93

表7-12（续）

国家	实际出口额/百万美元	理论出口额/百万美元	出口潜力值
菲律宾	199	100	2.00
新加坡	134	17	0.81
泰国	358	344	1.04
越南	1 196	581	2.06

数据来源：笔者计算整理。

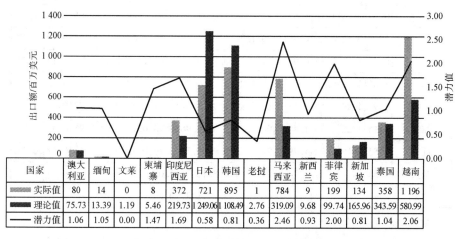

国家	澳大利亚	缅甸	文莱	柬埔寨	印度尼西亚	日本	韩国	老挝	马来西亚	新西兰	菲律宾	新加坡	泰国	越南
实际值	80	14	0	8	372	721	895	1	784	9	199	134	358	1 196
理论值	75.73	13.39	1.19	5.46	219.73	1 249.06	1 108.49	2.76	319.09	9.68	99.74	165.96	343.59	580.99
潜力值	1.06	1.05	0.00	1.47	1.69	0.58	0.81	0.36	2.46	0.93	2.00	0.81	1.04	2.06

图 7-12　2020 年中国对 RCEP 国家杂项的实际出口额、理论出口额
以及出口潜力

数据来源：笔者计算整理。

（3）中国对 RCEP 国家杂项出口潜力的变化趋势分析

从总体发展趋势（见表7-13）来看，中国对 RCEP 国家的杂项出口占比不高，整体来看，马来西亚、越南、菲律宾、印度尼西亚、澳大利亚、缅甸、泰国、新西兰等国家出口潜力呈下降趋势。不同的是，马来西亚、越南、菲律宾、印度尼西亚的潜力呈现持续下跌至"贸易再造型"市场，其他国家呈现波动下降趋势至"贸易开拓型"市场。潜力呈增长趋势的国家有柬埔寨、新加坡、韩国、日本、老挝等国家。其中韩国、日本、新加坡等国随着时间推移，其出口潜力由"贸易再造型"上升到"贸易开拓型"，贸易潜力再造成功。

表 7-13　2007—2020 年中国对 RCEP 国家杂项出口潜力趋势

国家	2007年	2008年	2009年	2010年	2011年	2012年	2013年	2014年	2015年	2016年	2017年	2018年	2019年	2020年
马来西亚	1.07	0.72	0.85	0.77	0.81	1.09	1.05	0.75	0.82	1.02	1.17	1.19	0.99	2.46
越南	0.71	0.64	0.65	0.38	0.45	0.50	0.73	2.42	2.12	1.37	1.07	1.87	1.83	2.06
菲律宾	0.59	0.72	0.83	0.57	0.79	0.61	0.88	0.90	0.94	1.37	1.87	2.05	1.30	2.00
印度尼西亚	0.95	0.81	0.85	0.59	0.65	0.83	0.88	1.08	0.93	1.23	1.33	1.29	1.52	1.69
澳大利亚	0.55	0.82	0.90	0.93	1.12	0.99	1.00	0.95	1.01	1.24	1.17	1.30	1.24	1.06
缅甸	0.58	0.46	1.18	1.67	1.24	0.94	1.42	1.45	1.31	0.88	0.78	0.86	0.98	1.05
泰国	0.68	0.82	0.66	0.91	1.29	1.70	1.25	1.27	1.16	1.01	0.83	0.86	0.99	1.04
新西兰	0.81	1.22	0.72	0.91	1.51	1.31	0.76	0.83	1.05	1.16	1.14	1.12	0.93
柬埔寨	3.85	2.31	0.90	0.72	1.20	1.25	1.21	0.38	1.11	1.10	0.55	0.46	0.55	1.47
新加坡	0.95	1.40	1.56	1.13	0.82	0.99	0.99	1.54	1.41	0.73	0.89	0.72	0.64	0.81
韩国	1.45	1.28	1.79	1.40	0.96	0.75	0.83	0.96	0.78	0.74	0.94	0.91	0.94	0.81
日本	1.85	2.19	1.74	1.49	1.24	1.12	0.94	0.78	0.79	0.72	0.73	0.69	0.58	0.58
老挝	1.54	1.27	1.41	1.74	1.42	1.34	1.82	2.31	1.02	0.54	0.40	0.43	0.77	0.36
文莱	—	—	—	—	0.68	0.56	2.47	1.22	0.88	—	—	—	—	—

数据来源：笔者计算整理。

7.2.3　不同类型国家 ICT 产品出口潜力值对比分析

通过研究中国对 RCEP 不同国家不同产品的出口潜力，可以发现还存在很大的出口空间。其中，巨大型市场 22 个、开拓型市场 44 个、再造型市场 18 个。为了更进一步细分市场，本小节按不同类型国家对不同产品的出口呈现不同的特征进行梳理分析，具体如下。

从表 7-14 可以看出，对于 RCEP 市场中的发达国家而言，2020 年，中国对其 ICT 产品出口整体上还有很大的出口空间，尤其是电子元件，除了对澳大利亚的出口呈现过度贸易的状态外，对其他国家均存在较大的贸易发展空间，其中对日本、新加坡以及新西兰的出口呈现巨大的市场空白，有待开发。对计算机及外围设备、消费性电子产品以及杂项的出口均呈现稳定的贸易发展状态，应该保持这种良好的贸易关系，掌握好各国的市场需求变化动态，以需求为导向，持续调整中国的出口结构，以适应其市场需求。而通信设备的出口方面呈现不同的潜力特征，其中，韩国与新西兰存在相当大的市场潜力，有待开发。与之相反，中国在新加坡与澳大利亚市场的通信设备出口比较成熟，其出口潜力空间不大，急需进行市场空间再造。

对比发达国家，对发展中国家的出口潜力空间相对较小，尤其是杂项以及通信设备。前者除了对泰国的出口呈现潜力开拓型市场以及文莱的数据缺失外，其他国家全部呈现市场饱和状态。后者当中，菲律宾、印度尼西亚以及泰国均呈现过度贸易状态，应持续加强对市场的深入调研，加快产品迭代更新速度，以求获得持续的市场竞争力。RCEP 发展中国家对计算机及外围设备、消费性电子产品以及电子元件的出口潜力空间大都维持在潜力开拓型与潜力巨大型之间，应在与之保持良好贸易关系的前提下，加快产品迭代更新速度，提升市场竞争力。

中国对最不发达国家的出口情况比较复杂。中国对老挝出口除了消费性电子产品处于开拓型贸易关系外，其他产品均处于贸易潜力巨大状态，意味着中国对老挝 ICT 产品的出口空间巨大，应促进国家与企业合力与老挝加强交流，消除贸易壁垒，建立通畅的贸易渠道。缅甸的 ICT 产品出口潜力相对要小一些，但其对计算机及外围设备以及消费性电子产品的需求空间仍然很大。相较于老挝和缅甸两国，中国对柬埔寨的大部分产品处于过度贸易状态，出口空间有限，急需对市场进行深度调研，并根据实际情况协助其产业升级，以求实现市场空间再造。

综上所述，中国在与 RCEP 国家的 ICT 产品贸易中具有相当大的潜力，但需要根据不同国家的需求结构和市场情况调整出口策略，加强市场调研和产品迭代更新，以维持和提升市场竞争力。

表 7-14 RCEP 不同类型国家不同产品潜力值

类型	国家	ICT 产品总出口	计算机及外围设备	通信设备	消费性电子产品	电子元件	杂项
发达国家	日本	1.04	1.20	1.11	1.12	0.69	0.58
	韩国	0.73	1.01	0.31	0.84	0.99	0.81
	新加坡	1.04	1.03	1.54	0.74	0.73	0.84
	澳大利亚	1.16	1.14	1.32	1.05	1.35	1.06
	新西兰	0.83	1.07	0.60	0.93	0.72	0.93

表7-14（续）

类型	国家	ICT产品总出口	计算机及外围设备	通信设备	消费性电子产品	电子元件	杂项
发展中国家	菲律宾	1.41	0.80	2.17	1.27	1.02	2.00
	印度尼西亚	1.15	0.79	1.49	1.04	0.64	1.69
	泰国	1.08	1.06	1.48	1.20	1.11	1.04
	文莱	0.62	1.14	0.51	0.69	0.84	
	越南	1.69	1.18	1.08	1.08	2.86	2.06
	马来西亚	1.14	0.79	1.16	0.90	1.10	2.46
最不发达国家	缅甸	0.82	0.76	1.05	0.41	1.09	1.05
	老挝	0.36	0.54	0.46	0.98	0.08	0.36
	柬埔寨	1.05	1.59	0.89	1.22	3.74	1.47

注：潜力值巨大型（$P<0.8$），开拓型（$1.2>P>0.8$），再造型（$P>1.2$）。

数据来源：笔者计算整理。

本章通过实际值与理论值的比值衡量贸易潜力，作为衡量贸易是否充分的指标，发现近20多年来中国ICT产品出口潜力对RCEP不同的国家、不同的产品所产生的贸易空间也不尽相同。其中，在ICT产品总出口方面，贸易潜力处于下降趋势的国家有越南、菲律宾、澳大利亚、泰国、日本以及缅甸。这其中，越南与菲律宾在2020年的潜力值大于1.2，处于过度贸易状态，应注意开发新的贸易增长点。其余国家的贸易潜力呈现扩大的状态，且潜力值全小于1.2。这其中，印度尼西亚、马来西亚、柬埔寨、新加坡以及新西兰贸易潜力值小于1.2大于0.8，ICT贸易关系发展成熟，应保持目前的发展态势。韩国、文莱以及老挝潜力值小于0.8，贸易发展空间巨大，应找到制约相互贸易发展的因素，提升双边的多层面交流，为ICT贸易发展提供保障。

2007—2020年，中国对RCEP国家计算机及外围设备出口贸易潜力总体空间有待扩展。其中，中国对柬埔寨、日本、越南、澳大利亚、文莱、新西兰、韩国、菲律宾、印度尼西亚等国家计算机及外围设备出口呈下降趋势，但除柬埔寨潜力值从2007年的0.58上升至2020年的1.59，属于"潜力开拓型"外，贸易关系处于比较稳定的阶段。我国对泰国、马来西亚、缅甸、老挝等国的计算机及外围设备出口潜力巨大，应注意在这些国家优先开发计算机及外围设备市场。

2007—2020 年，中国与 RCEP 国家的通信设备贸易关系较成熟，对菲律宾、印度尼西亚、泰国、澳大利亚以及新加坡出口潜力值处于过度贸易状态，应注意对产品的创新研发，开发新的市场增长点。同时我们也看到，老挝、韩国、新西兰以及文莱市场潜力值小于 0.8，为此，应针对不同的国家、不同的国情，制定不同的开发方案，优先开发这类市场。

2007—2020 年，中国对 RCEP 各国消费性电子产品出口市场前景宽广，其中除了菲律宾、柬埔寨以及泰国处于贸易饱和状态外，中国对其他 RCEP 国家消费性电子产品的出口潜力值均低于 1.2，贸易关系紧密，存在相当大的贸易空间。应维持目前的良好贸易关系，同时加快产品的更新换代速度，让市场更活跃，并持续占得市场先机，保持市场竞争力，为企业带来长期价值。

2007—2020 年，中国对 RCEP 各国电子元件出口潜力整体呈现增长趋势，除柬埔寨、越南以及澳大利亚外，贸易潜力处于过度开发状态，急需进行市场空间再造。韩国、泰国、马来西亚、新加坡、菲律宾以及文莱的潜力值均处于 0.8~1.2 之间，我国应积极掌握这些国家的市场动态，最大限度地对其潜力进行深度开发。对新加坡、新西兰、日本等市场潜力巨大的国家，应积极打破目前的产业壁垒，制定优先开发政策。

2007—2020 年，从中国对 RCEP 国家杂项的出口潜力趋势可以看出，马来西亚、越南、菲律宾、印度尼西亚以及柬埔寨处于市场饱和的状态，需要进行市场空间再造。应重点开发潜力值小于 0.8 的日本以及老挝等国家。

综上所述，中国在与 RCEP 国家的贸易中具有广阔的市场潜力，但需要根据不同国家的情况制定差异化策略，重点开发潜力大、市场空间未被充分利用的国家，加强产品创新和市场调研，以实现贸易的持续增长。

8 研究结论、对策与建议、局限性与展望

8.1 研究结论

本书在对中国 ICT 产品对 RCEP 国家贸易结构进行深入梳理和系统分析之后，采用双重实证分析法对中国 ICT 产品出口 RCEP 国家的影响因素进行了深入探讨。首先，利用 CMS 模型从整体上分析中国对 RCEP 国家 ICT 产品出口市场的影响因素，分析出结构、竞争力以及交叉效应等对中国 ICT 产品出口的影响及影响程度和影响轨迹。其次，构建了扩展贸易引力模型，从更具体、更深层次对影响中国 ICT 产品出口的其他重要影响因素进行了深入探讨，并对各影响因素的作用机理和作用程度进行了量化分析，在此基础上测定了中国 ICT 产品对 RCEP 国家的出口潜力。本书得出的研究结论如下：

（1）中国是世界上最大的 ICT 产品贸易国，RCEP 市场是中国 ICT 产品贸易的最重要市场之一，但对其进口规模远大于出口规模，出口动力稍显不足。

2020 年，中国 ICT 产品贸易额占中国贸易总额的 25%，中国 ICT 产业规模增速明显高于同期 GDP 增速，成为中国社会经济发展的重要动力。进口产品以电子元件为主，占进口总额的 75%，出口产品以通信设备、计算机及外围设备为主，所占比重分别为 32% 和 31%。同年，中国与 RCEP 国家 ICT 产品贸易总额 3 915 亿美元，占中国 ICT 产品贸易总额的 33.16%，其中出口额 1 519 亿美元，进口额 2 396 亿美元，逆差 877.24 亿美元。进口以电子元件为主，所占比重达 71%。其次分别是通信设备和计算机及外

围设备，分别占比 27% 和 24%。虽然中国对 RCEP 国家的 ICT 产品出口呈现快速增长趋势，但 ICT 产品出口少于进口，持续的贸易逆差趋势表明中国在 RCEP 国家市场上的 ICT 产品竞争优势不明显，出口动力相对较弱。

（2）拉动中国对 RCEP 国家 ICT 产品出口的关键因素是结构效应、竞争力效应，而交叉效应制约了中国 ICT 产品出口的增长。

结构效应和竞争力效应是拉动中国对 RCEP 国家 ICT 产品出口增长的主要因素，但这两大影响因素对中国 ICT 产品出口的作用程度与作用轨迹又完全不同。其中，结构效应在三个阶段均对中国 ICT 产品出口产生了积极的正面影响，且对中国 ICT 产品出口的拉动作用呈现持续且强势的增长趋势。与之相反的是，竞争力效应在初期阶段显示出强劲的出口拉动效应，但其对出口增长的拉动效果并没有能很好地保持下来，对拉动出口增长的作用程度呈现出快速下跌态势，说明 RCEP 市场对 ICT 产品的需求持续快速增长，成为拉动中国 ICT 产品出口增加的主要因素。同时也可以看出，中国 ICT 产品在 RCEP 市场上具有一定的竞争优势，但这种竞争优势缺乏持续性。交叉效应的贡献率在三个阶段均呈现不同程度的负面影响，是阻碍中国 ICT 产品出口的最大影响因素。

通过产品细分发现，过去 20 多年间，国别结构效应与产品结构效应整体呈现增长趋势，尤其是国别效应贡献率的增长明显高于产品结构效应，成为推动中国 ICT 产品出口的重要因素。然而，需求结构交叉效应则呈现迅速下降的趋势，成为制约中国 ICT 产品出口的主要障碍。这表明中国 ICT 产品难以适应 RCEP 国家产品需求的快速变化，需要进一步调整和优化产品出口结构以适应 RCEP 国家的多样化需求。整体竞争力和具体竞争力在三个阶段均呈现持续下降的趋势。其中，具体竞争力在第三阶段由正转负，阻碍了中国 ICT 产品的出口，说明产品出口结构变化与出口对象国进口需求结构的差异呈现逐渐扩大趋势。虽然净交叉效应呈现持续增长的趋势，但其对中国 ICT 产品出口的影响相对较小。动态交叉效应在三个阶段均呈现负向阻碍效应，成为制约中国 ICT 产品出口的主要因素。

（3）中国 ICT 产品出口竞争力不断下降，直接原因是中国 ICT 产业核心竞争力不强，价格竞争力下降，深层次原因是 ICT 产品出口极易受到政府相关政策影响。

2000—2020 年，中国对 RCEP 国家 ICT 产品出口竞争力不断下降的直接原因是上游产业链还不够完善，产业核心竞争力不强，在基础核心部件上易被卡脖子。受国内劳动力成本提升以及国内 ICT 产业结构升级影响，部分 OEM 代工厂迁移到了东南亚，造成代工产品计算机及外围设备、消费性电子产品以及杂项产品的价格优势逐步消失，且创新能力较弱，导致出口竞争力下降。另外，产品出口竞争力不断下降的更深层原因是 ICT 产品极易受国家相关政策影响。如中国通信产品受中美贸易战影响尤其严重，导致后期的出口竞争力大幅下滑。在市场竞争力效应方面，中国对日本和韩国的市场出口竞争力大幅下降，而对越南、泰国、马来西亚、菲律宾等的出口竞争力有所提高。这些趋势变化说明中国在 RCEP 市场不同 ICT 产品的竞争态势正在发生急速变化。

（4）中国 ICT 产品出口增长过度依赖 RCEP 国家的市场需求，且出口集中度较高，加之出口贸易结构与 RCEP 国家进口需求的匹配性较差，贸易结构不合理。

近些年，在 RCEP 国家加速发展数字经济政策的加持下，增长效应成为拉动中国 ICT 产品出口增长的主要影响因素，且其作用程度呈现持续强势增长趋势，说明了 RCEP 市场对 ICT 产品需求的不断增长是促进中国 ICT 产品出口增长的主要驱动力。对此，中国的 ICT 企业也应注意到，过分依赖 RCEP 市场需求，会导致中国 ICT 产品出口抗风险能力减弱。另外，中国 ICT 产品出口集中度较高，虽然各类产品出口的增长率变动与该类产品进口需求变动的趋势总体上具有一定的相关性，但各类 ICT 产品出口份额与 RCEP 进口需求份额的一致性还处于较低水平。尽管近些年，随着越南以及泰国等出口市场的逐渐兴起，出口市场集中现象有所下降，市场趋向多元化，但无论从增长率还是从绝对份额来看，中国 ICT 产品出口与 RCEP 进口市场的匹配程度还处于极低水平，市场结构有待进一步优化。

（5）相同的影响因素对不同品类的产品产生的影响差异较大。影响 ICT 产品出口的因素主要有出口对象国以及中国经济规模、地理距离、贸易依存度、移动宽带加入率、固定宽带加入率、产权保护力度等。

出口对象国 GDP、中国 GDP、移动宽带加入率、贸易依存度、产权保护力度对中国 ICT 产品出口总额产生了正向影响。其中，出口国 GDP 以及贸易依存度的统计系数较高，是中国 ICT 产品出口的重要影响因素。中国和出口对象国之间的地理距离成为中国 ICT 产品出口的最大障碍。固定宽带加入率也对中国 ICT 产品出口产生了负面影响。海（境）外直接投资及人民币兑美元的汇率没有通过显著性检验，不是中国 ICT 产品出口的决定性因素。

通过品类细分发现，相同的影响因素对不同品类的 ICT 产品出口的影响存在较大差异。但总体来看，出口对象国的 GDP 对所有品类的 ICT 产品出口均存在较大的正向拉动作用，是中国各分类 ICT 产品出口的决定因素。中国 GDP 相较于出口对象国的 GDP 对中国 ICT 产品出口的拉动效应相对较低，促进了通信设备、电子元件和杂项出口，但对其余产品则不产生影响。中国与出口对象国之间的地理距离符合预期，除消费性电子产品外，抑制了其他所有品类 ICT 产品的出口，是中国 ICT 产品出口的最大障碍。中国对 RCEP 国家的对外直接投资对中国 ICT 产品出口影响不大，促进了消费性电子产品出口，却制约了杂项的出口。美元对人民币汇率波动对中国计算机及外围设备产生了一定程度的正向影响，但阻碍了消费性电子产品出口，对其余产品则不具有统计学意义。移动宽带加入促进了中国通信设备和消费性电子产品出口，但系数较小，对出口影响不大。固定宽带加入对中国计算机及外围设备有正向影响，但对中国电子元件的出口产生了负向影响。在贸易依存度方面，对除计算机及外围设备和杂项产品外的所有产品的出口均存在较大的正向影响。产权保护力度对中国大部分品类 ICT 产品的出口有正的拉动效应。

（6）中国对 RCEP 国家不同品类 ICT 产品出口潜力差异较大，出口应针对 RCEP 国家的 ICT 进口需求特征，根据不同产品在不同国家的市场分布以及潜力采取不同的出口战略。

在贸易潜力方面，中国对 RCEP 国家 ICT 产品整体出口贸易潜力值维持在 1 左右，其潜力还没有充分体现出来。RCEP 市场对计算机及外围设备整体需求较大，其出口由贸易再造型向贸易开拓型转变，出口空间呈现扩大趋势。在潜力巨大型的国家中，印度尼西亚、马来西亚、泰国的市场吸引力较大，其主要特点是市场空间相对较大，应进行重点开发。韩国、新加坡、菲律宾以及越南市场潜力较大。日本尽管市场规模庞大，但出口空间较小，急需进行市场再造。

通信设备年平均潜力值表现起伏较大，表明中国通信设备的主要贸易国需求不稳定，对部分国家的出口存在贸易过度的情况。其中韩国对世界的进口规模较大，对中国 ICT 产品出口来说市场潜力也很大，应予以重点开发。日本、越南以及马来西亚对世界的进口增长率较高，对中国 ICT 产品出口处于贸易开拓阶段。中国对新加坡、泰国、印度尼西亚、菲律宾等国的出口处于饱和状态，其市场进入障碍相对较低，市场空间再造可期。柬埔寨、老挝以及缅甸具备相当的市场潜力，但其存在一定的市场进入障碍。

在消费性电子产品方面，随着时间的推移，RCEP 国家对其的需求与日俱增，其贸易也从过度贸易向贸易开拓稳定转变，出口潜力逐渐变大。应重点关注发达国家日本、韩国、新加坡、澳大利亚、新西兰以及发展中国家越南、马来西亚以及印度尼西亚。对发达国家，应注重加快产品创新速度以及提升产品质量；对发展中国家，应注重产品性价比以及服务体系建设。

电子元件近几年出口动力有所增强，尽管总体上看贸易潜力起伏波动较大，但整体仍有较大的贸易空间。尤其应重点关注韩国、日本、新加坡、马来西亚以及菲律宾，其对中国的电子元件需求较大，市场进入障碍较低。其次是菲律宾、泰国以及越南等国家，有一定的市场容量，但其对中国进口比率不是很高。

杂项出口整体表现为接近贸易过度，应根据不同国家不同市场的需求进行相应的市场再造，应重点关注印度尼西亚与日本等国，其理论出口值相对较高，有待开发的市场空间较大。

8.2 对策与建议

目前，中国 ICT 行业正处于大调整、大发展的阶段。但近些年来，地缘政治局势紧张和国际关系的不确定性对中国 ICT 产品贸易造成了一系列不良影响。而 RCEP 的签署为亚太地区国家提供了一个开放和协作的贸易环境，不仅为全球多边贸易体系注入了新的活力，也助力亚洲内部各成员国进一步打破市场隔离，降低贸易壁垒，更促进了区域间紧密的经济与贸易联系。尤其是 RCEP 市场是世界上 ICT 产品贸易最具活力的地区之一。但随着 RCEP 经济环境的演变和产业结构的优化，中国对 RCEP 国家 ICT 产品出口总体还存在一定程度的制约因素。

为了进一步提升中国 ICT 产品在 RCEP 市场的竞争力，本书从整体至具体分析了中国与 RCEP 国家 ICT 产品出口贸易的影响因素，认为应加强创新赋能培育产业竞争优势，充分利用 RCEP 区域的广阔市场和良好营商环境，形成区域多样化的供应链，加强市场谋划和布局，减少对单一国家或地区的依赖，减轻单边封锁和保护主义政策可能带来的负面影响。

8.2.1 加快核心产业建设，培育产业竞争优势，提升产品竞争力

中国 ICT 企业在过去主要依靠价格优势在国际市场上竞争，但随着国内企业成本的上升，价格优势逐渐减弱，贴牌销售的模式已不符合产业发展需求。因此，中国 ICT 企业应加大研发投入，加快技术升级步伐，提升产品质量和 ICT 产品的核心技术竞争力，摆脱贴牌销售模式，提高产品附加值。

8.2.1.1 巩固原有产业优势，加大对上游产业链的投入

目前，中国在 ICT 产业中的产业链地位有所提升，但整体上，中下游产出占比较高，相对于日本、韩国等老牌 ICT 产业强国，生产技术相对不高是造成 ICT 产品出口附加值相对不高、难以满足 ICT 市场高端化需求的主要原因。因此，ICT 生产和出口企业应加强科技创新，加大对高科技高附加值产品的研制开发投入，在巩固原有 ICT 产品种类产业优势的基础上，不断开发出科技含量高的高附加值产品种类，扩大产业链上游产品的生产和出口比重。尤其是电子元件产品，增加半导体、关键材料等产品的生产和出口，以更好地满足 RCEP 市场对 ICT 产品的不同层次的需求，提高出口收益。

8.2.1.2 政府加大资金支持和倾斜力度，企业加强产业融合创新

政府应在巩固 ICT 优势产业发展的同时，加大资金投入，向中国 ICT 产业竞争优势相对较低的 ICT 上游产业链倾斜，整合现有产业资源，支持和引导现有 ICT 企业通过兼并、收购、重组等市场运作形式，建立起研发、加工、出口一体化的完全面向 RCEP 市场、具有较强国际竞争力的大型产业集团。应加速资金、技术等资源向优势 ICT 出口企业集中，推动芯片、集成电路、关键材料等领域攻关，确保技术核心和发展命脉掌握在自己手中。企业在加速创新发展的过程中，须增强风险防范意识，健全风险应对预案，提升整个产业体系的抗风险能力，支持企业积极参与国外目标市场国家的相关质量认证和注册，在尊重他人知识产权的同时保护好自身知识产权。

8.2.2 以多元化优化出口产品结构，以创新赋能提质升级产业结构

中国对 RCEP 国家 ICT 产品出口结构与 RCEP 国家对 ICT 产品的需求

结构整体上匹配度不是很高，优化出口产品结构，提质升级产业结构势在必行。为了提高匹配度并更好地满足 RCEP 国家对中国 ICT 产品的需求，中国可以采取以下措施：

8.2.2.1 实施差异化营销战略，优化产品出口结构

RCEP 国家对中国 ICT 产品的需求呈现快速增长趋势，但其需求结构也在随着产业结构的不断变化而变化。对此，中国 ICT 企业应针对 RCEP 国家需求的不断变化，及时有效地调整出口产品结构，以满足 RCEP 市场的多样化需求。近年来，RCEP 国家需求增长较快的产品主要是电子元件以及通信设备，应加大对电子元件、通信设备的开发投入，加快产品更新换代速度，提升产品出口占比，优化产品出口结构。依托中国现有的产业链优势，积极创新研发包括 RCEP 国家市场需求较大的计算机及外围设备、电子消费品的功能，提升其产品品质，并加强服务体系打造，以优化其市场竞争力。应深化与日本、韩国等国的交流、合作，消除相关 ICT 产业的技术贸易壁垒，建立更加紧密的产业链合作关系，实现优势互补，尤其应重点关注韩国的计算机及外围设备、通信设备以及电子元件技术，而对日本应注重其通信设备、消费性电子产品和电子元件等需求增加较快的 ICT 产品，做好市场调研，以求最大限度地匹配其市场需求。

8.2.2.2 坚持创新赋能，拓宽新兴贸易合作，提质升级产业结构

中国 ICT 企业在过去主要依靠价格优势在国际市场上竞争，但随着国内企业生产成本的上升，价格优势逐渐减弱，贴牌销售的模式已不符合产业发展需求。中国 ICT 企业应加大研发投入，加快技术升级步伐，提升产品质量和掌握 ICT 产品的核心技术竞争力，摆脱贴牌销售模式，提高产品附加值。随着新兴科技的发展，数字贸易逐渐成为各国往来合作的重点领域，我们与 RCEP 国家可以循序渐进地推进新兴领域的合作发展，在 RCEP 数字贸易规则下加强实践，减少促进 RCEP 区域经济互惠与融通建设的阻力，不断拓展自身比较优势领域，促进区域内部的数字贸易结构和产业链升级，使得 ICT 产业上、中、下游都能够有合作交流的市场，弥合 RCEP 国家之间的数字贸易差距，促进区域经济发展，拉动中国 ICT 产品出口。

8.2.3 巩固传统市场，开拓新兴市场

中国对 RCEP 国家的 ICT 产品出口过度依赖传统市场，与 RCEP 主要 ICT 产品进口国匹配性较差，对 ICT 产品需求快速成长的新型市场潜能开

拓不够。对此，中国应实施市场多元化开发战略，调整出口市场结构，在稳定传统出口市场的基础上，加大对新兴市场的开拓力度，不断扩大市场范围。

8.2.3.1 巩固传统出口市场，提升产品质量

中国对 RCEP 国家 ICT 产品出口主要集中在韩国、日本、新加坡等传统市场，中国对这些国家的 ICT 产品出口仍存出口很大的潜力空间，但我国 ICT 产品的出口竞争力不足，严重阻碍了中国 ICT 产品出口。鉴于这些国家 ICT 产业发展已具备相当的技术优势，对 ICT 产品的使用更新换代速度较快，且对品质要求较高，中国应从竞争和互补两个角度提升产品的出口额度。首先，中国应根据韩国、日本以及新加坡对 ICT 产品的需求特点，重点关注电子元件、计算机及外围设备以及消费性电子产品。这些产品不仅需求增加较快，且潜力空间较大。应力求创新赋能，提升产品的科技附加值，加强产品更新换代速度，提高产品质量，通过提高产品竞争力来维持其在传统出口市场的份额。最重要的是，应畅通国家之间和企业之间的交流机制，消除技术壁垒的影响，并对这些传统市场进行深入调研，为其提供定制化的服务和解决方案。另外，中国应避免与它们在竞争力相对较弱产品上进行正面的竞争，适当采取互补式的市场开发方案，最大限度地扩大对其出口份额。

8.2.3.2 加大对新型市场的开发力度

我国 ICT 产品出口过度依赖需求规模效应的拉动，且出口过于集中在传统市场，对新兴市场的开拓力度不够，一旦这些传统市场需求规模萎靡，中国的 ICT 产品出口必将受到严重影响。我国应在稳定传统出口市场的基础上，将出口重心从竞争激烈的韩、日等传统市场，逐渐转向我们竞争优势较大的东盟市场，如越南、泰国、菲律宾、马来西亚等新型市场。尽管在这些市场上中国 ICT 产品具有一定的竞争优势，但现存的出口空间相对不大。为此，中国应充分利用自身数字经济发展的领先优势，在加强与其数字技术方面交流的同时，对市场进行深入调研，探索新的贸易增长点。应关注当地的市场需求和新兴技术发展趋势，及时调整产品结构和功能，加大对 ICT 产品的创新研发投入，对 ICT 产品提质升级，在开发具有竞争优势的新产品和高附加值产品的同时，尽可能匹配并满足其市场的需求和变化。可以依托我国的资金、人才以及技术等优势，结合东南亚地区丰沛的劳动力资源优势，构建境外 ICT 产业园区，发展壮大 ICT 相关产业

规模，促进区域合作，减少贸易成本，实现互利共赢。

老挝、缅甸、印度尼西亚等国家的 ICT 产业虽然相对落后，但市场潜力巨大，是中国应重点开拓的目标市场。首先，可以针对这些国家的市场需求和特点，在 ICT 产品出口时注重产品的实用性、适用性和易用性等特点，满足当地消费者和企业的实际需求。其次，以中国 ICT 产业技术优势为基础，为当地企业以及有需求的社会群体提供相应的技术培训和支持，帮助其更好地使用和应用 ICT 产品，有助于提高当地的 ICT 产业发展水平，拉动当地对 ICT 产品的需求，刺激对中国 ICT 产品的需求。最后，中国数字经济发展取得了令人瞩目的成就，也探索形成了独特的发展模式，应注意与当地的政府、企业、行业协会等建立良好的合作伙伴关系，通过与当地企业合作生产、销售，共同开发市场，共享资源和渠道等方式，助力其数字经济发展，促使其早日摆脱落后的经济面貌，助力区域经济齐头并进、全面发展。

8.2.4 畅通沟通渠道，完善投资机制，促进双边经贸往来

RCEP 国家的 GDP、贸易依存度以及营商环境对中国 ICT 产品出口产生了积极的影响。中国应极力促进贸易便利化，加大对 RCEP 国家的投资力度，不断开发 RCEP 的自由贸易区网络，坚持区域合作，积极推动区域经济一体化建设，通过满足这些国家所急需的产业发展和基础设施建设需求，在促进其经济结构调整和产业升级的同时，探索和开发新的大规模的 ICT 合作项目，扩大进出口规模。

8.2.4.1 发挥中国的区域影响力，加强数字产业投资

ICT 产业的突出特点是全球化分工与产业布局，易受相关产业政策影响。中国可发挥在"数字丝绸之路"建设中的影响力，在坚持互利共赢、尊重对方意愿的情况下，依托中国 ICT 产业发展优势，加大对 RCEP 国家的投资力度，提供专项资金支持，通过满足这些国家所急需的 ICT 产业发展和基础设施建设需求，支持其数字基础设施建设、促进其 ICT 产业升级和 ICT 技术应用，助力其经济结构调整和数字产业升级，不断探索和开发新的大规模的数字合作项目，为各国数字经济的增长提供强大动力。就技术层面来说，中国的智慧化城市发展享誉全球，既有质量又有数量，并已经形成完善的智慧城市指标评级体系与规范的建设流程。中国可凭借自身的丰富经验，为 RCEP 智慧城市发展相对滞后的成员国提供技术支持，为

RCEP 地区提供资金、技术上的支持，既维系了彼此之间友好的外交关系，也推动了我国与 RCEP 地区数字经贸合作的高质量融合发展。

8.2.4.2　加强区域联系，促进区域经贸发展

加强与 RCEP 国家经贸往来，降低贸易壁垒，大力推动自由贸易区的建设，促进贸易便利化，扩大区域进出口规模，能有效提升区域国家之间的互信，推动地区经济深度一体化发展。可以借助"中国—东盟信息港"和"中国—东盟数字枢纽中心"等项目建设，适时发挥中国在 RCEP 地区的影响力，将中国数字信息发展战略与 RCEP 成员国的行动框架相结合，逐渐形成一个全方位、深层次的信息共享以及 ICT 贸易政策指导体系。加强中国与 RCEP 海陆空交通运输在内的基础设施建设，促进海陆空联合运输，可有效降低贸易成本，为中国出口 ICT 产品创造更加便利的贸易条件。采用 RCEP 国家产品进口优先政策，刺激双边贸易活动等措施，能有效刺激中国的 ICT 产品出口。

8.2.5　充分利用 RCEP 协定，提升中国 ICT 产业在全球价值链中的地位

RCEP 囊括并整合了东盟以及东亚地区与中国、日本、韩国、澳大利亚、新西兰的多个"10+1"自由贸易协定，使得这个区域内的贸易规则得到了更为全面的整合。积极参与《区域全面经济伙伴关系协定（RCEP）》的签署，积极参与 RCEP 事务，不仅深化了中国与区域内其他国家的经济合作，促进了贸易自由化和便利化，还有助于中国在全球贸易体系中扮演更重要的角色，进一步推动全球经济的稳定与繁荣，最终促进中国 ICT 产品出口增长。

8.2.5.1　积极参与 RCEP 事务，加强产业信息支持

在签署 RCEP 之前，中国已与 RCEP 协定中的许多成员国单独签署了双边协定。ICT 企业应根据自身情况，结合 RCEP 等各自由贸易协定的货物贸易关税承诺（减让）幅度，灵活运用关税筹划，选择最优惠的方式。政府以及企业还应加强对 ICT 产业相对比较成熟的国家和主要新兴国家关于 ICT 产业相关法规与技术标准的精准解读，总结国内外 ICT 企业在突破产业限制时的经验与教训，突破贸易壁垒的封锁，并建立有效的预警机制，使中国 ICT 企业能及时获取相关预警信息与贸易壁垒的最新发展动态，保障企业在 RCEP 国家的合法权益。中国企业应积极参与区域经贸合作，

加深交流，为中国 ICT 产品出口创造良好的贸易环境。政府应建立有效的跟踪、收集、分析发布机制，及时发布 RCEP 国家 ICT 产业的生产、需求以及政策动态，为中国 ICT 企业决策提供支持。加强 ICT 行业协会在产业发展中的职责与作用，提供及时且准确的市场信息，分散市场风险，使中国的 ICT 产品生产能更好地适应 RCEP 国家的需求。

8.2.5.2 促进区域产业链深度融合，调整区域产业分工

在 RCEP 协定下，区域资本、技术和劳动力要素得以充分配备，形成了区域产业链和供应链的天然优势。中国企业应当充分利用 RCEP，通过利用 RCEP 区域内的原产地累积规则，与日、韩以及东盟成员国在半导体、集成电路、芯片等精密领域加深产业链上下游的密切分工合作，深入挖掘数字贸易各产业链的合作机会，促进成员国之间电子信息产业链深度融合，优化中国 ICT 产业结构，巩固提升中国在全球电子信息产业链中的地位。同时，促进相关工业制品在区域内的流动，优化产业链和供应链在 RCEP 范围内的布局，深化产业升级。中国企业应通过技术、管理、产业链与供应链、产能布局和产业生态合作等多方面的努力，提高自身对核心技术和供应链的掌控能力，增强产业链和供应链的韧性，并在价值链中占据更为重要的地位。

8.2.6 政策先行，在国家层面形成 ICT 产业发展战略制高点

中国 ICT 产业已经拥有具备国际竞争力的企业集群，成长潜力巨大。在面对不确定的国际贸易环境时，更需要加大对产品的创新研发，更加坚定地落实"中国方案"，坚持行业"走出去"的发展道路。在创新研发的过程中，基础设施、人才要素这些创新影响要素构成了复杂的创新环境，也持续作用于创新和产出要素。

8.2.6.1 完善产业创新机制，健全产权保护制度

中国 ICT 产品的技术创新是中国 ICT 产业升级、提升产品附加值的重要途径。应加强创新体系构建，动态调整创新投入和产出的结构与关系，实现高效创新。ICT 项目涉及尖端技术的研究与开发，其成功需要长期而大量的资金支持。为此，政府部门应为国内相关企业以及研究机构的生产研究活动提供专项经费，用于支持高风险、高投入的前沿科研项目，以此来激发国内企业以及相关研究机构研发创新的积极性。同时，设立技术成果转化基金，推动科研成果更快速地转化为实际生产力，促使科研与市场

更好地对接，有助于提高技术转化的成功率，将科研成果更好地应用到社会生产中。建立健全产权保护制度。知识产权保护制度的建立能够有效保护科技领域的科研成果，为 ICT 产品的创新升级提供良好的环境，是促进 ICT 产业发展的关键举措。通过建立和完善知识产权法律法规体系，确保法律的透明、稳定和有效性，加大对 ICT 产品专利的知识产权保护，可以吸引更多的外商投资和合作，推动双边贸易的发展，同时进一步激发其在 ICT 领域的创新活力，促进 ICT 产品的贸易往来。

8.2.6.2　建立健全人才培养以及引进机制。

加速培养 ICT 产业人才，不仅关系到 ICT 产业自身的发展，更是国家经济升级和高质量可持续发展的重要支撑。对此，政府应加大对教育体系的改革和投入，优化课程设置，增设与 ICT 产业相关的专业和课程。可参考韩国将人工智能和软件应用等作为中小学阶段启蒙课程，培养孩子的兴趣和爱好，为其以后从事 ICT 产业研究打下基础。在高校阶段，应建立和完善与 ICT 行业需求相适应的人才培养体系，包括本科生、研究生和职业培训等多层次、多渠道的培养模式，大力增设人工智能等产业发展尖端专业，大力培养高科技高水平的基础以及专业应用型人才。另外，考虑到电子信息产业全球化合作的特性，与国际企业在技术、市场等方面持续合作，积极拥抱全球化是至关重要的。政府作为连接人才供给方与需求方的桥梁，在定方向、定规则的同时，亦应发挥引领与监督作用，利用各种引才引智计划积极引进国际跨领域、国际化、创新型、高层次、实用型信息技术人才以及服务团队，促进信息共享，实现合作共赢。积极开展 ICT 人才及技能的现状评估与预测，促成个人、企业、高校与政策制定者共享信息。行业内可通过设立技能建设委员会等公共机构，在充分考虑数据收集对企业战略及个人隐私影响的前提下，以系统的、可持续的方式，对行业技能供需现状与未来技能需求进行常规性的统计与预测，并结合行业特性进行数据分析及指标发布。

8.2.6.3　创造良好的贸易环境，坚持行业"走出去"

为了让 ICT 企业更好地合理应用自由贸易协定，海关、贸促会、各级政府及商务部门可建立联合工作机制。这样可以协同行业及地方贸促分会，实现信息互通和资源共享，共同推进 ICT 产业发展。同时，加强组织宣传和培训，提升企业对自由贸易协定享惠政策的应用水平，并加强 RCEP 合规及信用体系建设。国家应推动建设多元化的合作平台，充分利用多种合作机制，在国家战略引导和行业发展需求的推动下，拓展合作领域和层次，活跃国家之间、企业之间的交流，提高相互信任，消除贸易壁垒。鼓励研发、制造、咨询、施工和运营企业发挥各自优势，不断探索合资、并购、参股、控股等不同海（境）外合作模式。培植 ICT 优势品牌，由通信设备出口和建设施工为主向电信运营等全产业链拓展，以提升国际竞争力，为中国 ICT 产业"走出去"打下坚实的基础。

8.3　研究的局限性和未来研究的展望

在本书的研究中，探讨了中国对 RCEP 国家 ICT 产品出口影响因素，并在此基础上测定其贸易潜力。然而，尽管取得了一些重要的研究成果，但也必须认识到研究还存在一些局限性。

第一，本书在选择相关指标时，尽可能考虑各种影响因素，但由于时间的限制和实际调查条件的限制，不排除还有其他因素有可能影响 ICT 产品出口。

第二，在实证分析过程中，由于数据的限制和模型固有的假设，测量结果可能存在偏差。

第三，本书分析了中国对 RCEP 国家出口 ICT 产品的影响因素和出口潜力，由于时间关系，未能分析其对进口的影响因素和潜力。

到目前为止，有关 RCEP 国家 ICT 产品出口的影响因素及出口潜力的文献并不是很多。因此，希望今后能以本书的研究为基础，进一步研究影响中国 ICT 产品出口的其他可能因素，并对不包括 RCEP 国家在内的另外 18 个国家的面板数据进行分析，与 RCEP 国家进行比较研究，提出促进企业出口贸易发展的对策和建议。

参考文献

［1］鲁春丛，屠晓杰，铠瑞，等.ICT 发展新态势［J］.信息通信技术与政策，2018（2）：58-60.

［2］张会清，唐海燕.中国的出口潜力：总量测算、地区分布与前景展望：基于扩展引力模型的实证研究［J］.国际贸易问题，2012（1）：12-25.

［3］彭德雷，张子琳.RCEP 核心数字贸易规则及其影响［J］.中国流通经济，2021，35（8）：18-29.

［4］刘瑛，夏天佑.RCEP 原产地特色规则：比较、挑战与应对［J］.国际经贸探索，2021，37（6）：86-101.

［5］孟夏，孙禄.RCEP 服务贸易自由化规则与承诺分析［J］.南开学报（哲学社会科学版），2021，282（4）：135.

［6］刘文，徐荣丽.RCEP 与中日韩 FTA 关税减让的贸易效应测度比较［J］.山东社会科学，2022（9）：98-107.

［7］孙忆.CPTPP、RCEP 与亚太区域经济一体化的前景［J］.东北亚论坛，2022（4）：98-113，128.

［8］于鹏，廖向临，杜国臣.RCEP 和 CPTPP 的比较研究与政策建议［J］.国际贸易，2021（8）：27-36.

［9］韩剑，许亚云.RCEP 及亚太区域贸易协定整合：基于协定文本的量化研究［J］.中国工业经济，2021（7）：81-99.

［10］李金叶，胡佳霖.RCEP 协定对宏观经济和制造业发展的影响：基于 GTAP 模拟分析［J］.工业技术经济，2021（6）：134-142.

［11］王孝松，周钰丁.RCEP 生效对中国的经贸影响探究［J］.国际商务研究，2022（3）：18-29.

［12］王珏，雷宏振，王依雯.RCEP 对中国经济的"双重距离"影响：

基于全球一般均衡引力模型的数值模拟分析［J］. 世界经济研究, 2023
(8)：74-90, 136.

［13］许明. RCEP 对中国产业链供应链影响机制与优化路径研究［J］.
亚太经济, 2023（2）：96-105.

［14］洪涛, 陶思佳, 卢思涵, 等. RCEP 助推中国数字经济高质量发展
的对策研究［J］. 国际贸易, 2022（7）：48-54.

［15］许玉洁, 刘曙光, 王嘉奕. RCEP 生效对宏观经济和制造业发展
的影响研究：基于 GTAP 模型分析方法［J］. 经济问题探索, 2021（11）：
45-57.

［16］卢锋. 中国国际收支双顺差现象研究：对中国外汇储备突破万亿
美元的理论思考［J］. 世界经济, 2006（11）：3-10, 95.

［17］朱文刚. 全球价值链、对外直接投资与中国出口的空间差异性研
究［J］. 价格理论与实践, 2023（6）：201-204.

［18］韩小蕊. 中国对"一带一路"沿线国家直接投资与出口贸易互动
关系研究［J］. 工业技术经济, 2020（8）：95-100.

［19］王雅琦, 王瑶, 张礼卿. 汇率波动对出口稳定的影响：中间品进
口的作用［J］. 金融研究, 2023（1）：75-93.

［20］金朝辉, 朱孟楠. 人民币实际汇率变动对出口贸易的影响［J］.
国际贸易问题, 2021（5）：143-160.

［21］袁申国, 郑雯. 人民币实际汇率波动对外向型企业进出口影响实
证分析：基于行业层面比较［J］. 国际经贸探索, 2015, 31（11）：88-103.

［22］帅传敏, 程国强. 中国农产品国际竞争力的估计［J］. 管理世界,
2003（1）：97-104.

［23］马凌远. 中国出口增长二元边际的再测算：基于不同生产要素密
集型产品贸易的视角［J］. 国际商务（对外经济贸易大学学报）, 2016
(3)：44-53.

［24］卢文慧, 问泽霞. 中国新能源汽车出口竞争力影响因素分析：基于
面板数据模型的研究［J］. 现代工业经济和信息化, 2023（11）：194-198.

［25］尚宇红, 苗源泽. 中国高科技出口产品恒定市场份额分析：
1995—2010［J］. 国际贸易问题, 2012（12）：20-28.

［26］王正新, 郑弘浩, 胡稳权. 高技术制造业出口贸易波动因素分解：
基于恒定市场份额模型的实证分析［J］. 中国科技论坛, 2017（9）：46-55.

［27］余娟娟，吴俊豪，万顺瑜.中国高技术行业出口网络地位及影响因素分析［J］.技术经济，2023（9）：83-96.

［28］刘曙光，刘芳潇.RCEP区域内中国海洋高科技产业出口效率及前景：基于随机前沿引力模型的实证研究［J］.海洋开发与管理，2023（5）：80-89.

［29］米冬睿.贸易便利化对高技术产品出口二元边际的影响［D］.杭州：浙江工商大学，2023.

［30］潘向东，廖进中，赖明勇.经济制度安排、国际贸易与经济增长影响机理的经验研究［J］.经济研究，2005（11）：57-67，124

［31］佟家栋，范龙飞.知识产权保护、双边政治关系与创新型国家高技术产品出口：基于国家竞争的技术遏制视角［J］.世界经济研究，2022（7）：3-17，135.

［32］王伟佳.中国对RCEP成员国高技术产品出口贸易效率及潜力研究［D］.长春：吉林大学，2022.

［33］黄孝岩，李国祥.中国对RCEP成员国农机产品出口效率和潜力研究：基于随机前沿引力模型［J］.价格月刊，2022（8）：28-36.

［34］宋国友，张纪腾.战略竞争、出口管制与中美高技术产品贸易［J］.世界经济与政治，2023（3）：2-31，156.

［35］蔡跃洲，牛新星.中国信息通信技术产业的国际竞争力分析：基于贸易增加值核算的比较优势及技术含量测算［J］.改革，2021（4）：24-44.

［36］赵蕾，韦素琼，游小珺.基于SNA的全球电子信息制造业贸易网络演化特征及机理研究［J］.世界地理研究，2021，30（4）：708-720.

［37］魏方，丁鹏翔，魏思敏.信息化对中国承接离岸服务外包的影响：路径分析与实证检验［J］.软科学，2019，33（6）：54-59.

［38］高菠阳，李俊玮.全球电子信息产业贸易网络演化特征研究［J］.世界地理研究，2017，26（1）：1-11.

［39］黄梦，祝哲华，肖维鸽.中日韩ICT产品贸易竞争性与互补性研究［J］.江苏商论，2022（4）：65-70.

［40］刘玉，黄舒雯.中国出口RCEP国家ICT产品的贸易效率及潜力研究［J］.工业技术经济，2022（12）：133-143.

［41］孙晓彬.我国通信设备制造业出口竞争力研究［D］.大连：东北财经大学，2016.

［42］孙玉红，于美月，赵玲玉.区域数字贸易规则对 ICT 产品贸易流量的影响研究［J］.世界经济研究，2021（8）：49-64，136.

［43］毛雁冰，方亚婷.全球数字贸易规则演变对 ICT 产品出口增加值的影响研究［J］.国际贸易，2023（7）：84-96.

［44］刘似臣，支国林.数字经济背景下 ICT 货物贸易的影响因素分析：以"一带一路"沿线国家（地区）为例［J］.工业技术经济，2022（1）：78-85.

［45］吴盼盼，徐坡岭.全球价值链参与度对 ICT 制造业产品出口的影响研究［J］.价格月刊，2014（3）：1-12.

［46］张梅，杨华.技术创新是否促进了 ICT 产品出口：基于知识产权保护的视角［J］.调研世界，2023（9）：60-70.

［47］王亚冉.贸易政策不确定性对 ICT 产品出口的影响研究［D］.大连：东北财经大学，2022.

［48］李秀敏，李淑艳.东北亚国家贸易引力模型实证检验及潜力分析［J］.东北亚论坛，2006，15（2）：28-32.

［49］施炳展，张夏.中国出口潜力：趋势、分布与源泉［J］.产业经济研究，2015（6）：52-61.

［50］施锦芳，郑晨.中国轨道交通装备制造业贸易结构与出口潜力的实证研究［J］.宏观经济研究，2017（3）：101-117.

［51］高志刚，张燕.中巴经济走廊建设中双边贸易潜力及效率研究：基于随机前沿引力模型分析［J］.财经科学，2015（11）：101-110.

［52］王俊，王青松.中国与 RCEP 伙伴国的贸易效率和潜力探析：基于 SFA 模型的测度［J］.苏州大学学报（哲学社会科学版），2021（3）：111-123.

［53］符大海.中国纺织服装业的竞争实力和潜力探讨［J］.中南财经政法大学研究生学报，2006（3）：49-53.

［54］陈昊，赵子薇.RCEP 成员国间 ICT 产品出口贸易效率及潜力研究［J］.财经问题研究，2023（10）：116-129.

［55］曾顺洋，曾彬绮，肖维鸽.中国与 RCEP 成员国 ICT 产品出口贸易效率与潜力研究：基于随机前沿引力模型［J］.对外经贸实务，2022（10）：65-71.

［56］刘瑶，丁妍.中国 ICT 产品的出口增长是否实现了以质取胜：基

于三元分解及引力模型的实证研究［J］.中国工业经济，2015（1）：52-64.

［57］冯子璇.中国与RCEP国家农产品贸易潜力及贸易政策研究［D］.长春：吉林大学，2023.

［58］王建丰，靳聪颖.中国与RCEP伙伴国出口贸易效率及潜力研究：基于随机前沿引力模型［J］.商业经济，2023（1）：105-109，116.

［59］刘似臣，支国林.数字经济背景下ICT货物贸易的影响因素分析：以"一带一路"沿线国家（地区）为例［J］.工业技术经济，2022（1）：78-85.

［60］佟大木，岳咬兴.出口导向加工贸易政策对产业升级的影响：基于ICT产品进出口数据的实证分析［J］.国际经贸探索，2008，24（8）：17-21.

［61］周曙东，郑建.中国与RCEP伙伴国的贸易效率与影响因素：基于随机前沿引力模型的实证分析［J］.经济问题探索，2018（7）：89-97.

［62］刘宏曼，王梦醒.制度环境对中国与"一带一路"沿线国家农产品贸易效率的影响［J］.经济问题，2017（7）：78-84.

［63］盛斌，廖明中.中国的贸易流量与出口潜力：引力模型的研究［J］.世界经济，2004（2）：3-12.

［64］刘青峰，姜书竹.从贸易引力模型看中国双边贸易安排［J］.浙江社会科学，2002（6）：17-20.

［65］陈培如，冼国明.中国对外直接投资的出口效应：对"替代"和"互补"效应并存的一种解释［J］.当代财经，2018（9）：102-113.

［66］李娟娟.人民币汇率波动对中国向"一带一路"国家出口贸易的影响研究［D］.西安：西北大学，2020.

［67］邱立成，刘奎宁，王自锋.东道国城镇化与中国对外直接投资［J］.国际贸易问题，2016（4）：143-154.

［68］李阳.基于引力模型的云南咖啡出口贸易潜力研究［D］.北京：对外经济贸易大学，2018.

［69］张正河，赵慧清，段利.农村咨询产业的潜力与格局［J］.河南社会科学，1998（3）：105-109.

［70］陈强.高级计量经济学及Stata应用［M］.北京：高等教育出版社，2010：641-644.

［71］KAUR S, NANDA P. India's export potential to other SAARC countries：A gravity model analysis［J］. Journal of Global Economy, 2010, 6（3）：

167-184.

[72] NILSSON L. Trade integration and the EU economic membership criteria [J]. European Journal of Political Economy, 2000, 16 (4): 807-827.

[73] EGGER P. An econometric view on the estimation of gravity models and the calculation of trade potentials [J]. World Economy, 2002, 25 (2): 297-312.

[74] SIMWAKA K. An empirical evaluation of trade potential in Southern African development community [R]. AERC, 2011.

[75] KALLIORAS D, PINNA A M. Trade activity between the EU and its neighbouring countries: trends and potential [J]. Tijdschrift Voor Economische en Sociale Geografie, 2017, 108 (1): 36-51.

[76] IRSHAD M S, XIN Q, HUI Z, et al. 2018. An empirical analysis of pakistan's bilateral trade and trade potential with china: a gravity model approach [J]. Cogent Economics & Finance, 2018, 6 (1): 1504409.

[77] SADEGHI P, HOSSEINI S S, MOGHADDASI R. Analyzing iran's export market potential, gravity model: evidence from date market [J]. Journal of Agricultural Science and Technology, 2019, 21 (4): 773-783.

[78] ADDISON T, HESHMATI A. The new global determinants of FDI flows to developing countries: The importance of ICT and democratization (No. 2003/45). WIDER Discussion Paper.

[79] FREUND C L, WEINHOLD D. The effect of the Internet on international trade [J]. Journal of International Economics, 2004, 62 (1): 171-189.

[80] FREUND C, WEINHOLD D. The Internet and international trade in services [J]. American Economic Review, 2002, 92 (2): 236-240.

[81] NATH H K, LIU L. Information and communications technology (ICT) and services trade [J]. Information Economics and Policy, 2017 (41): 81-87.

[82] HESHMATI A, YANG W. Contribution of ICT to the Chinese economic growth [J]. Ratio Working Papers, 2006 (91): 2006.

[83] JIMÉNEZ N, MARTÍN E. A constant market share analysis of the Euro Area in the period 1994-2007 [J]. Economic Bulletin, 2010 (1): 1-15.

[84] KIMURA F, CHEN L. Implications of Mega Free Trade Agreements

for Asian Regional Integration and RCEP Negotiation, 2016.

[85] 최현정, 이현훈. RCEP 참여국의 역내 무역 및 후방참여 연계성 분석 [J]. 무역학회지, 2021, 46 (4): 95-112.

[86] PETRI P A, PLUMMER M G. East Asia Decouples from the United States: Trade War, COVID-19, and East Asia's New Trade Blocs [R]. No. WP20-09.

[87] OO T, KUEH J, HLA D T. Determinants of export performance in asian region: panel data analysis [J]. International Business Research, 2019, 12 (8): 1-14.

[88] UYSAL Ö, MOHAMOUD A S. Determinants of export performance in east africa countries [J]. Chinese Business Review, 2018, 17 (4): 168-178.

[89] ALAM S, AHMED Q M, SHAHBAZ M. Exchange rate volatility and pakistan's exports to major markets: a sectoral analysis [J]. Global Business Review, 2017, 18 (6): 1507-1519.

[90] NGUYEN B X. The Determinants of Vietnamese Export Flows: Static and Dynamic Panel Gravity Approaches [J]. International Journal of Economics and Finance, 2010, 2 (4): 122-129.

[91] RAKHMAN A. Determination of export volume and hedging strategy: a survey of exporter's transaction at the makassar industrial estate (kima) [J]. Journal of Economics, Business, and Accountancy Ventura, 2012, 15 (3): 389-402.

[92] SAFUAN S. Exchange rate volatility and export volume: the case of indonesia and its main trading partners [J]. European Research Studies Journal, 2017, 20 (3A): 3-13.

[93] HALL S, HONDROYIANNIS G, SWAMY P A V B, et al. Exchange-rate volatility and export performance: do emerging market economies resemble industrial countries or other developing countries? [J]. Economic Modelling, 2010, 27 (6): 1514-1521.

[94] YESHINEH A. Determinants and Potential of Foreign Trade in Ethiopia: A Gravity Model Analysis [R]. SSRN 2854183, 2014.

[95] AEBERHARDT R, DAVEZIES L. Practical guidelines for the estimation and inference of a dynamic logistic model with fixed-effects [J]. Economics

Letters, 2012, 115 (2): 300-304.

[96] RAHMAN M M. Australia's global trade potential: evidence from the gravity model analysis [C] // Proceedings of the 2009 Oxford Business and Economics Conference (OBEC 2009). Oxford: Oxford University Press, 2009: 1-41.

[97] BRAJA M, GEMZIK-SALWACH A. Competitiveness of high-tech exports in the eu countries [J]. Journal of International Studies, (2071-8330), 2020, 13 (1).

[98] SUMIYATI E E. Factors affecting manufacturing exports [J]. Journal of Economics, Business, and Accountancy Ventura, 2020, 23 (2): 254-266.

[99] FARHADI M, ISMAIL R, FOOLADI M. Information and communication technology use and economic growth [J]. PloS One, 2012, 7 (11): e48903.

[100] DEVOL R, WONG P, BEDROUSSIAN A, ET AL. Manufacturing 2.0: A more prosperous California [R]. The Milken Institute, June 3, 2009.

[101] ADDISON T, HESHMATI A. The new global determinants of FDI flows to developing countries: The importance of ICT and democratization (No. 2003/45). WIDER Discussion Paper, 2003.

[102] GHOLAMI R, TOM LEE S Y, HESHMATI A. The causal relationship between information and communication technology and foreign direct investment [J]. World Economy, 2006, 29 (1): 43-62.

[103] AHMED E M, RIDZUAN R. The impact of ICT on East Asian economic growth: panel estimation approach [J]. Journal of the Knowledge Economy, 2013, 4 (4): 540-555.

[104] KIM J. A study on the export competitiveness of Chinese ICT items in Korean Market: Focused on the computer and peripheral equipment items [J]. International Commerce and Information Review, 2017, 19 (4): 127-145.

[105] 안경애. 환율변동성이 우리국가 ICT 무역에 미치는 효과분석 [J]. 유통경영학회지, 2018, 21 (5): 109-117.

[106] 김완중. 국내기업의 동아시아에 대한 정보통신기술 제조업 수출함수 분석 [J]. 동북아경제연구, 2015, 27 (4): 1-34.

[107] P. India's export potential to other SAARC countries: A gravity

model analysis [J]. Journal of Global Economy, 2010, 6 (3): 167-184.

[108] GRABIS J, STIRNA J, ZDRAVKOVIC J. Capability management in resilientict supply chain ecosystems [J]. Iceis, 2020 (2): 393-400.

[109] SARKAR S. The role of information and communication technology (ICT) in higher education for the 21st century [J]. Science, 2012, 1 (1): 30-41.

[110] ANDERSON J E. A theoretical foundation for the gravity equation [J]. The American Economic Review, 1979, 69 (1): 106-116.

[111] RAVENSTEIN E G. The laws of migration [J]. Journal of The Royal Statistical Society, 1889, 52 (2): 241-305.

[112] REILLY W J. The law of retail gravitation [M]. New York: Knickerbocker Press, 1931.

[113] TINBERGEN J. Shaping the world economy [J]. The International Executive, 1963, 5 (1): 27-30.

[114] PÖYHÖNEN P. A tentative model for the volume of trade between countries [M]. Weltwirtschaftliches Archiv. Berlin: Springer Nature, 1963: 93-100.

[115] LINNEMANN H. An econometric study of international trade flows [M]. Amsterdam, North-Holland, 1966.

[116] AITKEN N D. The effect of the EEC and EFTA on european trade: A temporal cross-section analysis [J]. The American Economic Review, 1973, 63 (5): 881-892.

[117] BERGSTRAND J H. The generalized gravity equation, monopolistic competition, and the factor-proportions theory in international trade [J]. The Review of Economics and Statistics, 1989: 143-153.

[118] DEARDORFF A. Determinants of bilateral trade: does gravity work in a neoclassical world? [M] // The Regionalization of The World Economy. Chicago: University of Chicago Press, 1998: 7-32.

[119] HELPMAN E, KRUGMAN P. Market structure and foreign trade: Increasing returns, imperfect competition, and the international economy [M]. Cambridge: MIT Press, 1987.

[120] DEARDORFF A V. Determinants of Bilateral Trade: Does Gravity

Work in a Neoclassic World [R]. National Bureau of Economic Research Working Paper, 1995: 5377.

[121] WEI S J. Intranational versus international trade: how stubborn are nations in global integration? [R]. Working Paper 6631. National Bureau of Economic Research, Aprial 1996.

[122] SOLOAGA I, WINTERS A. How Has Regionalism in the 1990s Affected Trade Policy? [R]. World Bank Policy Research Working Paper, 1999: 2156.

[123] LIMAO N, VENABLES A J. Infrastructure, geographical disadvantage, transport costs, and trade [J]. The world bank economic review, 2001, 15 (3): 451-479.

[124] MARTÍNEZ-ZARZOSO I, NOWAK-LEHMANN F. Augmented gravity model: An empirical application to Mercosur-European Union trade flows [J]. Journal of Applied Economics, 2003, 6 (2): 291-316.

[125] DISDIER A C, HEAD K. The puzzling persistence of the distance effect on bilateral trade [J]. The Review of Economics and statistics, 2008, 90 (1): 37-48.

[126] ANDERSON J E, VAN WINCOOP E. Trade costs [J]. Journal of Economic Literature, 2004, 42 (3): 691-751.

[127] 남광희, 윤성훈. 우리국가 FDI 정책의 문제점과 개선방안 [M]. 서울: 한국은행 금융경제연구원, 2006.

[128] MUNDELL R A. International trade and factor mobility [J]. The American Economic Review, 1957, 47 (3): 321-335.

[129] PICK D H. Exchange rate risk and us agricultural trade flows [J]. American Journal of Agricultural Economics, 1990, 72 (3): 694-700.

[130] CHO G, SHELDON I M, MCCORRISTON S. Exchange rate uncertainty and agricultural trade [J]. American Journal of Agricultural Economics, 2002, 84 (4): 931-942.

[131] GREENAWAY D, KNELLER R, ZHANG X. The effect of exchange rates on firm exports: the role of imported intermediate inputs [J]. The World Economy, 2010, 33 (8): 961-986.

[132] GUL N. The Trade Potential of Pakistan: An Application of the

Gravity Model Nazia Gul and Hafiz M. Yasin ［J］. Lahore Journal of Economics, 2011, 16 （1）: 23-62.

［133］ GERACI V J, PREWO W. Bilateral trade flows and transport costs ［J］. The Review of Economics And Statistics, 1977, 59 （1）: 67-74.

［134］ VERNON R. International investment and international trade in the product cycle ［M］ // International economic policies and their theoretical foundations. Academic Press, 1992: 415-435.

［135］ BUCKLEY P J, CASSON M. A long-run theory of the multinational enterprise ［M］ // The future of the multinational enterprise. London: Palgrave Macmillan, 1976: 32-65.

［136］ BUCKLEY P J, CASSON M. The optimal timing of a foreign direct investment ［J］. The Economic Journal, 1981, 91 （361）: 75-87.

［137］ BI Y R, SHI B. The Analysis and Testing of Trade Potentialities between China and Central Asia Countries: Empirical Study by RCA and Trade Gravity Model ［J］. Asia-Pacific Economic Review, 2010 （3）: 47-51.

［138］ AIGINGER K. A framework for evaluating the dynamic competitiveness of countries ［J］. Structural Change and Economic Dynamics, 1998, 9 （2）: 159-188.

［139］ LU Y, YU F. The evaluation of the innovation capability of China's high-tech industries ［J］. International Business Research, 2010, 3 （2）: 87-91.

［140］ SIMONEN J, SVENTO R, JUTTINEN A. Specialization and diversity as drivers of economic growth: Evidence from high-tech industries ［J］. Papers in Regional Science, 2013, 94 （2）: 229-247.

［141］ SKÓRSKA A. High-tech industry and knowledge intensive services as carriers of knowledge-based economy in Poland and in other European Union Member States ［J］. Oeconomica, 2016 （85）: 137-146.

［142］ XING Y. China's Exports in ICT and its Impact on Asian Countries ［R］. WIDER Research Paper, No. 39.

［143］ 진문걸, 주판, 배기형. A Study on the Influencing Factors of Logistics Performance Index (LPI) of RCEP Signatories on China's Foreign Export Trade-Based on the Gravity Model ［J］. 물류학회지, 2021, 31 （2）: 81-89.

［144］ https：//unctadstat. unctad. org/wds/ReportFolders/reportFolders. aspx？sCS_ChosenLang＝en.

［145］ https：//data. worldbank.org.cn/.

［146］ http：//hzs. mofcom. gov. cn/article/date/201512/20151201223578. shtml.

［147］ CAICT. ICT manufacturing trade and investment overall situational analysis report（2019）［EB/OL］. http：//www. meb. com. cn/news/2019_04/08/6897.shtml.

［148］ 中国信息通信研究院信息化与工业化融合研究所. ICT 制造业贸易和投资总体态势分析报告（2019）［EB/OL］. http：//www. meb. com. cn/news/2019_04/08/6897.shtml.

［149］ http：//www.cepii.fr/CEPII/en/welcome.asp.

［150］ https：//data.imf.org/regular.aspx？key＝61545850.

［151］ https：//www. itu. int/en/ITU－D/Statistics/Pages/stat/default.aspx.

［152］ https：//data. worldbank.org.cn/.

［153］ https：//www.heritage.org/index/explore.

［154］ 工业和信息化部.“十四五”信息通信行业发展规划［EB/OL］. http：//lwzb. stats. gov. cn/pub/lwzb/fbjd/202306/W020230605420997368817. pdf.

［155］ https：//www. ndrc. gov. cn/xxgk/zcfb/ghwb/201402/t20140221 _ 962092.html.

［156］ https：//unctad. org/system/files/official－document/ditctab2020d4_en.pdf.

［157］ https：//www. itu. int/en/ITU－D/Statistics/Documents/facts/Facts-Figures2021.pdf.

［158］ http：//www. globalinnovationrace.com.

［159］ https：//impact. economist. com/perspectives/sites/default/files/EIU _ICT_Globalisation_Index_Mandarin.pdf.

［160］ VOGIATZOGLOU K. Determinants of export specialization in ICT products：a cross－country analysis（No. 2009. 3）.

［161］ https：//unctadstat. unctad. org/wds/ReportFolders/reportFolders. aspx？sCS_ChosenLang＝en.

［162］中国 ICT 产业营商环境白皮书（Report on ICT Industry Business Environment in China）.

［163］http：//www. citif. org. cn/LEAP/MIIT/html/newsDetail. html? newsid＝d5cb9c787fe24 34ca40cd b52b9d17957&newstype＝citif_xxdt.

［164］https：//unctad. org/system/files/official－document/tn _ unctad _ ict4d01_en.pdf.

［165］解读 RCEP：全球体量最大自贸区将为东亚和世界经济增长注入强劲动力［EB/OL］. http：//finance.people.com.cn/n1/2020/1115/c1004-31931547.html

［166］https：//www2. itif. org/2014－ita－expansion－benefits－chinese－global－economies－chinese－version.pdf.

［167］《信息技术协定》扩围如何使中国和全球经济从中受益［EB/OL］. https：//www2. itif. org/2014－ita－expansion－benefits－chinese－global－e-conomies－chinese－version.pdf

附表

附表 1-1　世界以及中国 ICT 产品进出口贸易额以及中国所占比重

年份	世界 ICT 产品出口额 /百万美元	世界 ICT 产品进口额 /百万美元	中国 ICT 产品出口额 /百万美元	中国 ICT 产品进口额 /百万美元	中国 ICT 产品贸易顺差 /百万美元	中国对世界的出口比重/%	中国对世界的进口比重/%
2000	999 946	1 030 402	44 135	45 454	-1 319	4	4
2001	873 257	913 454	53 221	51 171	2 050	6	6
2002	895 073	931 594	78 243	68 401	9 842	9	7
2003	1 017 776	1 057 315	121 365	99 255	22 110	12	9
2004	1 230 893	1 301 362	177 742	133 664	44 078	14	10
2005	1 307 677	1 399 854	234 086	166 849	67 237	18	12
2006	1 500 019	1 584 975	297 653	206 325	91 328	20	13
2007	1 586 016	1 711 280	357 974	234 686	123 288	23	14
2008	1 642 381	1 774 616	396 424	239 961	156 463	24	14
2009	1 401 984	1 493 858	356 301	220 214	136 087	25	15
2010	1 720 894	1 892 746	459 522	284 783	174 739	27	15
2011	1 813 282	1 994 027	508 012	313 798	194 214	28	16
2012	1 858 923	2 048 333	554 310	355 563	198 747	30	17
2013	1 926 335	2 115 420	605 756	400 669	205 087	31	19
2014	1 989 207	2 160 054	607 567	386 159	221 408	31	18
2015	1 941 004	2 116 958	603 903	392 116	211 787	31	19
2016	1 901 064	2 092 657	555 824	377 225	178 599	29	18
2017	2 132 152	2 360 019	612 663	418 895	193 768	29	18
2018	2 329 381	2 549 788	681 129	484 095	197 034	29	19
2019	2 275 128	2 467 185	662 177	465 198	196 979	29	19
2020	2 354 900	2 493 697	701 868	516 389	185 479	30	21

数据来源：UNCTADSTAT 数据库。

附表 1-2　RCEP 的 ICT 产品进出口贸易总额、中国对 RCEP 国家

ICT 产品进出口贸易总额以及所占比重　　单位：百万美元

年份	RCEP 对世界的出口	RCEP 对世界的进口	中国对 RCEP 出口 ICT 产品总额	中国对 RCEP 进口 ICT 产品总额	RCEP 对中国 ICT 产品出口总额	RCEP 对中国 ICT 产品进口总额	中国对 RCEP 的出口占 RCEP 进口总额的比重	中国对 RCEP 的进口占 RCEP 出口总额的比重	中国对世界与对RCEP 进口比率	中国对世界与对RCEP 出口比率
2000	333 117	226 594	10 719	21 121	15 079	6 465	0.05	0.06	0.46	0.24
2001	268 407	193 027	14 119	22 954	15 593	7 799	0.07	0.09	0.45	0.27
2002	282 041	203 630	19 487	33 807	22 858	12 749	0.10	0.12	0.49	0.25
2003	326 562	229 040	27 661	53 853	34 671	18 348	0.12	0.16	0.54	0.23
2004	388 230	272 300	39 664	70 287	44 214	24 251	0.15	0.18	0.53	0.22
2005	339 613	239 833	45 813	87 069	47 740	27 548	0.19	0.26	0.52	0.20
2006	360 695	258 735	54 108	103 755	53 028	30 125	0.21	0.29	0.50	0.18
2007	421 968	320 437	61 719	118 834	70 112	31 472	0.19	0.28	0.51	0.17
2008	408 804	327 337	73 342	119 321	68 730	36 555	0.22	0.29	0.50	0.19
2009	354 540	277 945	68 181	104 735	65 529	32 314	0.25	0.30	0.48	0.19
2010	436 792	355 840	84 115	141 542	84 909	41 559	0.24	0.32	0.50	0.18
2011	429 148	362 203	91 690	155 776	84 411	45 695	0.25	0.36	0.50	0.18
2012	429 980	378 915	105 077	169 127	87 082	46 431	0.28	0.39	0.48	0.19
2013	448 873	391 079	115 453	175 239	92 614	45 236	0.30	0.39	0.44	0.19
2014	464 360	397 953	121 708	173 818	99 721	44 654	0.31	0.37	0.45	0.20
2015	460 914	387 018	122 695	181 514	99 998	40 128	0.32	0.39	0.46	0.20
2016	454 558	387 341	112 322	173 910	91 276	38 518	0.29	0.38	0.46	0.20
2017	530 547	443 148	130 566	199 725	120 047	43 936	0.29	0.38	0.48	0.21
2018	588 387	476 119	143 053	231 882	134 067	47 899	0.30	0.39	0.48	0.21
2019	557 882	473 225	151 731	218 098	118 280	48 578	0.32	0.39	0.47	0.23
2020	600 797	508 172	151 907	239 631	132 874	52 330	0.30	0.40	0.46	0.22

数据来源：UNCTADSTAT 数据库。

年份	计算机及外围设备	通信设备	消费性电子产品	电子元件	杂项
2000	4 690	1 110	1 488	12 566	1 267
2001	4 908	1 366	1 483	13 850	1 349
2002	6 696	2 978	1 554	20 759	1 823
2003	11 574	3 947	1 757	32 393	4 184
2004	14 234	2 126	2 387	44 190	7 350
2005	17 169	1 508	2 553	56 874	8 965
2006	19 139	1 799	3 383	69 808	9 626
2007	19 801	6 424	3 551	83 949	5 108
2008	21 419	6 857	3 792	81 451	5 802
2009	19 352	7 470	3 429	70 158	4 326
2010	24 689	7 658	4 856	99 573	4 763
2011	25 188	8 746	6 153	110 833	4 855
2012	26 888	12 655	8 422	116 996	4 167
2013	21 821	15 503	7 813	125 998	4 104
2014	23 340	14 611	7 547	123 923	4 395
2015	21 322	16 489	7 771	131 750	4 182
2016	19 133	15 855	5 867	126 804	6 250
2017	19 362	22 205	5 892	143 437	8 826
2018	23 584	26 158	5 914	166 027	10 197
2019	25 261	20 082	5 089	157 194	10 475
2020	26 878	24 412	3 983	171 161	13 197

数据来源：UNCTADSTAT 数据库。

附表 1-4 中国对 RCEP 国家 ICT 产品出口   单位：百万美元

年份	计算机及外围设备	通信设备	消费性电子产品	电子元件	杂项
2000	3 601	718	3 084	2 465	850
2001	4 791	1 387	3 837	2 423	1 681
2002	8 009	1 563	4 878	3 235	1 802
2003	12 863	1 738	6 221	4 223	2 614
2004	16 760	3 752	7 565	7 021	4 566
2005	19 999	4 067	8 483	7 918	5 345
2006	21 479	6 520	7 875	11 189	7 046
2007	23 667	12 899	8 560	13 891	2 706
2008	27 602	16 602	9 816	15 858	3 464
2009	26 331	15 924	9 432	13 589	2 908
2010	31 260	17 810	13 508	17 980	3 559
2011	32 223	23 023	14 559	18 670	3 210
2012	33 103	34 799	14 152	19 668	3 356
2013	32 761	40 809	14 265	24 581	3 037
2014	32 505	44 108	12 241	29 221	3 633
2015	27 849	46 691	12 074	33 026	3 061
2016	26 193	44 035	11 626	27 782	2 693
2017	31 219	49 615	12 306	34 299	3 123
2018	35 615	49 292	12 756	41 863	3 523
2019	36 694	44 806	13 406	53 038	3 783
2020	40 134	43 871	15 316	60 236	4 771

数据来源：UNCTADSTAT 数据库。

附表 1-5 中国对澳大利亚 ICT 产品出口 单位：百万美元

年份	计算机及外围设备	通信设备	消费性电子产品	电子元件	杂项	总额
2000	163	34	108	4	15	324
2001	194	54	143	4	14	409
2002	321	77	275	5	16	694
2003	672	128	445	8	16	1 269
2004	1 093	250	664	12	27	2 046
2005	1 438	340	750	16	27	2 571
2006	1 644	577	850	23	39	3 133
2007	2 501	912	1 028	28	26	4 495
2008	2 369	1 003	1 282	69	41	4 764
2009	2 225	922	1 494	227	39	4 907
2010	3 566	1 039	1 229	813	61	6 708
2011	4 144	1 012	1 304	1 134	83	7 677
2012	3 721	1 548	1 186	786	80	7 321
2013	3 823	1 282	1 175	490	77	6 847
2014	3 924	1 576	1 201	468	72	7 241
2015	3 331	1 905	1 370	432	63	7 101
2016	2 665	2 155	1 293	410	75	6 598
2017	3 512	2 664	1 375	729	70	8 350
2018	4 007	2 455	1 444	1 348	78	9 332
2019	3 916	2 762	1 323	1 288	79	9 368
2020	4 417	2 897	1 633	1 045	80	10 072

数据来源：UNCTADSTAT 数据库。

附表 1-6　中国对文莱 ICT 产品出口　　　　单位：百万美元

年份	计算机及外围设备	通信设备	消费性电子产品	电子元件	杂项	总额
2000	0	0	0	0	0	0
2001	0	0	0	0	0	0
2002	0	1	0	0	0	1
2003	0	11	0	0	0	12
2004	0	3	1	0	0	4
2005	1	5	1	0	0	7
2006	1	10	3	0	0	13
2007	1	15	2	0	0	18
2008	1	14	2	1	0	18
2009	1	14	2	1	0	19
2010	2	14	3	1	0	19
2011	4	15	9	1	1	31
2012	3	14	11	1	1	29
2013	6	12	34	2	4	57
2014	6	6	35	1	2	51
2015	3	9	10	1	1	24
2016	1	24	7	0	0	33
2017	2	8	9	0	0	20
2018	24	9	8	0	0	42
2019	5	5	6	0	0	16
2020	4	9	7	1	0	21

数据来源：UNCTADSTAT 数据库。

附表 1-7　中国对柬埔寨 ICT 产品出口　　单位：百万美元

年份	计算机及外围设备	通信设备	消费性电子产品	电子元件	杂项	总额
2000	0	3	8	0	0	11
2001	0	2	8	0	0	10
2002	0	3	2	0	0	6
2003	0	2	3	0	1	6
2004	0	6	2	0	2	11
2005	1	5	2	0	3	11
2006	1	18	2	0	4	25
2007	2	45	1	1	6	54
2008	1	54	2	1	4	62
2009	6	90	2	2	1	100
2010	4	71	2	3	1	80
2011	10	220	6	9	2	248
2012	8	142	9	2	3	165
2013	9	69	20	3	3	104
2014	15	70	27	3	1	117
2015	9	115	25	5	3	158
2016	16	104	24	11	3	157
2017	25	147	31	15	2	219
2018	25	222	33	20	2	302
2019	24	353	44	58	3	482
2020	40	294	46	127	8	515

数据来源：UNCTADSTAT 数据库。

附表 1-8　中国对印度尼西亚 ICT 产品出口　单位：百万美元

年份	计算机及外围设备	通信设备	消费性电子产品	电子元件	杂项	总额
2000	—	—	—	—	—	—
2001	—	—	—	—	—	—
2002	—	—	—	—	—	—
2003	114	58	139	77	62	450
2004	191	161	209	94	90	745
2005	225	226	219	76	96	842
2006	292	388	243	96	101	1 120
2007	249	672	230	138	83	1 372
2008	493	1 162	269	176	101	2 201
2009	647	775	213	133	90	1 858
2010	1 083	1 089	275	147	100	2 694
2011	1 285	1 247	425	175	121	3 253
2012	1 370	1 344	569	228	156	3 667
2013	1 242	1 459	723	225	156	3 805
2014	935	1 921	761	220	193	4 030
2015	904	1 887	569	214	148	3 722
2016	1 052	1 810	628	201	188	3 879
2017	1 145	2 227	718	286	208	4 584
2018	1 385	3 287	799	365	229	6 065
2019	1 490	3 563	713	288	310	6 364
2020	1 279	3 473	725	221	372	6 070

数据来源：UNCTADSTAT 数据库。

附表 1-9　中国对日本 ICT 产品出口　　　　单位：百万美元

年份	计算机及外围设备	通信设备	消费性电子产品	电子元件	杂项	总额
2000	1 575	231	1 844	844	422	4 916
2001	2 244	247	2 372	762	1 043	6 668
2002	4 247	350	2 942	817	958	9 314
2003	6 974	421	3 649	1 033	1 203	13 280
2004	8 495	1 015	3 878	1 635	1 568	16 591
2005	9 913	918	3 769	1 915	1 632	18 147
2006	9 848	1 056	3 067	2 468	2 127	18 566
2007	9 421	2 119	3 694	2 835	1 456	19 525
2008	10 185	2 480	4 050	2 941	2 137	21 793
2009	8 773	2 772	4 085	2 211	1 535	19 376
2010	10 382	3 696	7 708	3 370	1 793	26 949
2011	11 653	5 177	7 858	3 657	1 561	29 906
2012	12 585	8 693	6 247	4 291	1 514	33 330
2013	12 583	9 806	5 870	6 030	1 070	35 359
2014	12 540	9 628	4 644	7 814	870	35 496
2015	9 414	10 519	3 947	6 930	766	31 576
2016	8 441	11 389	4 069	5 332	741	29 972
2017	9 892	11 770	4 814	4 895	748	32 119
2018	10 978	11 623	4 797	4 617	704	32 719
2019	12 603	8 955	4 774	4 653	651	31 636
2020	13 638	9 409	5 367	4 180	721	33 315

数据来源：UNCTADSTAT 数据库。

附表 1-10　中国对韩国 ICT 产品出口　　　单位：百万美元

年份	计算机及外围设备	通信设备	消费性电子产品	电子元件	杂项	总额
2000	416	60	326	550	173	1 525
2001	511	335	430	495	268	2 039
2002	588	389	511	673	399	2 560
2003	1 090	136	898	891	762	3 777
2004	2 132	122	1 552	1 593	1 553	6 952
2005	2 352	191	1 941	1 745	1 835	8 064
2006	2 349	527	1 820	2 660	2 499	9 855
2007	2 940	3 207	1 695	3 849	636	12 327
2008	4 994	6 594	1 717	5 032	626	18 963
2009	4 413	7 016	1 283	3 852	756	17 320
2010	5 761	7 535	1 403	5 124	978	20 801
2011	4 611	9 808	1 570	5 556	677	22 222
2012	4 210	16 572	2 130	5 405	544	28 861
2013	4 346	19 162	1 724	6 373	692	32 297
2014	4 244	19 650	1 364	7 948	893	34 099
2015	4 360	18 457	1 687	11 463	697	36 664
2016	4 828	14 806	1 479	10 399	628	32 140
2017	5 975	14 770	1 339	11 591	820	34 495
2018	7 153	12 648	1 374	13 921	837	35 933
2019	6 427	8 907	1 517	17 629	926	35 406
2020	6 864	5 623	1 653	18 657	895	33 692

数据来源：UNCTADSTAT 数据库。

附表 1-11　中国对老挝 ICT 产品出口　　　　单位：百万美元

年份	计算机及外围设备	通信设备	消费性电子产品	电子元件	杂项	总额
2000	0	3	0	0	0	4
2001	0	16	0	0	0	17
2002	0	8	0	0	0	9
2003	1	28	1	0	0	31
2004	1	20	1	0	2	24
2005	0	13	1	0	2	16
2006	0	21	2	0	1	24
2007	0	14	1	0	1	17
2008	8	30	1	1	1	41
2009	4	72	2	1	1	80
2010	2	40	3	2	2	48
2011	8	41	2	2	2	54
2012	33	49	5	5	2	93
2013	11	44	3	479	0	538
2014	13	46	5	228	4	295
2015	6	74	6	4	2	91
2016	12	89	8	2	1	112
2017	13	141	8	3	1	166
2018	35	145	11	1	1	194
2019	99	54	10	1	2	165
2020	19	53	15	2	1	90

数据来源：UNCTADSTAT 数据库。

附表 1-12　中国对马来西亚 ICT 产品出口　单位：百万美元

年份	计算机及外围设备	通信设备	消费性电子产品	电子元件	杂项	总额
2000	94	247	199	168	96	804
2001	405	351	226	337	128	1 447
2002	1 059	210	354	619	182	2 424
2003	1 545	152	325	445	258	2 725
2004	1 834	280	416	685	268	3 483
2005	2 311	348	498	820	321	4 298
2006	2 696	462	389	1 371	317	5 235
2007	3 076	841	339	2 052	160	6 468
2008	3 086	993	511	1 943	133	6 666
2009	2 412	796	561	1 889	126	5 784
2010	2 135	944	615	2 323	169	6 186
2011	1 899	1 127	742	2 039	191	5 998
2012	1 724	1 092	914	2 424	277	6 431
2013	1 566	1 182	1 125	2 987	278	7 138
2014	1 318	1 498	1 076	3 555	220	7 667
2015	1 397	1 499	1 112	3 079	209	7 296
2016	1 239	1 541	850	2 637	239	6 506
2017	1 530	1 665	664	4 693	315	8 867
2018	2 106	1 910	720	6 308	332	11 376
2019	1 989	1 829	919	7 142	313	12 192
2020	1 982	2 463	931	7 641	784	13 801

数据来源：UNCTADSTAT 数据库。

年份	计算机及外围设备	通信设备	消费性电子产品	电子元件	杂项	总额
2000	0	2	19	0	0	21
2001	1	17	5	0	0	24
2002	1	3	7	1	2	12
2003	2	4	9	1	2	18
2004	2	90	11	0	6	109
2005	2	2	9	0	6	19
2006	6	23	9	0	9	46
2007	15	43	17	1	2	78
2008	17	22	26	1	2	69
2009	17	27	38	1	4	87
2010	24	50	63	5	8	149
2011	33	106	88	12	8	248
2012	30	228	88	30	9	386
2013	27	542	116	51	14	751
2014	39	959	163	50	17	1 228
2015	32	780	143	51	14	1 019
2016	33	725	185	33	8	983
2017	47	965	136	45	9	1 202
2018	45	1 048	113	21	12	1 239
2019	60	986	116	37	13	1 212
2020	71	673	121	40	14	919

数据来源：UNCTADSTAT 数据库。

附表 1-14　中国对新西兰 ICT 产品出口　　单位：百万美元

年份	计算机及外围设备	通信设备	消费性电子产品	电子元件	杂项	总额
2000	16	12	13	0	3	44
2001	18	9	16	0	4	47
2002	31	12	26	1	6	76
2003	61	25	53	1	2	142
2004	89	32	56	0	2	179
2005	119	55	81	1	4	260
2006	146	62	94	2	4	308
2007	182	93	120	4	5	404
2008	174	108	124	17	8	431
2009	161	120	107	6	4	398
2010	231	134	71	5	7	448
2011	259	151	98	6	13	527
2012	292	159	94	18	12	575
2013	274	149	106	22	7	558
2014	304	160	112	17	8	601
2015	264	182	108	13	7	574
2016	224	258	98	15	8	603
2017	275	256	110	13	9	663
2018	315	270	110	15	9	719
2019	312	161	108	13	10	604
2020	326	130	120	15	9	600

数据来源：UNCTADSTAT 数据库。

年份	计算机及外围设备	通信设备	消费性电子产品	电子元件	杂项	总额
2000	49	9	44	247	8	357
2001	50	10	45	248	9	362
2002	51	11	46	249	10	367
2003	52	12	47	250	11	372
2004	53	13	48	251	12	377
2005	54	14	49	252	13	382
2006	55	15	50	253	14	387
2007	56	16	51	254	15	392
2008	57	17	52	255	16	397
2009	58	18	53	256	17	402
2010	59	19	54	257	18	407
2011	60	20	55	258	19	412
2012	61	21	56	259	20	417
2013	62	22	57	260	21	422
2014	63	23	58	261	22	427
2015	64	24	59	262	23	432
2016	65	25	60	263	24	437
2017	66	26	61	264	25	442
2018	67	27	62	265	26	447
2019	68	28	63	266	27	452
2020	69	29	64	267	28	457

数据来源：UNCTADSTAT 数据库。

附表 1-16　中国对新加坡 ICT 产品出口　　单位：百万美元

年份	计算机及外围设备	通信设备	消费性电子产品	电子元件	杂项	总额
2000	915	74	441	545	109	2 084
2001	847	155	441	709	157	2 309
2002	1 154	170	508	900	184	2 916
2003	1 574	457	353	1 177	242	3 803
2004	1 970	1 185	419	1 942	935	6 451
2005	2 330	1 202	772	2 371	1 178	7 853
2006	2 857	2 209	959	3 323	1 705	11 053
2007	3 497	3 373	897	3 733	110	11 610
2008	4 156	2 247	1 243	4 181	126	11 953
2009	5 420	1 175	933	4 041	123	11 692
2010	4 921	955	1 066	4 648	132	11 722
2011	4 717	1 280	1 043	4 547	103	11 690
2012	5 031	1 494	973	4 405	139	12 042
2013	5 070	1 426	993	5 151	142	12 782
2014	5 317	2 067	886	5 449	234	13 953
2015	4 811	2 730	890	6 831	191	15 453
2016	4 570	2 382	663	5 032	96	12 743
2017	5 182	2 481	535	5 406	122	13 726
2018	5 613	2 774	512	5 518	106	14 523
2019	4 963	4 252	619	5 452	105	15 391
2020	5 914	4 338	662	6 803	134	17 851

数据来源：UNCTADSTAT 数据库。

附表 1-17　中国对泰国 ICT 产品出口　　　单位：百万美元

年份	计算机及外围设备	通信设备	消费性电子产品	电子元件	杂项	总额
2000	365	41	74	107	20	607
2001	468	166	96	68	51	849
2002	506	302	130	113	26	1 077
2003	672	244	153	167	33	1 269
2004	732	357	167	273	58	1 587
2005	1 006	502	197	326	119	2 150
2006	1 255	751	249	314	153	2 722
2007	1 325	677	290	279	124	2 695
2008	1 480	748	324	332	169	3 053
2009	1 487	574	305	369	123	2 858
2010	1 908	671	413	509	214	3 715
2011	2 211	1 055	508	736	317	4 827
2012	2 825	1 287	651	724	465	5 952
2013	2 282	1 476	709	799	357	5 623
2014	1 994	1 510	771	752	370	5 397
2015	1 851	3 045	741	1 209	302	7 148
2016	1 527	3 404	647	901	246	6 725
2017	1 694	3 585	700	863	222	7 064
2018	1 898	3 234	783	1 020	241	7 176
2019	2 162	3 270	797	1 040	326	7 595
2020	2 285	3 553	971	1 471	358	8 638

数据来源：UNCTADSTAT 数据库。

附表 1-18　中国对越南 ICT 产品出口　单位：百万美元

年份	计算机及外围设备	通信设备	消费性电子产品	电子元件	杂项	总额
2000	8	2	8	0	4	22
2001	14	3	8	1	4	30
2002	19	12	17	6	10	64
2003	22	11	24	9	17	83
2004	34	38	27	12	28	139
2005	48	103	38	11	46	246
2006	83	234	38	32	57	444
2007	150	580	68	44	71	913
2008	192	768	78	55	84	1 177
2009	320	1 170	213	56	77	1 836
2010	566	1 223	362	197	68	2 416
2011	788	1 399	575	361	92	3 215
2012	590	1 742	939	927	119	4 317
2013	858	3 812	1 300	1 330	184	7 484
2014	1 147	4 334	752	1 781	689	8 703
2015	825	4 721	886	1 526	593	8 551
2016	856	4 434	974	2 017	364	8 645
2017	1 178	7 830	1 071	4 904	446	15 429
2018	1 146	8 249	1 317	7 278	805	18 795
2019	1 566	7 698	1 699	12 967	920	24 850
2020	2 081	8 657	2 207	17 893	1 196	32 034

数据来源：UNCTADSTAT 数据库。

附表 1-19　中国对澳大利亚 ICT 产品进口　单位：百万美元

年份	计算机及外围设备	通信设备	消费性电子产品	电子元件	杂项	总额
2000	4 824	3 049	1 526	897	485	10 781
2001	3 945	2 107	1 374	658	326	8 410
2002	4 186	1 739	1 907	661	312	8 805
2003	4 745	2 211	2 340	846	375	10 517
2004	5 863	3 007	3 130	987	563	13 550
2005	6 352	3 221	3 264	905	551	14 293
2006	6 853	3 828	3 691	875	542	15 789
2007	7 333	4 201	4 300	1 009	407	17 250
2008	7 275	4 311	4 891	997	414	17 888
2009	6 330	4 347	4 846	1 045	428	16 996
2010	8 270	5 525	4 825	1 881	406	20 907
2011	8 861	6 920	4 471	2 299	466	23 017
2012	8 817	7 273	4 012	1 671	489	22 262
2013	8 249	7 204	3 419	1 202	528	20 602
2014	8 199	7 305	3 504	1 294	576	20 878
2015	7 875	7 272	3 181	1 140	515	19 983
2016	6 905	7 459	2 966	1 082	523	18 935
2017	7 894	8 215	3 518	1 617	591	21 835
2018	8 891	8 930	3 676	2 286	612	24 395
2019	8 196	8 392	3 526	2 252	568	22 934
2020	8 929	8 194	3 635	1 865	651	23 274

数据来源：UNCTADSTAT 数据库。

附表 1-20　中国对文莱 ICT 产品进口　　　　单位：百万美元

年份	计算机及外围设备	通信设备	消费性电子产品	电子元件	杂项	总额
2000	0	0	0	0	0	0
2001	28	22	10	2	2	64
2002	30	22	9	2	3	66
2003	34	44	9	1	3	91
2004	31	19	12	2	2	66
2005	0	0	0	0	0	0
2006	48	31	16	3	4	102
2007	66	41	17	3	4	131
2008	57	55	19	4	3	138
2009	48	39	20	4	2	113
2010	54	45	20	6	2	127
2011	63	64	26	2	2	157
2012	54	56	30	5	3	148
2013	60	85	24	3	3	175
2014	71	81	19	2	4	177
2015	46	74	19	2	4	145
2016	36	55	19	3	6	119
2017	40	40	17	3	2	102
2018	47	51	20	2	3	123
2019	45	42	15	2	3	107
2020	125	52	26	3	5	211

数据来源：UNCTADSTAT 数据库。

附表 1-21 中国对柬埔寨 ICT 产品进口　　　单位：百万美元

年份	计算机及外围设备	通信设备	消费性电子产品	电子元件	杂项	总额
2000	4	8	14	2	2	30
2001	5	6	9	5	3	28
2002	7	14	12	2	3	38
2003	5	11	8	2	6	32
2004	5	11	7	1	16	40
2005	11	29	6	3	9	58
2006	6	17	5	2	12	42
2007	7	65	7	4	5	88
2008	12	122	7	2	12	155
2009	15	183	6	3	4	211
2010	9	104	8	1	3	125
2011	10	99	7	11	2	129
2012	14	89	9	5	4	121
2013	44	72	13	4	2	135
2014	80	125	44	11	7	267
2015	27	118	29	14	80	268
2016	101	119	22	14	21	277
2017	26	152	23	25	6	232
2018	32	117	25	15	6	195
2019	37	132	25	88	6	288
2020	32	90	18	178	8	326

数据来源：UNCTADSTAT 数据库。

附表 1-22　中国对印度尼西亚 ICT 产品进口　单位：百万美元

年份	计算机及外围设备	通信设备	消费性电子产品	电子元件	杂项	总额
2000	0	0	0	0	0	0
2001	0	0	0	0	0	0
2002	0	0	0	0	0	0
2003	319	455	163	134	74	1 145
2004	389	917	177	187	111	1 781
2005	503	1 085	188	193	109	2 078
2006	563	981	200	148	246	2 138
2007	1 517	1 430	179	218	343	3 687
2008	3 895	2 940	1 503	2 253	1 120	11 711
2009	2 503	2 517	575	1 789	1 235	8 619
2010	3 027	3 821	606	2 576	1 492	11 522
2011	3 285	4 606	756	2 847	1 646	13 140
2012	3 130	5 151	811	2 920	1 554	13 566
2013	3 229	5 332	927	2 550	1 200	13 238
2014	2 950	4 907	837	2 496	1 276	12 466
2015	2 639	4 373	641	2 233	1 005	10 891
2016	2 589	4 267	782	2 300	870	10 808
2017	2 805	4 924	1 083	2 529	1 174	12 515
2018	3 074	5 919	1 238	2 876	1 429	14 536
2019	2 967	5 778	1 071	2 673	1 317	13 806
2020	2 586	5 994	858	2 685	1 223	13 346

数据来源：UNCTADSTAT 数据库。

年份	计算机及外围设备	通信设备	消费性电子产品	电子元件	杂项	总额
2000	27 264	4 871	6 704	20 517	2 129	61 485
2001	23 203	3 862	7 163	16 385	2 632	53 245
2002	21 796	2 886	6 561	15 964	2 840	50 047
2003	23 802	2 557	6 920	18 429	3 915	55 623
2004	26 723	2 807	8 529	22 400	5 503	65 962
2005	27 487	3 086	9 263	22 608	7 054	69 498
2006	25 959	3 737	8 719	26 224	7 066	71 705
2007	20 921	9 266	9 722	25 674	5 739	71 322
2008	21 784	10 482	9 935	25 382	6 258	73 841
2009	17 688	10 380	9 586	19 980	5 092	62 726
2010	22 390	13 581	14 682	25 692	6 817	83 162
2011	23 971	18 871	14 131	23 296	6 455	86 724
2012	24 097	25 630	11 050	23 474	6 481	90 732
2013	23 148	26 086	10 021	26 300	5 187	90 742
2014	23 092	25 602	9 555	28 492	4 745	91 486
2015	18 803	22 784	7 897	26 190	4 339	80 013
2016	18 379	23 667	7 848	24 592	4 480	78 966
2017	20 582	26 281	9 586	26 380	4 621	87 450
2018	21 519	26 275	10 110	26 770	4 704	89 378
2019	23 507	24 348	10 732	24 920	4 809	88 316
2020	24 978	25 051	10 644	24 696	4 358	89 727

数据来源：UNCTADSTAT 数据库。

附表 1-24　中国对韩国 ICT 产品进口　　　　　单位：百万美元

年份	计算机及外围设备	通信设备	消费性电子产品	电子元件	杂项	总额
2000	7 573	3 005	1 486	21 087	1 493	34 644
2001	5 523	1 773	1 516	16 424	1 642	26 878
2002	5 363	1 531	1 799	18 518	1 726	28 937
2003	5 331	1 423	2 078	22 362	2 149	33 343
2004	5 804	1 424	2 415	24 739	2 986	37 368
2005	6 998	1 852	2 381	25 556	3 049	39 836
2006	7 943	2 610	2 383	26 648	3 340	42 924
2007	7 976	4 540	2 514	30 172	2 128	47 330
2008	7 738	5 342	2 798	31 657	2 418	49 953
2009	6 453	4 610	2 295	26 777	1 720	41 855
2010	8 863	5 990	2 616	30 643	2 402	50 514
2011	8 492	8 578	2 514	32 508	2 592	54 684
2012	8 110	5 455	2 498	33 091	1 720	50 874
2013	8 075	5 954	2 415	35 828	1 574	53 846
2014	8 724	9 675	2 540	37 485	1 573	59 997
2015	8 874	11 932	3 036	38 538	1 631	64 011
2016	9 533	12 249	3 656	36 435	1 881	63 754
2017	11 753	13 398	3 355	40 672	2 683	71 861
2018	14 234	11 976	3 142	41 573	3 858	74 783
2019	13 931	12 943	3 145	43 083	6 744	79 846
2020	13 920	12 212	3 287	47 847	6 309	83 575

数据来源：UNCTADSTAT 数据库。

附表 1-25　中国对老挝 ICT 产品进口　　　单位：百万美元

年份	计算机及外围设备	通信设备	消费性电子产品	电子元件	杂项	总额
2000	0	0	0	0	0	0
2001	0	0	0	0	0	0
2002	0	0	0	0	0	0
2003	0	0	0	0	0	0
2004	0	0	0	0	0	0
2005	0	0	0	0	0	0
2006	0	0	0	0	0	0
2007	0	0	0	0	0	0
2008	0	0	0	0	0	0
2009	0	0	0	0	0	0
2010	6	72	3	0	3	84
2011	13	134	7	1	3	158
2012	12	62	3	4	2	83
2013	14	52	11	23	18	118
2014	15	97	23	8	218	361
2015	13	126	16	6	240	401
2016	8	54	15	14	211	302
2017	12	92	21	18	236	379
2018	86	213	19	3	236	557
2019	19	94	21	18	199	351
2020	19	114	25	9	131	298

数据来源：UNCTADSTAT 数据库。

附表 1-26　中国对马来西亚 ICT 产品进口　　单位：百万美元

年份	计算机及外围设备	通信设备	消费性电子产品	电子元件	杂项	总额
2000	4 465	1 000	1 218	25 706	1 345	33 734
2001	4 619	1 276	959	20 821	1 141	28 816
2002	5 593	1 596	1 095	23 073	1 314	32 671
2003	6 374	1 300	1 067	25 906	1 163	35 810
2004	8 519	1 797	1 185	28 328	1 423	41 252
2005	9 526	1 747	1 322	29 415	1 463	43 473
2006	9 744	1 419	1 433	32 850	1 850	47 296
2007	10 384	1 311	1 460	33 504	2 289	48 948
2008	9 178	1 282	1 294	22 378	2 227	36 359
2009	8 203	2 057	1 160	24 004	1 788	37 212
2010	8 257	2 460	1 198	33 859	3 277	49 051
2011	8 105	2 948	1 179	32 344	3 485	48 061
2012	7 416	3 451	1 145	31 031	2 318	45 361
2013	6 982	3 981	1 042	32 451	2 108	46 564
2014	6 195	3 941	1 031	35 291	1 748	48 206
2015	5 522	3 930	1 159	30 291	1 398	42 300
2016	5 136	3 571	1 187	30 327	1 366	41 587
2017	5 196	4 114	1 403	36 793	1 595	49 101
2018	5 830	4 424	1 445	40 872	1 879	54 450
2019	5 026	4 088	1 433	37 211	1 726	49 484
2020	4 439	3 958	1 303	39 319	2 094	51 113

数据来源：UNCTADSTAT 数据库。

附表 1-27　中国对缅甸 ICT 产品进口　　　　单位：百万美元

年份	计算机及外围设备	通信设备	消费性电子产品	电子元件	杂项	总额
2000	0	0	0	0	0	0
2001	15	39	16	1	2	73
2002	0	0	0	0	0	0
2003	0	0	0	0	0	0
2004	0	0	0	0	0	0
2005	0	0	0	0	0	0
2006	0	0	0	0	0	0
2007	0	0	0	0	0	0
2008	0	0	0	0	0	0
2009	0	0	0	0	0	0
2010	12	36	18	1	2	69
2011	27	46	27	5	9	114
2012	21	49	17	5	3	95
2013	41	47	36	13	7	144
2014	43	176	45	24	8	296
2015	37	475	43	28	3	586
2016	42	365	42	32	3	484
2017	84	445	52	136	5	722
2018	78	344	73	52	14	561
2019	88	336	71	70	7	572
2020	109	528	53	64	6	760

数据来源：UNCTADSTAT 数据库。

附表 1-28　中国对新西兰 ICT 产品进口　　单位：百万美元

年份	计算机及外围设备	通信设备	消费性电子产品	电子元件	杂项	总额
2000	713	450	205	82	194	1 644
2001	629	320	191	79	125	1 344
2002	711	248	263	92	108	1 422
2003	873	327	365	121	96	1 782
2004	1 040	458	462	147	139	2 246
2005	1 168	542	526	151	128	2 515
2006	1 124	488	513	142	134	2 401
2007	1 169	584	642	168	81	2 644
2008	1 157	647	620	139	98	2 661
2009	902	572	529	111	89	2 203
2010	1 174	608	553	141	72	2 548
2011	1 587	1 041	744	185	127	3 684
2012	1 296	847	527	168	97	2 935
2013	1 279	957	495	173	87	2 991
2014	1 241	958	486	165	84	2 934
2015	1 147	1 021	435	153	107	2 863
2016	998	1 043	419	141	108	2 709
2017	1 166	1 141	491	144	93	3 035
2018	1 187	1 248	517	160	74	3 186
2019	1 182	1 208	532	140	76	3 138
2020	1 210	1 100	509	156	73	3 048

数据来源：UNCTADSTAT 数据库。

附表 1-29　中国对菲律宾 ICT 产品进口　　单位：百万美元

年份	计算机及外围设备	通信设备	消费性电子产品	电子元件	杂项	总额
2000	2 486	1 209	302	9 656	441	14 094
2001	3 059	1 346	196	9 870	349	14 820
2002	3 992	828	224	15 781	328	21 153
2003	4 184	844	299	15 179	286	20 792
2004	4 112	845	302	16 708	315	22 282
2005	3 945	607	308	17 400	408	22 668
2006	3 830	734	275	18 733	322	23 894
2007	5 136	815	253	18 373	175	24 752
2008	4 707	897	271	14 351	137	20 363
2009	3 940	844	239	10 078	130	15 231
2010	4 395	776	244	12 906	174	18 495
2011	1 986	949	285	4 923	239	8 382
2012	3 466	1 050	296	11 130	232	16 174
2013	2 557	1 035	315	10 986	228	15 121
2014	2 324	1 000	283	10 331	208	14 146
2015	2 719	1 571	334	14 353	297	19 274
2016	4 198	2 084	586	13 049	685	20 602
2017	2 501	2 272	633	14 181	549	20 136
2018	2 809	2 638	735	18 640	552	25 374
2019	3 479	3 435	777	16 288	571	24 550
2020	3 132	3 288	592	15 770	314	23 096

数据来源：UNCTADSTAT 数据库。

附表 1-30　中国对新加坡 ICT 产品进口　　单位：百万美元

年份	计算机及外围设备	通信设备	消费性电子产品	电子元件	杂项	总额
2000	16 256	2 290	3 391	31 563	1 403	54 903
2001	14 156	2 538	2 836	24 059	1 239	44 828
2002	13 514	2 675	2 971	24 985	1 152	45 297
2003	14 797	4 153	3 154	29 377	1 485	52 966
2004	16 999	6 408	3 603	38 701	2 345	68 056
2005	5 017	5 042	2 087	7 794	2 699	22 639
2006	5 891	6 685	2 048	8 403	3 990	27 017
2007	7 545	9 743	3 471	53 013	2 644	76 416
2008	18 211	9 044	3 945	53 149	1 509	85 858
2009	12 312	6 600	2 877	42 639	1 319	65 747
2010	14 816	8 202	3 231	58 429	1 557	86 235
2011	14 511	10 101	3 174	56 602	1 469	85 857
2012	14 500	10 055	3 399	59 466	1 474	88 894
2013	13 340	9 583	3 025	65 172	1 636	92 756
2014	12 489	8 727	2 834	64 134	1 483	89 667
2015	12 011	8 633	2 263	58 882	1 338	83 127
2016	10 807	8 548	2 070	59 163	1 432	82 020
2017	12 351	9 333	2 139	65 163	2 380	91 366
2018	12 956	10 201	2 226	70 981	2 230	98 594
2019	13 888	11 511	2 353	66 967	1 752	96 471
2020	14 076	11 873	2 242	78 107	2 048	108 346

数据来源：UNCTADSTAT 数据库。

附表 1-31　　中国对泰国 ICT 产品进口　　单位：百万美元

年份	计算机及外围设备	通信设备	消费性电子产品	电子元件	杂项	总额
2000	3 739	1 016	626	8 800	410	14 591
2001	3 849	1 888	554	7 176	394	13 861
2002	3 765	1 946	736	7 453	510	14 410
2003	4 347	1 673	866	8 277	614	15 777
2004	4 774	1 671	1 112	9 772	591	17 920
2005	5 677	2 090	1 285	10 417	1 056	20 525
2006	6 339	2 243	1 104	11 189	1 635	22 510
2007	6 604	1 741	1 059	12 454	1 607	23 465
2008	6 986	2 015	1 113	11 194	1 953	23 261
2009	6 278	1 808	1 058	9 777	2 087	21 008
2010	6 883	2 325	1 467	13 147	2 046	25 868
2011	7 330	3 180	1 712	12 793	2 219	27 234
2012	8 769	4 157	1 937	11 873	2 524	29 260
2013	7 541	4 900	1 704	12 023	2 166	28 334
2014	7 037	5 547	1 519	12 662	2 007	28 772
2015	6 573	6 204	1 780	12 103	1 467	28 127
2016	5 756	6 446	1 751	12 143	1 157	27 253
2017	6 204	7 690	1 886	14 035	1 290	31 105
2018	7 139	7 901	2 027	15 037	1 249	33 353
2019	6 116	6 165	1 873	13 034	1 154	28 342
2020	5 934	6 711	1 895	15 603	1 042	31 185

数据来源：UNCTADSTAT 数据库。

附表 1-32　中国对越南 ICT 产品进口　　　　单位：百万美元

年份	计算机及外围设备	通信设备	消费性电子产品	电子元件	杂项	总额
2000	200	146	136	172	34	688
2001	226	212	122	76	26	662
2002	268	235	147	92	41	783
2003	442	326	189	143	65	1 165
2004	573	423	167	538	75	1 776
2005	773	626	174	591	85	2 249
2006	977	964	270	587	120	2 918
2007	1 334	1 665	274	894	235	4 402
2008	1 170	2 006	376	1 327	272	5 151
2009	1 201	2 578	438	1 456	353	6 026
2010	1 228	2 468	699	2 299	436	7 130
2011	1 545	3 287	1 133	4 422	474	10 861
2012	1 633	5 368	1 740	9 063	611	18 415
2013	2 383	8 610	2 128	12 414	779	26 314
2014	2 644	9 428	2 249	12 646	1 331	28 298
2015	2 730	11 797	2 493	16 158	1 850	35 028
2016	2 613	12 081	2 066	20 383	2 381	39 524
2017	2 814	18 344	2 382	26 526	3 270	53 336
2018	2 745	17 413	2 870	30 528	2 847	56 403
2019	3 770	16 030	3 270	38 827	3 115	65 012
2020	4 249	18 613	2 846	49 637	4 700	80 045

数据来源：UNCTADSTAT 数据库。